KB182370

대학도서관과 정보활용교육

대학도서관과 정보활용교육

정재영·오세훈 지음

경인문화사

서 문

이 책은 광운대학교 학부교육선진화 선도대학 지원사업(ACE사업) 수행 연구인 2015년의 '정보활용법 교과과정 개발에 관한 연구'와 2016년의 '학술정보활용교육의 성과분석'을 통합하여 재구성한 것이다.

두 번에 걸쳐 진행된 연구의 목적은 대학에 정보활용교육 교과목 개설의 필요성과, 과목의 운영을 위해 대학도서관이 주체적인 역할을 수행해야 할 당위성을 확보하기 위한 것이다. 이를 위해 관련 연구 및 사례를 기초로 교과 과정을 제안하고 직접적인 교육 참여 및 관찰을 통해 교육의 성과를 증명하였다.

책으로 출판하는 과정에서 내용 일부를 수정·보완하였으며 2개의 연구가 연속성이 있는 만큼 내용도 하나로 통합하는 것이 독자들이 이해하는데 도움이 될 것이라고 판단하여 전체 구조를 재구성하였다. 또한 대학 현장에 바로 적용할 수 있도록 수업진행과정과 수업에 사용된 교안도 첨부하였다.

이 책의 주요 내용은 다음과 같다.

첫째, 정보활용능력의 개념을 정의하고 필요성을 제시하였다. 연구자들에 의해 제기된 정보활용능력의 정의에 관한 시대별 변천과정을 통해 정보활용교육에 대한 필요성과 현대적 의미를 고찰하였다.

둘째, 정보활용능력의 기준 및 모형을 비교·분석하였다. 사용된 기준과 모형은 다음과 같다.

△ ACRL(Association of College & Research Libraries) - Information Literacy Competency Standards for Higher Education
△ SCONUL(The Society of College, National and University Libraries) - The Seven Pillars of Information Literacy
△ CAUL(Council of Australian University Librarians) - Australian Information Literacy Standards(1st Edition)
△ ANZIIL(Australian and New Zealand Institute for Information Literacy) - Australian and New Zealand Information Literacy Framework(2nd Edition)
△ Eistnberg, Berkowitz - Big6 Skill Model
△ Bruce - Seven Faces of Information Literacy
△ IFLA(International Federation of Library Associations and Institutions) - Guideline on Information Literacy for Lifelong Learning

셋째, 연구자들에 의해 제시된 정보활용교육 교안과 성과분석, 그리고 국내·외 대학의 정보활용교육 운영 현황을 조사하였다. 연구자들에 의해 제시된 교안과 성과측정, 그리고 교육 제공 현황은 정보활용능력 기준 및 모형 분석과 함께 이 책에서 제안하고자 하는 정보활용교육 교안을 위한 기초자료로 활용하였다.

넷째, 정보활용교육 교안 개발을 위한 필수 요소를 제시하였다. 정보활용교육은 단순히 하나의 교과과정을 개설하는 것이 아니라 교육을 제공하는 주체 및 협력자로서 대학도서관의 정책적 측면에 대한 고려가 필수적이다. 또한, 학습자의 성향 및 질적 수준의 유지를 위한 내용적 측면의 고려와 시대적이고 기술적인 변화를 고려한 방법적 측면의 고려도 필요하다.

다섯째, 대학에서 실제로 적용할 수 있는 정보활용교육 교안을 제안하였다. 이를 위해 정보활용능력 기준 및 모형, 국내·외 연구자들이 제시한 정보활용 교육안과 대학에 개설되어 있는 정보활용교육 관련 교과목의 수업계획서를 참고하였다. 교육의 효과를 높이기 위해 '연구방법론'과 '구성주의 교육방법론(Constructionism)'을 적용하여 교안의 내용 및 실행계획을 구성하였다.

여섯째, 위의 과정을 통해 마련된 교육안을 토대로 교양과정에 정보활용교육을 개설하고 참여적 고찰을 진행하였다. 또한 수강생들의 강의 전·후 정보활용능력의 변화를 살펴보기 위해 사전 테스트와 사후 테스트를 실시하였다. 실험적 참여를 통해 나타난 결과를 토대로 정규 교과과정으로서의 정보활용교육의 필요성을 입증하고 문제점 및 장·단점을 분석해 향후 정보활용교육을 위한 개선 방안을 모색하였다.

현재 여러 복합적인 요인들로 인해 대학도서관은 예산과 인력의 확보는 물론 존재의 의미와 정당성을 증명해야 하는 어려운 시기를 겪고 있다. 그러나 과거를 돌아보면 어떤 직종도 위기를 겪지 않은 경우는 없었으며 그 과정에서 도태되느냐 살아남느냐의 관건은 변화에 대한 적절한 대응과 미래를 대비한 전략적 안목이었다고 판단된다. 따라서 대학도서관이 직면한 현재의 어려운 상황을 극복하기 위한 노력과 함께 미래 대학도서관 및 사서의 역할과 전문성에 대해서도 고민할 필요가 있다.

저자들은 이와 같은 관점에서 이용자들이 정보에 효과적으로 접근하고 분석 및 평가를 통해 자신의 연구와 학습에 활용할 수 있도록 대학도서관의 '교육적 역할'을 강화할 필요가 있다고 판단하였다.

대학의 기본적 역할이 교육인 만큼 대학도서관이 대학의 교육을 일정부분 분담하는 것이 전략적인 면에서도 바람직하다.

'정보활용교육'의 정규 교과과정 편입을 위한 노력은 이를 위한 출발점이라고 할 수 있다.

어려운 여건 속에서도 대학도서관의 역할과 방향을 고민 하는 대학도서관 사서들의 건투를 빈다. 이 책을 통해 대학도서관의 미래를 위한 한 가닥 희망과 아이디어를 위한 실마리를 발견할 수 있다면 저자들은 그것으로 고맙고 감사하다.

2018년 5월

정재영·오세훈

목 차

표 목차

그림 목차

대학교육과 정보활용교육

Ⅰ. 대학교육과 정보활용교육

대학교육은 학생들의 학습과 연구 수행 능력을 키워줌으로써 사회에 필요한 인재가 되도록 하는 것을 목표로 한다.

수많은 정보가 생산되고 소비되는 정보사회에서 학생들이 스스로 목표를 설정하고 정보를 검색, 수집, 전달, 활용하는 등 정보와 관련한 다양한 문제를 해결할 수 있는 능력을 키워주는 것은 대학교육의 중요한 역할이다. 단순히 지식을 소비하는 것뿐만 아니라 독창적인 정보를 생산하는 역할도 수행해야 하는 지식기반사회에서 정보를 판단하고 선택하는 역량을 갖추기 위한 교육은 필수적이다. 그러나 기하급수적으로 증가하는 정보를 효과적으로 활용하고 이를 창조적 역량으로 연결시키기 위한 교육은 일반적인 교과목이나 전공학문과는 다른 과정을 필요로 한다.

도서에 관한 서지정보를 확인하고 도서의 효과적인 활용에 중심을 둔 초기 형태의 정보활용교육은 학술정보의 디지털화가 급속히 진행됨에 따라 새로운 내용과 방법으로의 변화가 필요하게 되었다. 즉, 물리적인 형태의 도서 검색과 활용의 차원을 넘어 정보의 활용과 관련된 전문적인 분석과 평가 등의 내용을 포함하는 것은 물론 윤리적, 법적, 사회적 문제, 그리고 평생학습의 범위까지 확대되고 있다.

정보의 기하급수적인 증가와 정보 전달 기기의 발달이 가져온 사회적 현상 중 하나는 정보와 정보기술의 패러독스 현상[1]이다. 정보가 증가할수록 자신이 원하는 정보가 존재할 가능성이 높지만 이러한 점이 오히려 정확한 정보를 찾는데 장애요소가 될 수 있다.

수많은 정보 속에서 자신이 원하는 정보를 찾는 것은 단순히 진열대에서 물건을 고르는 것과는 다른 수고와 노력 그리고 방법에 대한 교육을 필요로 한다. 더구나 학술적인 목적일 경우 더욱 정교한 방법이 필요하다.

정보를 찾고 이용하기 위해 사용되는 컴퓨터를 비롯한 다양한 기기의 발달도 기능이 다양해지고 복잡해짐에 따라 오히려 활용이 어려워지고 기기의 사용을 제한하게 된다.

이와 같은 현상을 극복하고 정보의 탐색부터 평가, 활용, 전달 등 효과적으로 정보를 이용할 수 있는 능력이 정보활용능력이다. 또한 정보활용능력을 향상시키는 것은 물론 정보에 대한 근본적인 이해를 통해 윤리적 기준 속에서 상황에 맞게 정보를 적절히 활용할 수 있도록 하는 교육이 정보활용교육이다.

교육과 연구가 주목적인 대학의 경우 정보활용능력은 학생들이 연구와 학습을 위해 갖추어야 할 가장 기초적인 능력이다. 또한 자신의 독립적인 학습수행과 평생학습을 가능하도록 하는 기본적인 소양이다.

많은 국가들은 대학생들에게 이와 같은 문제를 해결할 능력을 갖추고 평생

---

1) ※ 정보의 패러독스 : 정보의 탈 가치화와 정보의 범람에 의해 나타나는 양적 측면에서의 사회적 정보문제로서 문제 극복을 위한 정보행위에서 요구되는 위험부담의 축소와 불확실성의 감소가 오히려 위험부담과 불확실성을 증가시키거나 새로운 부담으로 다가오는 현상
※ 정보기술의 패러독스 : 정보의 이용을 위한 기술적 보조 도구의 기능이 발전할수록 복잡성으로 인해 오히려 그 도구를 작동하는 것에 어려움을 겪게 되는 현상
고영만, 2005, 정보문해론, 서울, 한국도서관협회: 18~20.

학습을 위한 기반조성을 위해 1990년대 후반부터 고등교육을 위한 정보활용능력 기준을 개발하고 활용을 유도하고 있다. 그 중 대표적인 사례로는 미국 대학 및 연구도서관협회(ACRL: Association for College & Research Libraries)의 고등교육을 위한 정보활용능력 기준(Information Literacy Competency Standards for Higher Education)이다.

영국과 호주 등에서도 이와 유사한 정보활용능력 기준을 개발해 대학에서 적극적으로 활용할 것을 권고하고 있다. 정보의 필요성을 인지하고, 정보를 찾고, 평가하며, 효과적으로 사용할 수 있는 능력을 키워줌으로써 대학교육은 물론 평생교육을 위한 토대가 마련될 수 있다.

국내의 경우에도 많은 대학에서 이와 같은 점을 인식하고 도서관과 전문사서가 주축이 되어 정보활용교육을 제공하고 있다. 도서관이 갖고 있는 다양한 정보의 효과적인 활용이 정보활용교육의 시작이라고 보기 때문이다. 그러나 정보의 검색방법 위주로 진행되는 1회성 정보활용교육에 대한 이용자들의 관심은 그리 높지 않은 것이 사실이다. 단순히 방법만을 전달하는 지금과 같은 형태의 정보활용교육은 새로운 세대의 요구나 성향과 맞지 않다. 정보의 질보다는 신속성과 편리성을 우선하는 세대에게 집체교육의 형태로 제공되는 정보활용교육은 듣지 않아도 되는 교육으로 인식될 수 있다. 따라서, 정보활용교육에 대한 지속적인 개선방안을 찾는 것은 이용자들의 관심을 높이는 것은 물론 교육의 효과를 증내시킬 수 있다는 점에서 바람직하다. 스마트폰을 비롯한 다양한 전자기기를 통해 일상적인 정보를 획득하고 공유하는 것에 익숙한 세대들에게 적절한 동기부여와 관심을 유도할 수 있는 정보활용교육의 개발은 대학과 대학도서관의 과제이기도 하다.

정보매체의 확산과 정보의 이용에 관한 국내 연구에 따르면 우리나라 학생들은 일반적으로 일정수준 이상의 정보기술 이용능력은 갖추고 있으나, 수준 높은 인지과정이 요구되는 연구중심 과제를 해결하는 능력은 매우 낮은 것으로 조사되고 있다.[2)] 정보의 질보다 신속성과 편리성을 우선시하는 현 세대들의 특징 때문에 나타난 결과라고 할 수 있다.

정보활용교육이 이용자들의 학술정보검색 능력 향상은 물론 정보를 검색하고 입수하는데 소요되는 시간을 단축시키고 이용자의 정보활용능력 향상에 매우 효과적이며 정보활용능력을 평가하는 모든 항목 특히, 정보윤리영역과 정보분석영역에서 개선이 뚜렷하게 나타나는 것으로 조사되고 있다.[3)]

이 책은 학생들의 정보활용능력 향상을 위해 대학에서 제공할 수 있는 정규 교과목으로서의 프로그램을 제안하고, 정보활용교육에 직접 참여해 교육의 내용과 과정 그리고 전달방법에 있어서의 장·단점 분석 및 효과를 검증하기 위한 것이다. 특히, 대학 내 정보활용교육을 가장 효과적으로 수행할 수 있는 역량과 정보를 보유하고 있는 대학도서관과 전문사서의 활용을 전제로 하는 방안을 모색하였다. 이와 같은 이유는 대학 내 물리적·인적 자원의 활용을 극대화한다는 목적과 함께 교육의 제공 방법 및 내용구성에 있어 효과를 높이기 위해 대학도서관을 활용하는 것이 가장 적절하다고 판단되기 때문이다.

---

2) 정은숙, 2002, 대학에서의 정보문해 교육이 정보문제 해결과정에 미치는 영향에 관한 연구, 석사학위논문, 성균관대학교 대학원 문헌정보학과.
3) 이정연, 최은주, 2006, "정보활용능력 교육의 효율성에 관한 실험적 연구," 한국문헌정보학회지, 40(1): 315~334.

정보활용교육의 이론적 배경

1. 정보활용능력의 정의
2. 정보활용능력의 기준 및 모형
3. 정보활용교육의 필요성
4. 정보활용교육 교안 관련 연구
5. 정보활용교육 성과 관련 연구

Ⅱ. 정보활용교육의 이론적 배경

1. 정보활용능력의 정의

정보활용능력은 1974년 Zurkowski가 국가문헌정보학위원회(National Commission on Libraries and Information Science)에 제출한 보고서(The Information Service Environment Relationships and Priorities)에 처음 소개되었다.

Zurkowski는 정보활용교육을 정보의 이용으로 한정시켜 정의하였다. 즉, 모든 국민이 정보활용능력을 갖출 것을 권장하고 정보활용능력을 갖춘 자는 특정 작업에 정보자원을 사용할 수 있는 훈련을 받은 자로 정의하였다.[1)]

문헌정보학 분야에서 정보활용능력의 정의에 가장 근간이 되는 문헌은 1989년 미국도서관협회(ALA: American Library Association)의 보고서(Presidential Committee of Information Literacy: Final Report)이다. 이 보고서는 정보활용능력에 대해 필요한 정보의 인식, 정보접근, 평가, 효율적으로 사용할 수 있는 능력이라고 하였으며, 학습하는 방법을 배운 자를 정보활용능력을 갖춘 사람이라

---

1) Paul Zurkowski, 1974, *The Information Service Environment Relationship and Priorities,* Washington D. C, NCLIS.

고 정의하였다.[2)] 이와 같은 미국도서관협회(ALA)의 정의는 정보활용능력을 정의하고 설명하는데 있어 가장 광범위하게 인용되고 있다.

미국 대학 및 연구도서관협회(ACRL)의 기준은 미국도서관협회(ALA) 보고서를 기반으로 만들어졌다. 미국 대학 및 연구도서관협회(ACRL)는 정보활용능력을 평생 학습을 위한 기초적인 능력이라고 정의하며, 정보활용능력을 갖춘 자는 정보 범위 조사, 효율적인 정보의 접근, 정보의 비판적인 평가, 기존 지식과의 통합, 특정 목적을 위한 정보의 효과적인 사용, 그리고 정보사용과 관련된 사회적·법적·경제적 문제의 이해 과정을 거쳐야 한다고 기술하고 있다.[3)] 미국 대학 및 연구도서관협회(ACRL)의 기준은 이후 정보활용능력과 정보활용교육 관련 연구의 근거가 되었다.

미국도서관협회(ALA)는 2000년에 '고등교육을 위한 정보활용능력 기준'을 발표하였다. 이 기준에 따르면 정보활용능력은 다음과 같은 능력을 포함한다.

> 첫째, 필요한 정보의 범위를 파악할 수 있는 능력
> 둘째, 필요한 정보에 효과적이고 효율적으로 접근할 수 있는 능력
> 셋째, 정보를 비판적으로 평가할 수 있는 능력
> 넷째, 선택한 정보를 자신의 지식토대에 결합시킬 수 있는 능력
> 다섯째, 특정 목적의 수행을 위해 정보를 효과적으로 사용할 수 있는 능력
> 여섯째, 정보의 사용과 관련된 경제적·법적·사회적 문제를 이해하고 윤리적. 법적으로 적합하게 접근 및 사용해야 한다는 것을 이해하는 능력[4)]

---

2) ALA, 1989, *Presidential Committee of Information Literacy: Final Report,* Washington, D. C., ALA.
3) ACRL, *Information Literacy Competency Standards for Higher Education.* <https://alair.ala.org/bitstream/handle/11213/7668/ACRL%20Information%20Literacy%20Competency%20Standards%20for%20Higher%20Education.pdf?sequence=1&isAllowed=y>, [cited 2018. 4. 10].
4) ALA, 2000, *Information Literacy Competency Standards for Higher Education.*

McClure는 정보사회의 경우 다양한 형태의 능력이 요구되며 정보활용능력은 이와 같은 모든 능력을 포괄하는 개념이라고 주장하였다.

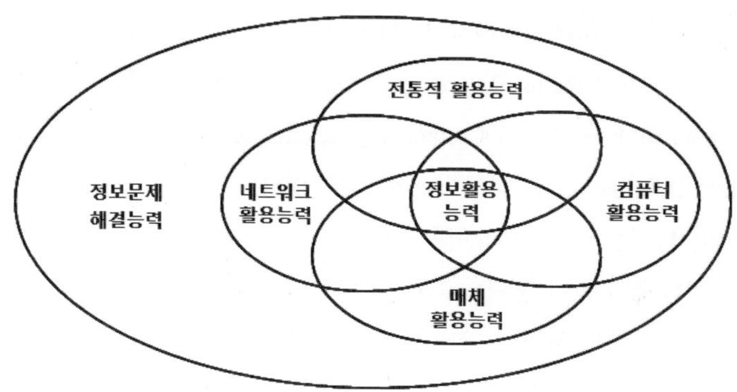

<그림 1> McClure의 정보활용능력 모형

출처: C. R. McClure, 1994, "Network Literacy: A Role for Libraries?" *Information Technology and Libraries*, 13(2): 237~263.

<그림 1>과 같이 정보문제 해결을 위해서는 모든 능력을 포괄하는 정보활용능력이 필요하며, 세부적인 능력들은 정보활용능력을 위한 단위별 능력의 역할을 수행한다고 보았다.

Bundy는 정보활용능력을 정보의 요구 인식, 확인, 접근, 평가, 사용하는 능력으로 그리고 이러한 능력을 갖춘 자를 학습하는 방법을 배운 사람이라고 정의하였다.[5] Bundy의 정보활용능력에 대한 정의는 미국도서관협회(ALA) 및 미국 대학 및 연구도서관협회(ACRL)의 정의를 참고하여 작성되었기 때문에 전체적인 내용에서 미국도서관협회(ALA), 미국 대학 및 연구

2000.
<http://www.ala.org/Template.cfm?Section=Home&template=/ContentManagement/ContentDisplay.cfm&ContentID=33553>, [cited 2018. 4. 10].

5) A. Bundy, 2001, *For a Clever Country; Information literacy diffusion in the 21st Century,* Australian Library and Information Association.

도서관협회(ACRL)와 유사하다.

Candy는 정보활용능력을 학습에 중점을 두어 설명하고 있다. 환경의 변화에 따라 바뀌는 학습환경과 평생학습을 촉진하는 사회적 측면에 관해 새로운 기술의 영향(Effects of New Technologies), 세계화 현상(Globalization), 작업 패턴의 변화(Changing Patterns of Works), 지역사회와 가족 구성원의 변화(Alterations in Family and Community Relations), 정보의 증가(Explosion in Available Information)로 나누어 서술하고 있다.[6)]

Catts와 Lau는 정보활용능력을 평생학습을 위한 기초이자 지역사회에 공헌하기 위한 필수적인 능력으로 정의하였다.[7)] 이를 위해 5가지의 능력을 제시하였는데 이것 또한 다른 학자들의 정의와 유사하다. 이들의 정의는 개인적인 수준이 아닌 정보활용능력의 수행지표 평가를 제안했다는 점에서 의의가 있다.

국내에서도 많은 연구자들이 정보활용능력을 정의하였으며, 지금까지도 개념에 대한 논의가 활발하게 진행되고 있다. 문헌정보학용어사전에는 정보활용능력에 대해 "정보요구의 인식, 접근, 평가, 사용뿐만 아니라 정보 도구에 대한 지식, 도서관 장서의 구성, 정보 기술의 사회문화적 배경에 대한 이해 등을 포함 한다"고 정의하고 있다.[8)]

고영만은 정보활용능력 즉, 정보문해는 컴퓨터문해, 네트워크문해, 매체문해, 정보문제 해결 능력과 전통적 문해를 종합한 통합적 문해이며, 정보활용

---

6) Philip C. Candy, 2002, Lifelong Learning and Information Literacy, UNESCO. <http://citeseerx.ist.psu.edu/viewdoc/download?doi=10.1.1.119.5676&rep=rep1&type=pdf>, [cited 2018. 4. 10].
7) Ralph Catts & Jesus Lau, 2008, Towards Information Literacy Indicators, Paris, UNESCO.
<http://unesdoc.unesco.org/images/0015/001587/158723e.pdf>, [cited 2018. 4. 10].
8) 한국도서관협회, 2010, 문헌정보학용어사전, 서울, 한국도서관협회: 302.

교육은 이와 같은 종합적인 능력을 양성하고 지원해야 한다고 주장하였다.[9]

그는 정보와 정보기술의 패러독스 현상에 대한 우려를 표명하며 다음과 같이 주장하였다.

> "정보기술에 대한 이해의 경우 본질적으로 도구적 이해에 불과하며 단순한 보충적 의미만을 갖는다. 따라서 기술에 대한 이해는 일반적, 전문적, 방법론적 지식과 연결되었을 때 그리고 인간의 행동과 문제해결 상황에 연결되었을 때 의미 있게 사용될 수 있다. 따라서 정보사회의 교육시스템에서는 정보의 선택과 평가에 대한 판단능력을 전달하고 숙련시키는 교육이 강조되어야 한다."[10]

정재영은 정보활용능력에 대해 "정보의 필요성을 인식하고 획득하기 위한 전략을 세워 탐색 및 분석한 후 적절한 정보인가에 대한 평가를 통해 전달하거나 새로운 정보로 재생산하는 과정과 이와 같은 과정에서 필요로 하는 다양한 매체와 정보기술(Information Technology) 능력을 포괄한다"고 정의하였다.[11] 이와 함께 대학도서관 정보활용교육을 "대학구성원의 학술연구와 평생교육을 위해 필요한 도서관 및 정보에 대한 기본적인 이해와 효과적인 검색 및 처리 방법에 대한 교육"으로 정의하고 있다.[12]

국내·외 정보활용능력에 대한 정의를 살펴보면 정보요구의 인식, 접근, 평가, 이용의 기초적인 개념은 동일하지만, 정보 기술의 발달로 정보활용능력의 범위와 관련 기준이 점차 확대되고 있는 것을 볼 수 있다. 즉, 단순히 정보의 접근만을 의미하는 것이 아닌 정보의 인식, 접근, 평가의 과정을 거쳐 문제 해결을 위해 정보를 유용하게 활용하는 능력으로 정의하고 있다.[13]

---

9) 고영만, 2005, 정보문해론, 서울, 한국도서관협회: 55.

10) 고영만, 상게서, 32~33.

11) 정재영, 2008, "대학도서관의 웹기반 정보활용교육 모델 개발에 관한 연구," 한국도서관·정보학회지, 39(1): 198.

12) 정재영, 2015, "대학도서관 정보활용교육의 전략적 분석 : 현재적 진단과 미래적 방향을 중심으로," 사대도협회지, 16: 58.

상술한 내용을 종합하면 '정보활용능력'은 정보의 필요성에 대한 인식과 정보의 접근, 탐색, 분석, 이용, 평가와 정보에 대한 법적, 윤리적 문제까지 포함하는 정보와 관련한 총체적 능력을 의미한다. 그리고 '정보활용교육'은 정보활용능력을 함양하기 위해 제공하는 다양한 형태의 교육으로 정의할 수 있다.

2. 정보활용능력의 기준 및 모형[14)]

2.1 미국 대학 및 연구도서관협회(ACRL)의 고등교육 정보활용능력 기준

미국 대학 및 연구도서관협회(ACRL)의 표준위원회(Standards Committee)는 1990년대 말 '고등교육 정보활용능력기준(Information Literacy Competency for Higher Education)'을 개발하였고, 2000년 협회 이사회의 승인을 얻어 대학에서 이 기준을 사용할 것을 권고하였다.[15)] 현재 이 기준은 미국 대학의 정보활용능력 교육에 큰 영향을 미치고 있다. 고등교육 정보활용능력기준은 정보활용능력에 대해 "모든 학문분야와 모든 학습 환경 모든 교육수준에 있어서 평생학습을 위한 기초를 형성하는 것으로, 학습자가 자신의 연구를 확대할 수 있도록 하며 좀 더 자기 주도적이 되어 학습과 연구를 통제할 수 있는 능력"으로 규정

---

13) 이은빛, 2013, 대학도서관 정보활용교육의 활용방안 연구, 석사학위논문, 숙명여자대학교 대학원 문헌정보학과: 7.

14) 김성은, 이명희, 2006, "대학생의 정보활용능력 교수학습모형 개발에 관한 기초연구," 한국비블리아학회지, 17(2): 179~183를 토대로 내용을 추가함.

15) ACRL, *Information Literacy Competency Standards for Higher Education*. <https://alair.ala.org/bitstream/handle/11213/7668/ACRL%20Information%20Literacy%20Competency%20Standards%20for%20Higher%20Education.pdf?sequence=1&isAllowed=y>, [cited 2018. 4. 10].

하고 있다. 이 기준에 따르면 정보활용능력을 갖춘 사람은 "필요한 정보의 범위를 결정하고 정보에 효과적이고 능률적으로 접근하며 정보와 정보원을 비판적으로 평가하여 선택한다. 또한, 정보를 자신의 지식 기반에 통합하고 특정 목적을 달성하기 위해 정보를 효과적으로 사용하며, 정보의 이용과 관련된 경제적, 법적, 사회적 문제를 이해하고 정보를 윤리적·법적으로 접근하고 이용할 수 있는 사람"을 의미한다.

미국 대학 및 연구도서관협회(ACRL)의 5개 정보활용능력 기준은 22개의 수행지표와 87개의 성과항목으로 세분되어 있다. 5개 기준 내용은 다음과 같다.

> 첫째, 필요한 정보의 특성과 범위를 파악할 수 있다.
> 둘째, 필요한 정보에 효과적이고 효율적으로 접근할 수 있다.
> 셋째, 정보와 정보원을 분석적으로 평가할 수 있다.
> 넷째, 자신의 지식기반과 가치시스템에 선택된 정보를 통합할 줄 안다.
> 다섯째, 정보의 이용과 관련된 경제적·법적·사회적 문제를 이해하고, 윤리적이고 법적으로 접근하고 이용할 수 있다.

87개의 성과항목은 낮은 사고력부터 높은 사고력을 필요로 하는 성과들로 진행되는 다양한 인지적 학습과정을 응용한 것으로 지식, 이해, 적용, 분석, 종합, 평가의 단계로 구성되어 있다.

2.2 영국 대학 및 국립도서관협의회(SCONUL)의 고등교육 정보활용능력 7주 모형

영국 대학 및 국립도서관협의회(SCONUL: The Society of College, National and University Libraries)는 정보활용교육이 정보에 대한 비판적 평가나 다양한 자료의 활용과 같은 중요한 정보활용능력 요소들을 간과하고 있다고 우려하여 정보이용기술위원회(Task Force on Information Skill)를 소집하였다. 이 위원회는 ① 정보활용능력이란 무엇인가? ② 정보활용능력의 계발은 왜 중요한가? ③ 대학도서관의 정보활용능력 관련 활동 규모와 범위는 무엇인가? ④ 공유할만한 원칙이 있는가? 등과 같은 시대적 의문에 대한 답을 구하는 것으로 연구를 시작하였다. 그리고 정보활용능력자문위원회(Advisory Committee on Information Literacy)에서 연구한 내용을 토대로 1999년 '고등교육에서의 정보능력에 관한 협회 의견서(Information Skills in Higher Education: a SCONUL position paper)'를 발표하였다. 이 의견서는 정보능력(Information Skills)을 정보기술능력(IT Skill)과 정보취급능력(Information Handling Skills)으로 구분한 Corrall의 의견을 반영하여 대학교육에 필요한 7개 주요 정보능력을 의미하는 'The Seven Headline Skills'를 제시하였다. 이는 2004년 '정보활용능력 7주 모형(The Seven Pillars Model for Information Literacy)'이라는 새롭게 디자인된 모형으로 발표되었다. 이 모형의 특징은 도서관 이용과 정보통신기술 이용에 관련된 능력의 범위와 정보활용능력과 정보 통신 능력의 관계를 명확하게 설명해야 할 필요성과 고등교육과정 속에 들어있는 교육수행 개념에 대한 제반 요소들을 결합시킨 모형이다.

영국 대학 및 국립도서관협의회(SCONUL) 7주 모형의 구체적인 항목은 (1) 정보요구 인식, (2) 정보부족 확인, (3) 검색전략 구축, (4) 소재파악 및 검색, (5) 비교 평가, (6) 정보의 조직·적용·전달, (7) 종합 및 새로운 지식 생성의 7단계로 구성되어 있다. 영국 대학 및 국립도서관협의회(SCONUL)는 대학 초년생의 경우 (1)에서 (4)까지의 능력을 갖추어야 하며, 대학원생의 경우 일곱 가지 능력을 모두 갖출 것을 권고하고 있다.

2.3 호주대학도서관사서협회(CAUL)의 정보활용능력기준

호주대학도서관사서협회(CAUL: Council of Australian University Librarians)의 호주 정보활용능력기준 제1판(Australian Information Literacy Standards - 1st Edition)은 미국 대학 및 연구도서관협회(ACRL)의 '고등교육 정보활용 능력기

준'의 영향을 받아 제정되었다.

호주 정보활용능력기준은 호주의 실제 상황에 맞추어 작성되었으며, 미국 대학 및 연구도서관협회(ACRL) 기준보다 포괄적이고 다양한 기준에 근거하고 있다. 호주대학도서관사서협회(CAUL)의 기준은 정보활용능력을 갖춘 학생보다 정보활용능력을 갖춘 사람에게 초점을 맞추고 있다. 미국 대학 및 연구도서관협회(ACRL)가 5개의 기준을 제시한데 비해 호주대학도서관사서협회(CAUL)는 7개의 기준과 25개 성과항목에 대한 상세한 예가 제시되어 있다. 호주대학도서관사서협회(CAUL)의 추가된 기준 3과 기준 7의 내용은 다음과 같다. 기준 3은 정보활용능력을 갖춘 사람은 정보와 정보원을 비판적으로 평가하고, 자신의 지식기반과 가치시스템에 선택된 정보를 통합한다. 기준 7은 정보활용능력을 갖춘 사람은 평생학습과 참여적인 시민의식을 위해 정보활용능력이 필요하다는 것을 깨닫는다. 호주대학도서관사서협회(CAUL)는 정보활용능력을 갖춘 사람을 '정보의 필요성을 인식하고 필요한 정보의 범위를 결정해 효과적으로 접근 및 평가하고 선택한 정보를 효과적으로 사용할 수 있는 사람'으로 정의한다. 이와 함께 정보의 이용과 관련된 경제적, 법적, 사회적 문제를 이해하고 정보를 윤리적, 법적으로 접근하며 수집된 정보를 분류 및 축적하고 다루는 정보활용능력을 평생학습을 위한 필수조건으로 인식할 수 있는 사람'을 의미한다.

2.4 호주·뉴질랜드 정보활용능력연구소(ANZIIL)의 호주·뉴질랜드 정보활용능력 모형

호주대학도서관사서협회(CAUL)의 '정보활용능력기준 제1판'이 2001년도에 발표된 이후 호주·뉴질랜드 정보활용능력연구소(ANZIIL: Australian and New Zealand Institute for Information Literacy)는 대학교수들과 사서들의 의견을 반영하여 '호주·뉴질랜드 정보활용능력 프레임웍 제2판(Australian and

New Zealand Information Literacy Framework: Principles, Standards and Practices - 2nd Edition)'을 발표하였다. 프레임웍의 중요한 내용은 일반능력(generic skills), 정보능력(information skills), 가치와 신념(values and beliefs)의 3요소를 기반으로 전체적인 프레임웍을 6개의 표준항목과 19개의 목표항목으로 구성함으로써 제1판에 비해 간결하게 작성하였다. 이것은 미국 대학 및 연구도서관협회(ACRL)의 기준에서 사용된 언어의 모호성을 보다 분명하게 하고 정보활용능력의 핵심 구성 요소인 일반 능력(generic skills)의 역할을 보다 폭넓게 규정한 것이다. 일반능력은 문제해결, 협동과 팀웍, 의사소통과 비판적 사고를 포함하며, 정보능력에는 정보탐색, 정보활용, 정보기술에 대한 숙달이 해당된다. 가치와 신념에는 정보의 윤리적인 사용, 사회적 책임, 공동체 참여가 포함된다. 특히 이 기준은 고등교육뿐만 아니라 초·중등 교육을 포함한 모든 교육부문의 정보활용교육을 지원할 수 있는 기준을 제공한다. 이 기준은 '정보활용능력을 갖춘 사람(Information Literate)'을 4가지 원칙에 기초하여 정의하고 있다. 1) 새로운 의미, 이해, 지식의 구성을 통해 독자적으로 학습한다. 2) 정보의 현명한 사용을 통해 만족과 개인적 성취감을 느낀다. 3) 의사결정과 문제해결을 위해 개인적, 혹은 그룹으로 정보를 찾고 사용하며 이를 통해 개인적, 학문적, 사회적 문제를 해결한다. 4) 평생학습과 지역사회 참여를 통해 사회적 책임을 다한다.

2.5 Eisenberg & Berkowitz의 빅6 모형

1980년대 후반 정보활용기술의 중요성이 부각되며 정보문제 해결과정 단계가 정보활용교육 과정의 중요 요소로 대두되었다. 그 결과 다양한 정보탐색 과정에 초점을 맞춘 모형이 개발되었으며, 그 중 Eisenberg와 Berkowitz[16]가 개발한 '빅6 정보문제 해결 모형'(Big 6 Skills Model)이 미국의 학교

16) M. B. Eisenberg and R. E. Berkowitz, 1990, *Information Problem - Solving: The*

도서관에서 정보활용교육 수업에 가장 많이 활용되는 대표적인 모형이 되었다. 그러나 Eisenberg와 Berkowitz는 이 모형이 학교도서관뿐만 아니라 대학을 비롯해 정보문제가 발생하는 곳에서는 어디서나 문제해결을 위해 활용할 수 있다고 주장하였다. 실제로 고영만과 오삼균은[17] 이 모형을 사용하여 대학생의 정보문제해결을 시도한 연구를 수행한바 있다. 빅6 모형은 학문적인 정보문제 해결뿐만 아니라 일상생활에서 부딪히는 문제 또는 직업상 발생하는 문제 해결에도 적용이 가능하다는 장점을 갖고 있다. 무엇보다 특정 과제나 필요를 위한 정보를 찾고, 이를 사용, 적용, 평가하는 체계적인 과정에 정보검색기술, 정보이용기술, 테크놀로지 이용기술 등을 통합시켰다는 점이 특징이라고 할 수 있다. 이 모형에서 제시하는 정보문제 해결을 위한 6단계는 1) 과제 정의, 2) 정보탐색 전략, 3) 소재 파악과 정보 접근, 4) 정보 활용, 5) 정보 통합, 6) 과정과 결과 평가로 구성되어 있다.

2.6 Christine Bruce의 정보활용능력 7면 모형

Bruce[18]가 1997년 호주에서 개발한 '정보활용능력 7면 모형(Seven Faces of Information Literacy)'은 정보를 사용하는 대학생들의 다양한 경험을 시험하고 정보활용능력 교육과 연구조사에서 우수한 행동주의적 모델의 대안으로 지목되었다. Bruce는 정보활용능력의 단계를 다음과 같이 정보기술, 정보원, 정보과정, 정보통제, 지식구축, 지식확장, 지혜의 7범주로 구분하였다.

Big Six Skills Approach to Library and Information Skills Instruction. Norwood, NJ, Ablex.

17) 고영만, 오삼균, 2000, "문제 극복 모형의 적합성과 정보화 교육에 관한 연구," 한국정보관리학회지, 17(4): 7~26.

18) C. S. Bruce, 1997, *The Seven Faces of Information Literacy"* Adelaide, Aslib Press.

1. 정보기술 : 대학생들이 정보를 검색하고 커뮤니케이션하기 위해 정보기술을 활용할 수 있는 능력
2. 정보원 : 정보원의 구조를 파악하고 정보원 중에서 필요한 정보를 독자적으로 또는 중개자를 통해 사용하는 능력
3. 정보과정 : 정보 이용자들이 지식이나 정보의 부족을 인식하는 상황에 처했을 때 이를 타개하기 위해 취하게 되는 상황 처리 능력
4. 정보통제 : 필터링에 의한 정보통제, 두뇌나 기억에 의한 정보통제, 컴퓨터에 의한 정보통제 포함
5. 지식 구축 : 새로운 관심 분야에 개인적 지식 기반을 구축. 이 범주에서는 정보의 비판적 이용이 가장 큰 특징이다.
6. 지식 확장 : 새로운 지식을 얻을 수 있도록 하는 직관이나 창조적인 통찰력
7. 지혜 : 타인을 위해 정보를 현명하게 사용하는 것. 이는 결정권의 행사, 의사결정, 연구를 포함하는 상황에서 발생한다.

2.7 국제도서관협회연맹(IFLA)의 평생교육을 위한 정보활용능력 가이드라인

국제도서관협회연맹(IFLA)은 정보활용능력 교육 프로그램 전문가가 활용할 수 있는 실용적인 가이드라인을 제공하고자 2006년 Guideline on Information Literacy for Lifelong Learning을 발행하였다. 이 가이드라인은 정보의 접근과 평가, 이용 등 3개의 정보활용능력 핵심요소를 두고 요소별 2개의 중간요소와 3~4개의 하위요소를 두고 있다.[19] ([부록 1] 참조)

'접근'의 경우 정보요구의 정의와 명확한 표현, 정보의 위치, '평가'의 경우 정보의 평가와 정보의 조직 능력을 제시하고 있다. '이용'의 경우에는 정보의 이용, 커뮤니케이션, 그리고 정보의 윤리적 이용능력을 제시하고 있다.

---

19) IFLA, Guideline on Information Literacy for Lifelong Learning, <https://www.ifla.org/files/assets/information-literacy/publications/ifla-guidelines-en.pdf> [cited 2018. 4. 10].

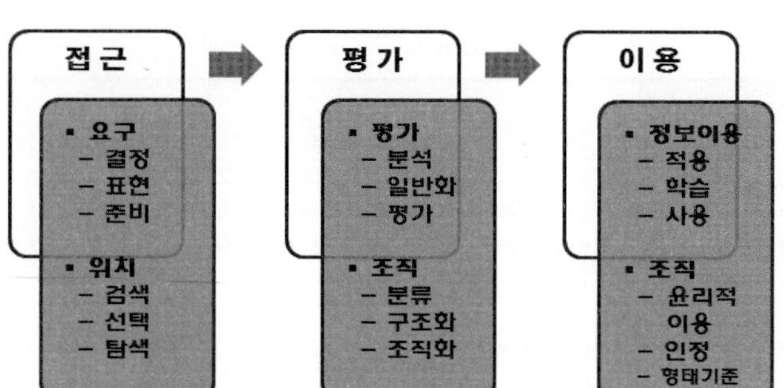

<그림 2> IFLA 정보활용 핵심 능력

기관 또는 연구자들이 제시한 정보활용능력의 요소를 비교하면 공통된 점을 발견할 수 있는데 이는 각각의 기준이나 모형들이 서로 인용 및 참고되었기 때문이기도 하지만 정보 이용자를 중심으로 나타날 수 있는 행동이나 과정에 대한 인식이 유사하기 때문이다.

표준지침과 모형에서 공통적으로 포함되어 있는 요소들을 추출하면 다음과 같은 6개 영역으로 구분할 수 있다.

1) 정보의 필요성을 인식하고 필요한 정보의 범위를 정의
2) 정보탐색을 위한 전략을 세우고 필요한 정보에 효과적으로 접근
3) 정보를 비교, 분석, 평가하고 자신의 지식기반에 통합
4) 정보를 조직, 종합, 분류하고 다른 정보와 연계
5) 정보의 효과적인 이용 및 전달
6) 정보와 관련된 윤리적·법적·사회적 그리고 경제적 문제의 이해

정보활용능력 기준과 정보활용과정 모형을 비교하면 다음 <표 1>과 같다.

<표 1> 정보활용능력 기준 및 모형 비교

<table>
<tr><th>표준
영역</th><th>ACRL</th><th>SCONUL</th><th colspan="2">CAUL</th><th colspan="2">ANZIIL</th><th>Big6</th><th>7 Faces of IL</th><th colspan="2">IFLA</th></tr>
<tr><td>정보요구 인지 및 필요정보 파악</td><td>정보요구 인지능력 정보의 갭을 다루는 방법을 식별하는 능력</td><td>1. 필요한 정보의 특성 및 범위를 결정하는 능력</td><td colspan="2">1. 정보 요구를 인지하고 필요한 정보의 특성과 범위를 결정하는 능력</td><td colspan="2">1. 정보 요구를 인지하고, 필요한 정보의 특성과 범위를 결정하는 능력</td><td>1. 정보문제 정의 및 확인</td><td>1. 정보의 부족 및 필요성 인식</td><td colspan="2">1.1 접근 : 정보요구의 정의와 명확한 표현</td></tr>
<tr><td>2. 정보접근</td><td>3. 정보탐색 전략 구성 능력
4. 정보의 탐색·접근능력</td><td>2. 필요한 정보에 효과적·효율적으로 접근하는 능력</td><td colspan="2">2. 필요한 정보에 효과적·효율적으로 접근하는 능력</td><td colspan="2">2. 필요한 정보에 효과적으로 접근하는 능력</td><td>2. 이용가능한 정보원의 범위 파악 및 적절한 정보원 결정. 소재 파악 및 접근</td><td>2. 정보기술의 활용</td><td colspan="2">1.2 접근 : 정보의 위치</td></tr>
<tr><td>3. 정보분석·평가</td><td>5. 정보의 비교·평가 능력</td><td rowspan="2">3. 정보와 정보원을 비판적으로 평가하고 자신의 지식기반 및 가치 시스템에 선택된 정보를 통합하는 능력</td><td colspan="2">3. 정보와 정보원을 비판적으로 평가하고, 자신의 지식기반과 가치 시스템에 선택된 정보를 통합하는 능력</td><td colspan="2">3. 정보 및 정보탐색과정을 비판적으로 평가하는 능력</td><td>3. 정보원에서 관련된 정보 추출</td><td>3. 정보구조의 파악
4. 정보과정 - 상황처리능력</td><td colspan="2">2.1 평가 : 정보의 평가</td></tr>
<tr><td>4. 정보조직·종합</td><td rowspan="2">6. 정보의 조직·적용·전달 능력
7. 정보의 종합·생성 능력</td><td>4. 수집되거나 생성된 정보를 분류·축적하고 다루는 능력</td><td rowspan="2">5. 개인이나 집단의 일원으로서 기존 지식과 새로운 이해를 통합함으로써 새로운 지식을 확대·재구성·창조하는 능력</td><td>4. 수집되거나 생성된정보를 관리하는 능력</td><td rowspan="2">5. 새로운 개념을 구축하거나 새로운 이해를 만들기 위해 기존 정보 및 새로운 정보를 이용하는 능력</td><td>4. 정보 조직</td><td>5. 정보통제 - 필터링
6. 지식 구축</td><td>2.2 평가 : 정보의 조직</td><td rowspan="2">3.1 이용: 정보의 이용</td></tr>
<tr><td>5. 정보이용·전달</td><td>4. 개인 또는 집단의 일원으로서 특정 목적을 달성하기 위해 효과적으로 정보를 이용하는 능력</td><td></td><td></td><td>5. 정보의 이용 및 발표</td><td>7. 지식확장 - 창조적 통찰</td><td></td></tr>
<tr><td>6. 정보윤리</td><td>6번 항목의 저작권 및 표절 문제에 대한 이해 항목</td><td>5. 정보의 이용과 관련된 경제적·법적·사회적 쟁점을 이해하고 정보를 윤리적·법적으</td><td colspan="2">6. 정보의 이용과 관련된 문화적·경제적·법적·사회적 쟁점을 이해하고, 정보를 윤리적·법적으로 그리고 공손하게 접근·이용하는 능력</td><td colspan="2">6. 정보의 이용과 관련된 문화적·윤리적·경제적·법적·사회적 쟁점을 이해하고 이를 바탕으로 정보를 이해하는 능력</td><td>6. 성과의 유효성과 절차의 효율성 평가</td><td>8. 정보의 현명한 활용</td><td colspan="2">3.2 이용 : 커뮤니케이션과 정보의 윤리적 이용</td></tr>
</table>

		로 접근·이 용하는 능력					
. 기타			7. 평생학습과 참여적인 시민의식이 정보활용 능력을 필요로 한다는 것을 깨닫는 능력				

※ 김지은, 2011, 'Kuhlthau의 IP모델에 기반한 대학의 정보활용능력 교육과정 모델 개발 연구,' 한국비블리아학회지, 22(2): 101~122를 토대로 추가 조사함.

3. 정보활용교육의 필요성

정보기술과 기기의 발달에 따라 공간의 한계를 뛰어넘어 언제 어디서든 정보를 얻을 수 있는 시대가 되었다. 대학의 학습과 연구도 도서관의 물리적 장서와 공간을 활용하던 시대에서 Yahoo, Naver, Google 등 상업적 검색 엔진의 등장과 노트북, 스마트폰 등 이동이 간편한 전자도구의 발달 및 웹 정보원의 증가로 도서관을 거치지 않고 언제 어디서나 정보의 검색과 이용이 가능한 시대로 변화하고 있다. 이와 같은 변화는 원하는 정보를 검색하고 신속하게 전달할 수 있다는 장점이 있지만, 정보의 질을 담보할 수 없는 단점도 있다. 또한 기하급수적으로 증가하고 있는 정보속에서 신뢰할 수 없는 정보들로 인해 이용자들이 혼란을 겪을 수도 있다.

'정보의 무더기가 진리를 낳는 것은 아니다. 더 많은 정보가 방출될수록 세계를 전체적으로 파악하는 것은 더욱 어려워진다. 과다 정보와 과다 커뮤니케이션은 어둠 속에 빛을 가져다주지 못한다.'고 한병철(Han Byung-Chul)[20]은 지적한다.

이와 같은 문제점을 간파한 영국 대학 및 국립도서관협의회(SCONUL: The Society of College, National and University Libraries)는 학생들의 웹 정

20) Han Byung-Chul, 2014, "Transparenzgesellschaft." 2012. 김태환 역, 투명사회, 서울, 문학과 지성사: 86.

보원에 대한 무조건적인 신뢰 현상을 해결하고 비판적 사고능력과 평가능력을 통해 원하는 정보를 선택하고 접근하고 활용할 수 있도록 하는 것이 정보활용능력이 중요하고 필요한 이유라고 언급하였다.21)

Mercade22)는 정보의 접근, 선택, 평가 능력을 향상시키기 위한 교육의 필요성을 강조하였다. 학술정보 데이터베이스가 전문화 및 세분화되어감에 따라 전자정보를 활용하는 능력과 원거리 이용능력에 관한 도서관 정보활용교육을 제공해야 한다고 주장하였다.

Meulemans와 Brown은 인터넷의 발달과 전자도구 사용의 보편화로 학술검색을 수행하는데 있어 서지교육의 개념과 관습이 변화하였기 때문에 자료검색 및 접근법, 인쇄자료 및 전자자료의 이용법이 필요하다고 주장하였다. 정보를 비판적으로 분석하고 통합하는 방법에 대해서도 교육이 필요하다고 제언하였다.23)

인터넷의 발달이 정보의 양을 증가시키고 다양한 정보원의 출현과 학문간의 관련성을 높여감에 따라 이용자는 정보검색 및 수집에 상당한 어려움을 겪게 되었다. 그러나 정보환경과 이용자의 요구가 변화되는 것에 비해 도서관이 이와 같은 요구에 충분히 대응 하지는 못하고 있다. 따라서 도서관에서 이용자의 정보요구를 효과적으로 해결하기 위해 정보를 검색하고 수집하여 분석하고 이를 활용할 수 있는 능력을 갖출 수 있도록 도움을 제공하는 것이 바람직하다. 즉, 도서관은 이용자가 원하는 정보를 신속하게 찾고 효율적으로 정보를 활용할 수 있도록 적절한 교육을 제공할 필요가 있다.24)

---

21) SCONUL(Socitey of College, National and University Libraries), 1999, *Briefing Paper: Information Skills in Higher Education*, SCONUL. <http://www.sconul.ac.uk/sites/default/files/documents/Seven_pillars2.pdf>, [cited 2018. 4. 10].

22) Heidi Mercade, 1999, “Library Instruction and Online Database Searching,” *Reference Service Review*, 27(3): 259-265.

23) Y. N. Meulemans, and J. Brown, 2001, “Educating Instruction Librarians,” *Research Strategies*, 18(4): 253-264.

미국 대학 및 연구도서관협회(ACRL)는 2010년에 Futures Thinking for Academic Librarians : Higher Education in 2015를 발표하였다.[25])이 보고서는 미래사회의 변화에 따른 대학도서관의 효과적인 대응방안을 마련하기 위한 것이다. 연구자 및 현장사서들을 포함한 회원들의 의견을 종합해 2025년에 대학도서관에 영향을 줄 수 있는 변수와 발생 가능성이 높은 사안을 예측한 결과는 <그림 3>과 같다.

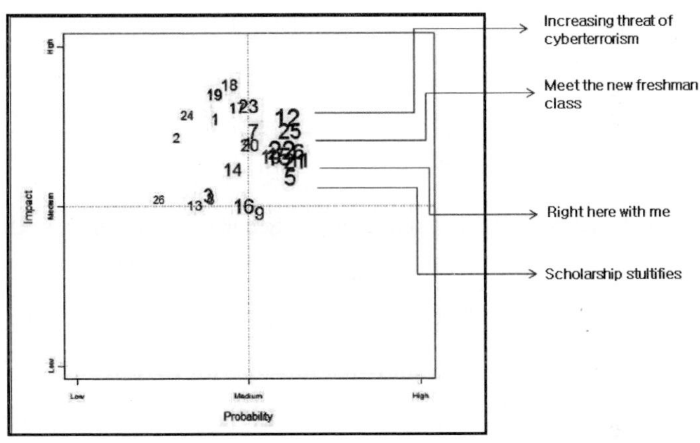

<그림 3> ACRL의 2025년 예측 보고서

보고서는 대학도서관에 발생가능성이 높고 영향을 미칠 26개의 시나리오를 제안하였고 특히, 다음과 같은 4가지 상황의 가능성이 높다고 주장하였다.

> 첫째, 사이버위협의 증가. 이용자 정보, 보완, 시스템 등 디지털환경에 대한 의존도가 높아짐에 따라 그에 따른 위험 또한 증가할 것이다.

---

24) 이지영, 2015, 대학도서관 정보활용교육 프로그램의 개선 방안에 관한 연구, 석사학위논문, 이화여자대학교 대학원 문헌정보학과: 12.

25) ACRL, *Futures Thinking for Academic Librarians : Higher Education in 2025*, <http://www.ala.org/acrl/sites/ala.org.acrl/files/content/issues/value/futures2025.pdf>, [cited 2018. 4. 10].

> 둘째, 신입생 및 재학생의 수업 참여를 통한 만남의 기회 증가. 즉 대학생들의 정보활용을 위한 교육제공의 필요성이 점차 증가할 것이다.
> 셋째, 가상공간을 활용한 기술의 발달에 따라 가상공간에서의 정보와 커뮤니케이션이 증가할 것이며 이에 대한 의존도가 높아질 것이다.
> 넷째, 학술 문화의 무력화. 디지털화의 급격한 진행에 따라 대학도서관은 전통적인 역할에서 점차 융합되고 복합된 역할을 수행하게 될 것이며 대학도서관의 차별화가 필요해질 것이다.

이 보고서를 통해서도 향후 대학도서관 정보활용교육에 대한 필요성과 역할이 증가하리라는 것을 알 수 있다.

정보활용교육은 시대적 변화와 기술의 발달에 따라 이용자들이 도서관에 대한 전반적인 지식을 습득함으로써 효율적인 학문연구와 자율적인 학습을 할 수 있도록 한다. 또한 자기계발을 위한 평생교육의 기초를 마련할 수 있다는 점에서도 중요하다. 그러나 국내 대학도서관에서 제공하는 정보활용교육의 경우 학생들의 학습과 연구를 지원하고 정보제공 및 정보활용능력 향상을 목표로 하고 있지만 대부분 1회성 교육에 머물고 있다. 1회성 교육은 정보활용능력을 키워주기 위한 내용을 모두 담아내기엔 부족하며, 도서관의 자료 및 서비스 특히, 전자자료 이용에 대한 안내에 그치는 경우가 많다. 1회성 정보활용교육의 경우 OPAC(Online Public Access Catalog) 이용법 중심으로 진행될 수밖에 없는데 OPAC 이용법 중심의 교육은 한계에 이를 수밖에 없다. 더구나 이용자 인터페이스 디자인의 발달에 따라 별다른 인스트럭션을 요하지 않는 시스템의 확산 속에서 OPAC 사용법을 위주로 한 교육이 여전히 효용을 유지하기는 쉽지 않다.[26)]

도서관 정보활용교육 담당자를 대상으로 한 연구에 따르면, 담당자들은 정보활용교육을 구성하는데 있어 가장 중요하게 고려하는 부분이 정보요구

---

26) 장덕현, 2002, "대학도서관 이용교육 연구의 동향과 논점," 한국도서관·정보학회지, 33(1): 57.

단계에 포함되는 '문제해결에 필요한 정보인식교육'인 것으로 조사되었다. 문제해결을 위해서는 원하는 정보가 무엇인지 파악하는 것이 기본이다. 그러나 실제로 담당자들이 정보활용교육 프로그램을 구성할 때는 '문제해결을 위한 정보원 소개'를 가장 중요하게 여기는 것으로 나타나 정보활용교육 프로그램 구성요소의 중요도와 실제로 정보활용 교육을 계획할 때 고려하는 구성요소가 일치하지 않는 것으로 나타났다.[27] 이와 같은 결과는 정보활용 교육이 주로 1시간 내지 2시간 정도의 1회성 교육에 그치고 있어 도서관에 소장하고 있는 정보원의 소개를 위주로 할 수 밖에 없기 때문이다.

대학도서관에서 제공하고 있는 1회성 정보활용교육 횟수와 총 정원 그리고 실제 신청자 수를 비교한 연구에 따르면 평균적으로 정보활용교육의 신청률이 50.21%로 나타났으며, 30.26%의 신청률을 보이고 있는 대학도서관도 있는 것으로 조사되었다. 교육을 신청한 후 실제로 참석하지 않는 이용자도 있다는 점을 고려할 때 1회성 정보활용교육에 대한 이용자의 관심이 높지 않다는 것을 알 수 있다.[28]

따라서 정보활용교육의 정규 교양과목 지정은 학기마다 희망하는 학생들에 한하여 교육인원이 구성되고 매주 시간표에 따라 교육이 제공되기 때문에 학생들은 정기적으로 정보활용교육 프로그램에 참여가 가능하다. 수업 외의 다른 시간을 할애하지 않고 교육에 참여하게 되어 일부러 도서관 교육 일정에 맞출 필요가 없다. 교양과목 지정의 경우, 학생들의 참여율을 높일 수 있고 한 번에 많은 인원에게 교육을 제공할 수 있다. 교양과목 지정의 가장 큰 장점은 정보활용교육을 매주 받기 때문에 학생들의 지속적인 정보활용능력 향상을 기대할 수 있으며 강의 교재가 제공되기 때문에 교육 후에도 반복 학습 및 교육내용 확인이 가능하다는 것이다.[29]

27) 이지영, 전게논문, 35~40.
28) 정재영, 전게논문, 66~67.
29) 이지영, 전게논문, 88.

이정연과 최은주의 연구[30]에 따르면 교육을 받은 이후 자신의 정보활용능력에 도움이 되었다고 응답한 비율이 88%, 도서관 인식도가 향상되었다는 비율이 86%로 나타났다. 수업에 대한 만족도는 79%로 조사되었으며 기타 의견 중에 '1학년 때 들었다면 대학생활에 더 큰 도움이 되었을 것이다', '논문을 쓰는데 많은 도움이 될 것 같다'는 답변이 있는 것으로 나타났다.

정보활용교육 전·후를 비교한 유재옥의 연구[31]에 따르면 교육 후 정보의 접근, 검색, 선택 및 활용 그리고 정보윤리 등에 있어 능력이 향상된 것으로 나타났다. 특히, 표절이나 저작권 등 정보의 윤리적, 법적 사용 능력이 가장 많이 향상된 것으로 조사되었다.

김성은과 이명희[32]의 조사에서도 학년의 차이가 정보활용능력에 영향을 미친 요인으로 지적되고 있다. 즉, 교육 전 1, 2학년의 평균점수가 3, 4학년의 평균점수에 비해 낮은 것으로 나타났으며 교육 후에 평균점수가 향상되어 수준의 차이가 어느 정도 완화되었지만 여전히 저학년의 평균점수가 낮은 것으로 조사되었다.

김성은과 이명희[33]는 정보활용교육의 효과를 높이기 위해 수정된 정보활용교육 교안을 다음과 같이 제안하였다.

> 첫째, 광범위한 수업량의 진행과 충분한 실습시간의 확보를 위해 주당 수업 시수를 2시간에서 3시간으로 확대하였다.
> 둘째, 계열 간 교육 효과의 차이가 나타나는 점을 고려하여 전공 계열에 따른 인문, 사회, 자연과학 등의 주제별, 전공영역별 서지와 정보원, 그리고 주제별 상용 데이터베이스를 이용한 정보원에 대한 내용을 추가하였다. 또한 이전 교

30) 이정연, 최은주, 2006, "정보활용능력 교육의 효율성에 관한 실험적 연구," 한국문헌정보학회지, 40(1): 331.
31) 유재옥, 2004, "대학도서관 이용자교육이 이용자의 학술정보이용능력 향상에 미치는 영향," 한국비블리아학회지, 15(1): 254.
32) 김성은, 이명희, *전게논문*, 108.
33) 김성은, 이명희, *전게논문*.

육과정에서는 도서관 투어에만 사서의 협력을 받아 수업을 진행하였으나 수정된 모형에서는 정보자원영역과 정보접근영역에서 담당교수와 사서의 협력수업을 제시하였다.

셋째, 정보요구영역 중의 정보요구의 명확한 서술과 키워드 추출에 관한 부분은 학생들이 어려워할 뿐만 아니라 많은 연습과 실습이 요구되므로 학생들이 각각의 주제로 실습할 수 있는 시간 확보에 주력하였다.

넷째, 도서관 목록의 서지사항에 대한 이해의 경우 사전 테스트 점수보다 사후 테스트의 점수가 낮게 나타나 학생들이 어려워하는 분야인 만큼 자료조직에 보다 많은 강의시간을 배정하였다.

다섯째, 졸업 이후 독립적 정보문제 해결 능력을 강화하기 위해 커뮤니케이션 기법, 비언어 커뮤니케이션에 대한 내용을 보충하였으며, 연구과제수행을 위한 연구보고서 및 논문작성법 지도를 강화하였다.

위 제안에서 정보활용능력 교육의 효과를 높이기 위한 충분한 시간의 배정, 교육의 주제별 구분 및 사서와의 협력수업 그리고, 연구보고서 및 논문작성법 지도의 강화 등은 바람직하다. 그러나 교양과정으로 개설되는 정보활용교육의 경우 문헌정보학을 전공하지 않는 학생들을 대상으로 한다는 점을 고려할 때 도서관 목록 및 서지사항 즉, 자료조직의 내용 등과 같은 기술적 부분을 교육할 필요가 있다고 생각되지는 않는다. 도서관 업무와 연관된 기술적 문제는 학생들이 도서관을 이해할 수 있는 선에서 제공하고 보다 관심을 많이 가질 수 있는 부분에 시간을 할애하는 것이 바람직하다.

4. 정보활용교육 교안 관련 연구

국내 연구자들이 제안한 정보활용교육 교안은 다음과 같다.

김지은[34]은 미국 대학 및 연구도서관협회(ACRL)를 비롯한 5개 정보활용

34) 김지은, 2011, “Kuhlthau의 ISP모델에 기반한 대학의 정보활용능력 교육과정 모델

능력 표준을 비교하여 총 7개의 공통영역을 도출한 후 이를 기반으로 대학생들이 갖추어야 할 6개의 공통 핵심 정보활용능력 및 요소를 선정하였다. 선정된 6개의 핵심 영역 및 요소를 기초로 사회에 진출하기 전 단계에 있는 대학생을 위한 16주 교과과정을 제안하였다.

<표 2> 김지은의 정보활용능력 교육과정 모델

주	교육목표	교육 내용	학습 과제	핵심 요소	ISP 단계
1	강의 개요 및 정보 이해	• 강의 안내 • 정보와 사회에 대한 이해 - 정보의 정의 및 유형 - 지식정보사회 개관 - 정보활용능력의 정의 및 필요성			
2	정보기술 이해	• 기본 정보기술(IT)에 대한 이해 - 컴퓨터통신 시스템 개관 - 인터넷 및 데이터베이스 개관	• 조사하고자 하는 대상(정보추구대상물) 생각해 오기		
3	정보 요구 인지 및 필요한 정보의 결정	• 정보요구 정의에 대한 이해 • 필요한 정보의 범위 및 특성 결정에 대한 이해 - 정보 입수 시 고려사항	• 조사하고자 하는 것을 문장(평서문, 의문문 등)으로 표현 • 연구문제의 해답을 구하기 위해 어떤 정보를 수집해야 하는지 결정하고, 결정된 사항을 도표나 글로 표현	1	1.2
4		• 정보원에 대한 이해 - 정보원의 개념 - 정보원 유형 및 이용목적	• 수집할 정보를 찾을 정보원(웹사이트, 도서, 논문 등)을 하나 이상 선정 • 선정한 정보원을 조사하고 조사결과를 정리·기록 - 정보원 내에 포함된 정보의 특성·유형 등 조사 - 조사 과정 중 선정된 정보원을 삭제하거나 새로운 정보원을 추가할 수 있으며, 이 때 추가된 새 정보원에 대한 조사 실시 - 선정한 정보원의 타이틀이나 웹주소 기록	1	2
5	정보탐색 1	• 정보조사방법 및 정보접근 도구에	• 선정한 정보원들의 이용방법을 조	2	3

개발 연구," 한국비블리아학회지, 22(2): 101~122.

		대한 이해 - 다양한(온/오프라인) 조사 방법 - 정보시스템 및 검색엔진 - 참고자료 개관	사하고 조사결과를 정리·기록 - 4주차의 정리 기록 자료와 연관		
6		• 도서관 투어(사서연계) - 도서관을 통해 이용가능한 정보조사 방법 및 정보접근도구를 중점적으로 소개: 웹DB, 검색시스템, 참고자료, 청구기호 등	• 참고사서와의 인터뷰 시행 및 인터뷰 결과 정리·기록 - 필수 문의 요소 ① 선정한 정보원의 삭제 및 새 정보원의 추가 여부 ② 선정·추가한 정보원 이용방법	2	3
7	(일반) & 정보평가·관리	• 정보탐색전략 구축에 대한 이해 - 다양한 탐색 기법, 접근점 개관 • 정보원 및 정보의 관리에 대한 이해 - 인용방법 및 참고문헌 표기방법 - 서지관리도구	• 선정한 정보원의 검색시스템 및 이용방법에 따라 정보 탐색전략을 구축하고, 이를 도표나 글로 표현 • 선정한 정보원별로 정보탐색전략에 따라 정보탐색 • 탐색된 정보의 전체 내용 및 해당 정보의 출처 기록	2.4	3
8		• 정보평가에 대한 이해 - 온·오프라인 정보 평가 기준 - 평가를 통해 선별된 정보들의 주요내용 기록·관리 및 분류·그룹화 - 평가결과에 따른 정보요구 및 필요정보의 특성·범위 재결정과 정보탐색 전략의 재구축 가능성	• 탐색된 정보가 자신의 연구문제 해결에 유용한 것인지를 평가할 기준을 정의하고, 이를 도표나 글로 표현 • 정의된 평가기준에 따라 탐색된 정보 평가 - 긍/부정적 평가결과를 받은 정보들을 각각(긍정적vs.부정적) 목록화 - 긍정적 평가결과를 받은 정보의 주요내용을 도표나 글로 표현 - 전체(긍/부정적) 평가결과에 기반하여 초기 연구문제를 보다 구체적으로 도표나 글로 표현하고, 이를 해결하기 위해 필요한 정보가 무엇인지 판단·기록	3.4	3
9	명확한 정보 요구 표현 (중간점검)	• 정보요구 및 필요정보의 고찰 : 토론 - 보다 구체적으로 표현·결정된 연구문제 및 필요정보에 대해 토론	• 수업시간에 수행한 토론결과를 반영하여 연구문제 및 필요정보를 명확화하고, 이를 도표나 글로 표현 • 2주차~9주차의 학습과제를 시간순서 대로 문서화 (중간 레포트) - 필수 포함 요소 : ① 초기 연구문제 및 필요정보	1	4

			② 정보원 선정과정(정보원 조사결과, 인터뷰 기록 포함) ③ 정보탐색과정(정보원별 정보탐색 전략, 탐색된 정보의 출처 포함) ④ 정보평가과정(평가기준, 긍/부정적 정보리스트, 긍정적 정보의 주요내용 포함) ⑤ 연구문제 및 필요정보의 명확화 과정과 확정된 연구 문제 및 필요정보		
10	정보탐색 2 (구체적)	• 중간 레포트 제출 • 개별 면담 시행(수업 대체) - 면담방법 : 이메일, 전화, 직접대면 등	• 확정된 연구문제 및 필요정보에 기반 하여 정보를 수집할 적합 정보원을 선정(복수 선정 가능)하고 정보탐색 전략을 재구축한 후 이에 따라 정보를 탐색·평가 - 적합 정보원을 선정하고, 해당 정보원을 조사(정보원 이용방법 포함)하여 그 결과를 정리·기록 - 선정한 적합 정보원의 이용방법에 따라 재구축된 정보탐색 전략을 도표나 글로 표현 - 탐색된 정보의 전체 내용 및 해당 정보의 출처 기록 - 확정된 연구문제에 대비한 정보평가 기준을 정의하고 이 기준에 따라 탐색된 정보 평가 - 긍/부정적 평가결과를 받은 정보들을 각각(긍정적vs.부정적) 목록화 - 긍정적 평가결과를 받은 정보의 주요 내용을 도표나 글로 표현	1.2 3.4	5
11	정보종합정리	• 수집된 적합 정보들의 종합정리에 대한 이해 - 정보개관방법(outlining)에 대한 예시 소개 - 토론 : 과제 시작 전 학생 자신의 정보요구(연구 문제)에 대해 알고 있던 것과 지금까지 과제를 진행하면서 알게 된 것을 비교	• 수집된 적합 정보들의 주요 내용들을 기록한 자료 및 기존 지식을 자신의 연구문제와 연계하여 종합적으로 정리하고 도표나 글로 표현	4	5
12	정보결과물	• 정보결과물의 생산 및 제시방법에	• 정보결과물 생산	5	6

		대한 이해 - 보고서 및 논문작성법 - 정보결과물의 다양한 제시 방법 : 제시대상 및 환경을 비롯한 다양한 조건 고려 - 정보결과물의 생산방법과 제시방법의 연관성	- 정보결과물을 제시할 가상의 대상 및 대상 유형을 설정하고, 해당 대상 및 대상 유형에 맞추어 정보 결과물 생산 - 정보결과물은 일반문서(레포트), 홍보물, 물체(조각, 공예품 등), 그림 등으로 표현 가능 - 수집된 적합 정보들의 출처기록을 인용형식에 따라 정리하여 정보결과물에 포함		
13	생산 및 평가	• 정보결과물 및 전체 정보 추구 과정 평가에 대한 이해 - 정보결과물의 정보요구 충족여부 평가 - 정보추구 시 이용한 시간·자원·정보중개자 등 평가 • 정보윤리에 대한 이해 1 - 정보윤리의 개념 정의 : 정보윤리와 인테넷 윤리(사이버윤리)의 연관성 및 차이점 포함 - 정보윤리 문제 : 다양한 정보윤리 문제의 발생과정 및 관련된 실제 사례(온·오프라인) 소개	• 스스로 자신의 연구문제가 해결되었는지 평가하고 평가결과를 정리·기록 - 필수 평가요소 : ① 정보결과물이 연구문제 해결책으로써 제시되었는가? ② 연구문제 해결 시 시간·자원·정보시스템 등을 적절히 이용했는가? ③ 정보를 윤리적·합법적으로 접근·이용했는가? - 평가결과를 반영해 정보결과물 수정 • 정보윤리 문제와 관련된 사례 1개 조사·정리	3.6	6+
14		• 정보윤리에 대한 이해 2 - 발표 : 학생 조사 사례 발표 - 정보윤리문제를 해결하기 위한 다양한 규제 : 지적재산권 등 - 연구윤리 개관 • 토론 : 정보결과물의 정보요구 충족 여부 및 전체 정보추구 과정의 적절한 수행 여부에 대한 동료 평가	• 수업시간에 수행한 동료평가결과를 기록·정리하고, 해당 평가결과를 반영해 정보결과물 수정·완성 • 2주차~14주차의 학습과제를 시간 순서대로 문서화	3.6	6+
15	정보결과물 제시(최종점검)	• 전체 정보추구 과정 및 정보결과물 정리발표 1 - 전체 정보추구 과정의 문서화 및 완성된 정보결과물 포함	• 발표자료 제출	5	6.6+
16		• 전체 정보추구 과정 및 정보결과물 정리발표 2 - 전체 정보추구 과정의 문서화 및 완성된 정보 결과물 포함	• 발표자료 제출	5	6.6+

		• 토론 - 교육기간동안 어려웠던 점(교육내용, 학습과제 포함)에 대해 자유롭게 토론			

김지은이 제안한 교과과정은 각각의 차수별로 매우 자세하게 제시되어 있으며, 매시간 수행해야 할 학습과제를 지정함으로써 학습자들이 단계별 과정을 학습할 수 있도록 안내하고 있다. 그러나 실제로 교과목에 적용하기 위해서는 수업형식에 맞는 내용으로의 변환이 필요해 보인다.

김성은과 이명희[35]는 국내 23개 대학에서 시행하고 있는 정보활용능력과 관련된 정규 교과목의 강의계획서와 각국의 정보활용능력 기준 및 모형을 토대로 정보활용능력 교수학습모형을 제시하였다. 이 모형에는 영역별 교육목표, 교육내용, 교수학습 전략, 강의시간, 평가내용 그리고 강의 도구 등이 포함되어 있다.

<표 3> 김성은, 이명희의 정보활용능력 교수학습모형

주차	영역	교육목표	교육내용	교수학습전략	강의도구
1주	강의 개요	강의 안내 및 교육대상의 정보활용능력 수준 측정	• 참고문헌, 과제, 평가기준		강의 인쇄자료 설문지
2~3주	정보 자원 영역	도서관 및 정보센터의 기능 이해	• 도서관 및 정보센터의 역할과 기능	• 데이터, 정보와 지식의 의미를 실례를 제시하며 차이점 설명 • 도서관 홈페이지에서 메뉴의 각 기능 설명	강의
		도서관과 정보활용	• 도서관 이용 - 이용규정, 서비스의 종류(정보 입수에 소요되는 비용 포함)		
		정보 및 정보원의 특성 이해	• 데이터, 정보, 지식의 관계 • 정보의 생산과 유통 • 정보원의 유형		
4주	정보	정보의 필요성	• 정보요구의 정의	• 연구과제 범주화	강의

35) 김성은, 이명희, 2006, “대학생의 정보활용능력 교수학습모형 개발에 관한 기초연구,” 한국비블리아학회지, 17(2): 177~200.

	요구 영역	인지		• 브레인스토밍, 마인드맵 사용 방법 실습 • 정보과제의 축소 및 확대 기법	및 실습
		정보요구의 확인과 표현능력 문제해결과 과제의 범주화	• 정보과제의 확인 및 유형 파악 • 정보과제의 명료화 - 키워드 추출 • 요구정보의 축소 및 확대		
5~7주	정보접근영역	탐색전략 수립 및 탐색 수행	• 탐색기법 실습(블리언 연산자, 절단탐색, 인접연산자 등) • 접근점 활용(저자명, 서명, 키워드, 분류기호, 디스크립터 등) 확인 및 탐색진술문 작성 • 자관자료의 조직법과 이용법(도서관투어) 실습	• 브레인스토밍 기법 이용한 키워드, 동의어, 유사어 추출 • 대학도서관 OPAC 통한 검색 실시	강의, 실습 및 도서관 투어 (사서와 연계 강의)
		참고자료 이용	• 사전 및 백과사전 이용 • 연감 및 통계, 지도의 이용 • 신문, 잡지의 기사색인 이용 • 참고자료의 이용		
		온라인목록과 인터넷 정보 검색	• OPAC 목록검색 • 인용색인, 색인 및 초록서비스 활용 • 인터넷 포털사이트 및 전자정보의 이용 • 주제별 상용 데이터베이스 검색		
8주	시험	중간고사	2~7주차 동안 학습한 내용에 대하여 중간고사 실시		
9주	정보 분석 영역	정보의 분석과 해석 - 적합정보 평가 및 추출능력	• 정보의 적합성 판단 - 주제와의 관련성 및 최신 정보 확인 • 정보의 유형별 분류(인쇄자료, 영상자료, 전자자료 • 상이한 사이트, 검색엔진에서 얻은 관련 정보의 비교와 대조	• 국내·외 대표적 검색 엔진에서 주제어 검색	강의 및 실습
10~11주	정보관리영역	수집정보, 생성정보의 관리 능력 -정보의 조직	• 정보와 정보원의 기록 - 서지사항 • 수집된 자료를 분류하고 연대별, 주제별, 계층구조에 의한 조직 • 분류의 개념 및 주요분류표(KDC DDC)의 특성 파악 • 컴퓨터에 의한 개인정보 정리법	• DDC, KDC의 주류 체계와 상관관계를 실례를 들어 설명 • 분석된 정보내용을 다양한 방법으로 조직하여 My Library 화할 수 있음을 설명	강의 및 실습
		수집정보로부터 추출한 주요 아이디어 요약	• 정보내용의 추출과 가공 - 요약, 인용, 변환, 첨삭, 번역, 해제 등 • 통합정리 - 선별된 정보의 체계적 정리 및 최종 결과물 작성		
		정보의 조직 및	• 분석된 정보의 주제별, 연대별, 계층별 조직		

		종합	및 종합		
12주	커뮤니케이션 및 영역 정보전달	정보표현과 전달전략	• 정보표현과 매체의 다양성 • 인터넷 및 네트워크 활용 기술 • 리스트서브나 토론그룹 가입	• 수집·관리하고 있는 정보를 자신의 연구 과제에 맞게 재구성하여 보고서 등 적합한 형식에 맞게 표현·전달할 수 있는 다양한 방법 제시	강의 인터넷
		정보매체와 결과물 표현으로 새로운 지식 창출	• 보고서 및 논문 작성법 지도 • 글에 의한 적합한 표현과 전달 • 보고서와 논문에 대한 인용문헌작성법 • 컴퓨터 및 멀티미디어에 의한 정보 표현과 전달		
13주	정보 윤리 영역	정보의 윤리 및 사회적 책임	• 민주사회와 지적 자유 • 인터넷과 정보윤리 • 저작권 존중과 공정한 정보 이용 • 표절과 사이버 범죄 • 정보법규, 윤리, 사회경제적 문제	• 저작권 존중과 정보의 공정한 이용에 대해 설명 • 저작권 관련 인터넷 사이트 소개	강의 인터넷
14주	시험	기말고사	9~13주차 동안 학습한 내용에 대하여 기말고사 실시		

정민화[36]는 강의식과 수동적 수업에서 탈피해 자기 주도적 학습을 할 수 있도록 하는 정보활용 교수 학습안을 제안하였다.

<표 4> 정민화의 정보활용교육 교수-학습안

차시	영역	교육내용	학습목표	교수·학습내용	활동내용
1	강의 개요	• 강의 안내 • 사전검사		• 강의 소개 • 출발점 능력파악(선수학습경험, 사전검사 실시)	• 사전검사(자가진단지, 사전평가지 측정) • 학습자료 배포 • 토론 및 테스트
	정보 요구	• 정보의 이해 • 정보활용능력 • 연구과정		• 정보의 정의와 유형 • 정보생태계 이해 • 정보활용능력 이해 • 연구과정 이해	
2	정보 요구	• 정보요구 인지 • 정보원 이해 • 정보원 적용	• 과제 또는 연구 주제를 정의한다. • 과제 관련 연구를 위해 다양한 정보원의	• 정보요구 인지과정 학습(배경정보원 탐색, 주제 범위 조정하기, 정보요구 표현 하기)	• 브레인스토밍, 그래픽 조직자 활용 • 다양한 정보자원 제시(유형별 도서관 자원 실물 보

36) 정민화, 2011, "대학도서관의 정보활용교육(Information Literacy Instruction) 실시 사례," 사대도협회지, 12: 21~39.

			특성을 이해한다. • 과제와 연구에 적합한 정보의 유형과 범위를 결정한다.	• 정보원의 이해(일차·이차정보원, 전문정보, 전자정보, 인터넷 정보원 예시) • 필요한 정보원 결정(정보유형, 상황, 시간, 비용 등을 고려한 정보원 결정 사례 제시) • 연습문제	기, 전문정보, 인터넷 정보 시연) • 배경정보원 탐색하기 • 주제범위 조정하여 보기 • 요약정리, 토론 및 문제풀이
3~5	정보 조사	• 정보검색 도구 및 검색시스템 이해 • 정보탐색전략 • 도서관 OPAC • 전자정보검색 • 웹 정보검색 • 탐색 결과 평가 및 재검색 • 원문입수	• 정보요구에 적합한 검색시스템과 검색방법을 이해한다. • 정보요구에 적합한 탐색기법을 사용한다. • 도서관 목록검색과 웹 검색을 통해 다양한 정보에 접근한다. • 검색 결과의 확인과 평가를 통해 검색 전략을 보완한다. • 적합한 방법을 통해 검색결과의 원문을 입수한다.	• 정보조사 과정의 이해 • 정보검색 도구 • 검색방법의 이해 • 검색 보조도구 • 분류체계 • 정보탐색 전략 짜기 • 도서관 OPAC검색(자료유형별 검색, 전자정보검색 - 국내 학술논문 이용, 우리교수님 논문찾기 등) • 웹 정보검색(온라인 전문정보, 인터넷 정보검색 RISS, 국립중앙도서관, 구글 등) • 검색결과 평가(재현율, 정확률 이해) • 원문입수방법 이해(온.오프라인 방법)	• 전시학습 확인 • 검색방법에 따른 결과제시(검색 및 시연) • 정보과제 제시(포괄적 주제에서 구체적 주제를 스스로 결정하기) • 과제를 위한 정보 조사과정 실습(도서관 자료검색, 전자정보검색, 웹정보검색) • 정보조사과정(교육자에게 메일 전송 및 보충 답변 회신) • 실습, 질의응답, 요약 정리
6	정보 분석	• 정보 해석 • 정보 평가 • 정보 관리	• 검색된 정보의 결과를 정확하게 해석한다. • 수집된 정보의 유형별 평가기준을 이해하고 평가한다. • 정보자원을 효율적으로 조직하고 관리한다.	• 수집한 정보의 내용독해 방법 이해(검색결과 화면 이해, 검색정보의 하이퍼링크 활용, 전자책 및 학술논문 원문 독해 방법 이해) • 수집한 정보의 평가기준(적절성, 신뢰성, 정확성, 범위성, 적시성 등) 수집한 정보 관리 • (목록, 색인, 내용파일 작	• 전시학습 확인 • 스스로 수집한 정보 해석하기(검색 결과 내용 이해, 관련 링크정보해석, 초록 및 원문 이용) • 수집한 정보평가(대중정보와 학술 정보의 구분, 전문정보, 검색엔진정보 비교하기) • 웹 평가 사이트 검색 • 수집한 정보의 내용 파일

				성, 온·오프라인 보관, 서지 관리 프로그램 활용) • 연습문제	작성하기 • 정보 보관하기 • 실습, 토론, 요약정리, 문제 풀이
7	정보 생산	• 정보 생산 • 정보 인용 • 정보 배포 및 공유	• 조사 분석된 정보를 바탕으로 새로운 정보를 생산한다. • 정보 생산과정에서 인용된 정보원의 서지인용 요소를 이해한다. • 생산된 정보를 적합한 방법으로 배포하고 공유한다.	• 보고서 작성 형식 이해 • 인용의 원칙과 목적이해 • 정보원 유형별 인용방법 이해 • 각주와 참고문헌구성 요소 이해 • 수집된 정보를 바탕으로 보고서 작성하기 • 보고서 제출 • 온라인 정보공유 및 배포(웹하드, 출판시스템 등록, 셀프 아카이빙, dCollection 등) • 연습문제	• 전시학습 확인 • 정보원 유형별 인용요소 이해 • 인용한 정보의 출처 밝히기 (각주, 참고문헌 작성하여 보기) • 과제 제출하기 • 온라인 정보배포 사례 보기 • 실습, 토론, 요약 정리, 문제 풀이
8	정보 윤리	• 저작권 이해 • 정당한 정보 이용 • 인터넷 예절	• 정당한 정보이용을 위한 지적 재산권을 이해한다. • 공정한 방법으로 정보를 이용, 입수, 배포한다. • 지적 자유와 책임의 원칙을 이해하고 실행한다.	• 저작권법 이해(공정이용, 퍼블릭 도메인, 비보호 저작물, 신지적재산권 등) • 정당한 정보이용 (라이선스 사례, 오픈엑세스, CCL, 과금시스템, 전자정보 이용 등) • 인터넷 예절 • 연습문제	• 전시학습 확인 • 표절 관련 토론 • 오픈엑세스, CCL 사례 제시 • 라이선스 유형 보기 • 네티켓 사례 • 토론, 요약정리, 문제 풀이
	학습 정리	• 실습과정 및 결과물 발표 • 사후평가 및 교육 만족도 조사		• 정보활용교육 사후 평가와 만족도 측정 • 수업관련 토론	• 실습과정 및 과제 발표(상호질의응답) • 사후검사지 작성 • 교육총평

정민화는 이론적 수업이 아닌 체험적 학습 내용을 위주로 교안을 구성하였으며 자신이 설정한 과제 실습을 통해 문제해결과정에 능동적으로 참여할 수 있도록 고안하였다. 연구자는 각 차시마다 교육자가 제시하는 문제에 대한 질의응답 및 토론 과정과 상호 의견교환을 통해 비판적 사고와 협동적 학습을 기대할 수 있다고 주장하였다.

고영만[37]은 정보활용교육 교수학습안을 제안하기 위해 미국 대학 및 연구도서관협회(ACRL), 영국대학 및 국립도서관협의회(SCONUL) 그리고 호주·뉴질랜드정보활용능력연구소(ANZIIL)에서 제시한 고등교육 정보문해 표준 내용을 분석한 후 중복 요소를 제외해 가는 과정을 거쳤다. 즉, <그림 4>의 정보문해 교육요소 개발 모형과 <그림 5>의 정보문해 교육내용 개발 모형을 토대로 <표 5> 정보문해 교수-학습 구성안을 제시하였다.

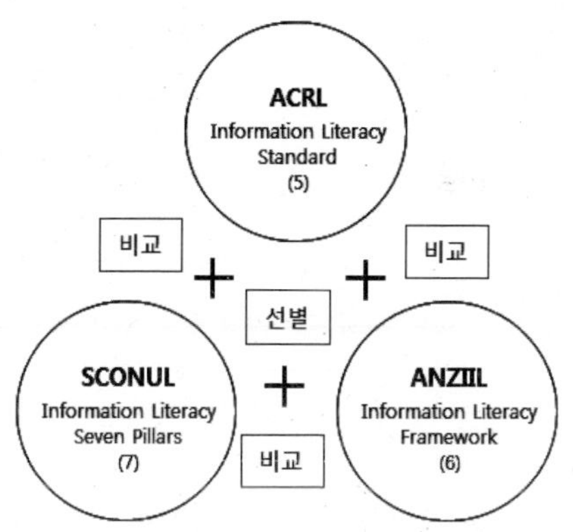

<그림 4> 정보문해 교육요소 개발 모형

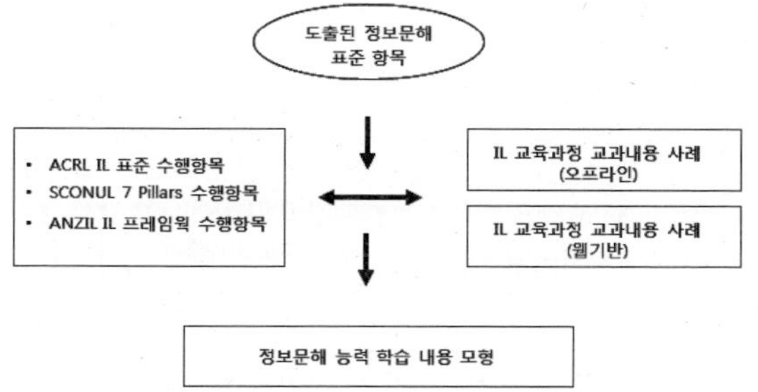

<그림 5> 정보문해 교육내용 개발 모형

37) 고영만, 2004, "대학생을 위한 정보문해 교수-학습 모형 개발 연구," 정보관리학회지, 21(4): 67~87.

<표 5> 고영만의 정보문해 교수-학습 구성안

주차	모듈	주제/학습 내용	정보문해 요소	수업형태	수업진행
1		Pre - test(1) 강좌 소개, 과제, 자료사용 방법			
2	M1	정보와 정보의 유형 전문분야별 정보의 생산과 조직	정보요구 인식	강의/실습	교수/전문사서
3	M2	탐구과정, 연구와 도서관 이용 정보요구, 배경정보	정보요구 인식 정보결손 확인	강의/실습	교수/전문사서
4	M3	정보문해와 정보교육 정보자주성과 정보능력	정보문제 이해	강의	교수
5	M4	Pre - test(2) 데이터베이스와 고급탐색기술	정보의 소재 파악 검색전략 구축	강의/실습	전문사서
6	M5	전문검색엔진 인터넷, 웹, invisible web sites	정보의 소재파악 정보검색과 접근	강의/실습	전문사서
7	M6	주제, 전문분야별 자료	정보와 정보원의 소재파악	강의/실습	전문사서
8		중간시험			
9	M7	Pre - test(3) 정보와 자료의 평가	정보평가	강의/실습	전문사서
10	M8	정보처리, 인용방식 Citation Management Software Intelligent Agent	정보처리	강의/실습	교수/전문사서
11	M9	정보윤리 저작권법과 표절	정보윤리	강의	교수
12	M10	Pre - test(4) 정보문해 모형	정보문제해결방법론	강의	교수
13	M11	The Big6 : 프레임웍, 적용 방법	정보문제해결방법론	강의/실습	교수
14	M12	The Big6 :실습, 협동학습 계획	정보문제해결방법론	강의/실습	교수
15	M13	Big 6 Video 관람, 과제 발표	정보조직 통합정리	발표/토론	교수/전문사서
16		기말시험			

고영만의 교수학습 모형은 3개의 모형을 상호 비교해 만들어진 것으로 해당 모형의 장점을 기반으로 구성하였다. 학습자들에게 정보활용방법의 제

시와 함께 정보활용방법론에 대한 이론 교육까지 제공하고 있으며 4번에 걸쳐 테스트가 진행되도록 구성하였다.

5. 정보활용교육 성과 관련 연구

정보활용교육의 성과를 분석한 연구는 다음과 같다.

유재옥[38]은 인터넷 정보활용 과목 수강생 39명(문헌정보학 전공자 31명, 기타 전공자 8명)을 대상으로 정보활용교육 제공 이전과 이후의 정보활용능력 차이를 비교하였다.

본 연구를 위해 총 3번의 테스트를 진행하였는데 학기 초에 사전 테스트를 진행하고, 사전테스트 후 바로 정보활용교육을 제공한 후 테스트를 진행하였다. 또한 8주가 지난 시점에서 교육 효과의 지속 여부와 지속 정도를 파악하기 위해 사후 테스트를 수행하였다.

조사결과 정보활용능력 점수가 정보활용교육 이후 76.3점으로 교육 전 41.5점에 비해 약 35점 상승한 것으로 나타났다. 8주 후에 진행된 테스트의 결과 정보활용교육 직후보다 3.2점이 상승한 79.5점으로 나타나 정보활용교육이 학술정보 이용능력을 향상시키는 것은 물론 효과가 지속된다는 것을 확인하였다.

이정연과 최은주[39]는 정보활용교육 과목과 다른 교양과목을 선정해 두 과

38) 유재옥, 2004, "대학도서관 이용자교육이 이용자의 학술정보이용능력 향상에 미치는 영향," 한국비블리아학회지 15(1): 243~260.
39) 이정연, 최은주, 2006, "정보활용능력 교육의 효용성에 관한 실험적 연구," 한국문헌정보학회지 40(1): 315~334.

목 수강생들의 정보활용능력 차이를 비교하였다. 평가영역은 정보자원, 정보요구, 정보검색, 정보분석, 정보기술, 정보윤리 등 총 6개의 영역으로 구성하였으며 평가문항을 활용하여 정보활용능력에 대한 사전 및 사후 검사를 실시하였다. 또한 실험집단을 대상으로 태도 변화에 관한 측정도 실시하였다.

조사 결과 실험집단은 사후 평균이 77점으로 사전 점수 58점에 비해 19점 상승한 반면 통제집단의 경우 사후 점수가 54점으로 사전점수 57점에 비해 거의 변화가 없는 것으로 나타났다. 실험집단의 정보영역별 조사의 경우 정보윤리 영역에서 35.75%의 증가를 보여 가장 효과가 높게 나타났다.

도서관 인식도와 도서관 이용빈도의 경우에도 통제집단에서는 65.43%에서 68.3%로 거의 변화가 없었으나 실험집단에서는 일주일에 한번 이용한다는 응답이 70.2%로 사전조사 53.5%보다 상승한 것으로 조사되었다.

교육 후 자신의 정보활용능력에 보통 이상 도움이 되었다는 응답이 88%, 도서관 인식도가 향상되었다는 응답이 86%로 조사되어 정보활용교육이 도서관에 대한 친숙도와 이용도에도 영향을 미치는 것으로 분석되었다.

박수희와 최성우[40]는 학부생을 대상으로 면대면 교육과의 비교를 통해 웹기반 정보활용교육 프로그램 학습 전·후의 효과를 비교 측정하였다.

연구결과에 따르면 웹기반 정보활용교육과 면대면 정보활용교육 모두 학습자들에게 정보활용능력의 향상을 가져다 주는 것으로 조사되었다. 따라서, 웹기반 정보활용교육 프로그램의 경우 면대면 교육으로 감당할 수 없는 대규모 강의나 야간강좌 수강생들을 위한 정보활용교육 또는 면대면 교육과의 연계 프로그램으로 활용할 수 있다는 것이 확인되었다.

김성은과 이명희[41]는 정보활용능력 관련 강좌 수강생 135명을 대상으로

40) 박수희, 최성우, 2006, “대학생을 위한 웹기반 정보활용교육 프로그램 개발 및 효과분석,” 한국문헌정보학회지, 40(2): 357~387.

학기 초 사전조사를 실시한 후 같은 설문지를 사용하여 종강 시 사후조사를 실시하였다.

조사결과 정보활용교육 전·후 실험집단의 정보활용능력 평균에 차이가 있는 것으로 나타났다. 사전 테스트 점수는 51,45점, 사후 테스트 점수는 66.92점으로 정보활용교육 후의 평균점수가 교육 전 평균 점수보다 15.47점 상승하였다.

계열별로는 예·체능과 자연계열순으로 정보활용능력 점수가 향상된 것으로 나타났으며 고학년(3, 4학년)에 비해 저학년(1, 2학년)이 교육 효과가 큰 것으로 조사되었다.

정영미[42]는 2학점 교양선택 과목으로 운영되는'도서관이용법'강의를 수강하는 학부생 47명을 대상으로 정보활용교육의 효과를 측정하였다. 이 연구에 따르면 교육 후 이루어진 정보활용능력에 대한 평가결과 전체 평균이 69.19점으로 나타나 교육 전 평균 64.27점에 비해 5점 정도 상승한 것으로 나타났다. 특히, 정보에 대한 효율적인 접근 및 탐색에 대한 부분과 정보의 윤리적이고 법적인 사용 부분에 대한 효과가 높은 것으로 조사되었다. 또한 정보활용교육은 학생들의 도서관 이용 빈도 뿐만 아니라 도서관에 대한 인식도 변화시키는 것으로 나타났다.

김성원의 연구[43]에 따르면 정보활용교육이 자기효능감도 높이는 것으로 조사되었다. 정보활용능력 관련 과목을 문헌정보학 교과과정으로 개설한 후 과목을 수강한 60명(문헌정보학 전공자 50명, 비전공자 10명)의 학부생을

41) 김성은, 이명희, 2007, “대학생을 위한 정보활용능력 교육의 효과에 관한 실증연구,” 한국도서관·정보학회지, 38(3): 91~115.

42) 정영미, 2009, “정보활용 교육이 도서관과 정보활용능력 자가인식에 미치는 영향,” 한국문헌정보학회지 43(4): 265~280.

43) 김성원, 2010, “정보활용능력 교수효과 평가 및 교과설계에 대한 연구,” 정보관리연구 41(4): 23~40.

대상으로 수업 전과 수업 후 자기효능감의 변화를 측정하였다.

연구결과 교과 과정이수 후 자기효능감이 7점 만점에 4.97로 나타나 이수 전 4.32에 배해 0.65점 상승한 것으로 조사되었다. 전체 60명 중 53명(88.3%)의 수강생이 자기효능감이 상승한 것으로 나타났으며, 정보활용능력 세부영역별 조사의 경우 전체 7개의 영역 중 제6영역인 정보의 표현, 전달 및 인용에서 가장 많이 상승한 것으로 조사되었다. 저학년과 비전공자집단의 자기효능감 향상도가 높게 나타나 향후 대학의 교양과목으로 지정해 교육할 필요가 있다는 점을 시사해 주고 있다.

이 연구는 정보활용교육의 효과를 확인한 것은 물론 사전평가에 기반 해 향후 수업 설계 시 특정 영역에 대한 교수활동을 강화한 결과 해당 영역에서의 자기효능감이 상대적으로 크게 향상된 것을 확인함으로써 사전 조사의 필요성을 증명해 주고 있다.

Andrew D. Asher와 Lynda M. Duke[44]는 2009년 Illinois Wesleyan University의 학생들을 대상으로 정보활용교육 실시 이전과 이후의 정보활용능력 비교연구를 진행하였다.

미국 대학 및 연구도서관협회(ACRL) 정보활용능력 기준을 기초로 작성한 총 26개의 질문을 활용해 학기 시작과 끝에 테스트를 실시한 결과 정보활용능력의 모든 부문에서 점수가 상승한 것으로 나타났으며 정보활용능력 기준 1, 2, 3, 5에서 높은 상승을 보였다.

---

44) Andrew D. Asher, Lynda M. Duke, "Information Literacy and First Year Students: Evaluating Knowledge, Needs, and Instruction," <http://www.erialproject.org/wp-content/uploads/2010/03/FYE_Paper_Final.pdf>, [cited 2018. 4. 10].

<표 6> Illinois Wesleyan University의 정보활용교육 사전-사후 결과 비교

ACRL Standard	Pre - Test		Post - Test	
	Mean Score	Percent Correct	Mean Score	Percent Correct
1	4.5/6	75.7%	4.7/6	78.8%
2	5.3/9	59.2%	5.6/9	61.7%
3	3.9/5	78.9%	4.1/5	82.1%
5	3.8/6	63.7%	4.0/6	66.0%

정보활용능력 기준 1, 2, 3, 5는 다음과 같다.

<표 7> ACRL 정보활용능력 기준

기준	내 용
1	정보의 필요성에 대한 인식 능력
2	필요한 정보를 효과적이고 효율적으로 접근할 수 있는 능력
3	정보의 평가 및 자신의 지식이나 가치체계에 포함하는 능력
5	정보의 윤리적, 법적 사용을 포함한 정보의 사용과 관련된 경제적, 법적, 사회적 이슈에 대한 이해 능력

Shannon M. Staley, Nicole A. Branch & Tom L. Hewitt의 San jose State University 학부생을 대상으로 한 조사[45]에 따르면 정보활용교육 이후 모든 질문에서 정답률이 상승한 것으로 나타났다. 조사자들은 ACRL Standards/Performance Indicators, APA Learning Goals 그리고 Social Sciences Learning Outcomes의 내용을 기초로 작성된 총 11개의 정보활용능력 질문을 사용하였다.

전체 83명(3학년 69.9%, 4학년 30.1% / 심리학 전공자 92.8%, 기타 전공자 7.2%)을 대상으로 조사 한 결과 모든 질문에서 정답률이 상승한 것으로 나타났다. 질문 10과 질문 11에서 사전테스트에 비해 사후 테스트의 정답률이 약 36% 증가해 가장 높은 상승률을 보였다.

45) Shannon M. Staley, Niclole A. Branch, Tom L. Hewitt, 2010, "Standardised library instruction assessment: an institution - specific approach." *Information Research* Vol.15, No.3, <http://www.informationr.net/ir/15-3/paper436.html>, [cited 2018. 4. 10].

<표 8> San Jose 주립대학의 사전 조사와 사후 조사 비교

Question	Pre - test Score*	Post - test Score*	Difference
1. Imagine you have an assignment to write a paper based on scholarly information. Which would be the most appropriate source to use?	92.8% (77)	100.0% (83)	+7.2%
2. How can you tell you are reading a popular magazine?	69.9% (58)	91.6% (76))	+21.7%
3. What is the name of the linking tool found in SJSU databases that may lead you to the full text of an article?	73.4% (61)	88.0% (73)	+14.6%
4. In considering the following article citation, what does 64(20) represent? Kors, A. C. (1998). Morality on today's college campuses: The assault upon liberty and dignity. Vital Speeches of the Day, 64(20), 633~637.	84.3% (70)	91.6% (76)	+7.3%
5. In an online database which combination of keywords below would retrieve the greatest number of records?	39.8% (33)	65.0% (54)	+25.2%
6. If you find a very good article on your topic, what is the most efficient source for finding related articles?	47.0% (39)	72.3% (60)	+25.3%
7. What is an empirical study?	57.8% (48)	75.9% (63)	+18.1%
8. Which area of the SJLibrary.org web site provides a list of core databases for different student majors?	50.6% (42)	59.0% (49)	+8.4%
9. What does the following citation represent: Erzen, J. N. (2007). Islamic aesthetics: An alternative way to knowledge. Aesthetics and Art Criticism, 65 (1), 69~75.	67.5% (56)	83.1% (69)	+15.6%
10. If you are searching for a book or article your library does not own, you can get a free copy through:	49.4% (41)	85.5% (71)	+36.1%
11. How would you locate the hard - copy material for this citation? Erzen, J. N. (2007). Islamic aesthetics: An alternative way to knowledge. Aesthetics and Art Criticism, 65 (1), 69~75.	33.7% (28)	69.9% (58)	+36.2%

Lebanon Valley College의 Bishop Library에서는 195명의 학부생들을 대상으로 정보활용교육 이전과 이후 정보활용능력을 비교하였다.46) 이 조사는 도서관 홈페이지에 게재된 총 13개의 질문에 답을 하는 형식으로 이루어졌

는데 도서관 홈페이지, Date Base, 키워드 선택, Full - text 정보 접근 방법, 많은 양의 정보를 줄여가는 방법 등에 관한 질문으로 구성되었다. 조사결과 거의 모든 부분에서 점수가 상승한 것으로 나타났다.

<표 9> Bishop Library의 정보활용교육 이전과 이후의 점수 비교

	Library	Database	Choose	Keyword	Search	Access	Librarian
Correct	Hpage	Content	Database	Choice	Structure	FT Info	Help
Per Percent	86	67	47	50	49	65	35
Post Percent	92	72	50	89	78	79	24
Pre Mean	4.32	3.35	0.47	2.5	2.46	0.65	1.76
Post Mean	4.61	3.6	0.5	2.66	3.12	0.79	0.71

Matthew Olsen은 Millikin University의 1학년 학생들을 대상으로 정보활용교육 이전과 이후를 비교하는 연구[47])를 진행하였다.

사전테스트의 경우 200명을 대상으로 그리고 사후 테스트의 경우 78명의 학생을 대상으로 조사한 결과 정보활용교육이 실시되기 이전의 점수에 비해 실시 이후 점수가 높게 나타나 정보활용교육이 학생들의 정보활용능력 향상에 영향을 주었다는 것을 알 수 있다.

46) Assessment Report(spring, 2013), Bishop Library, <http://www.lvc.edu/library/documents/assessment/Eng%20112_IL%202013_%20Assessment%20Report.pdf>, [cited 2016. 09. 11].

47) Matthew Olsen, "Student Learning in Library Research Instruction for University Seminar and Critical Writing, Reading, and Research I & II ; Assessment Report for Academic Year 2015~2016," <https://www.millikin.edu/sites/default/files/documents/libraryinstructionreport - ay2015~2016.pdf>, [cited 2016. 09. 07].

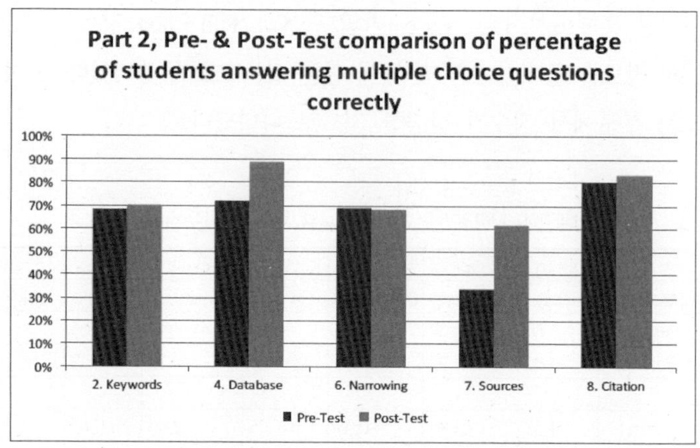

<그림 6> Millikin University 정보활용교육 이전·이후 점수 비교

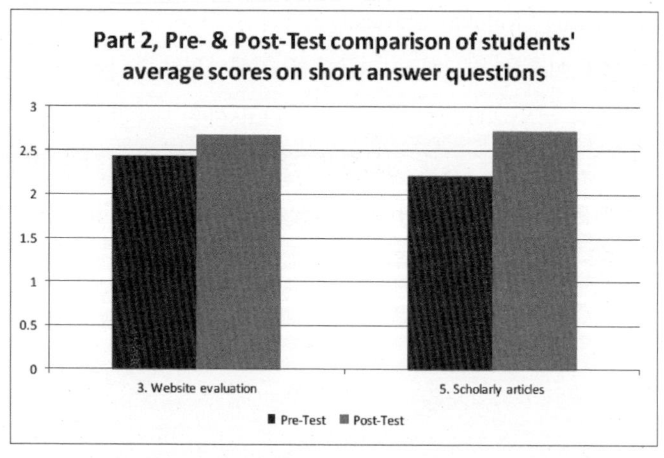

<그림 7> Millikin University 정보활용교육 이전·이후 점수 비교

정보활용교육 운영 현황

1. 국내
2. 국외

Ⅲ. 정보활용교육 운영 현황

1. 국내

2006년에는 총 23개 대학에서 33개의 정보활용교육 강의가 진행되었다.

<표 10> 국내 대학에서 제공되는 정보활용능력 관련 강의 및 내용

대학명	강의명	학점	정보 자원	정보 요구	정보 접근	정보 분석	정보 관리	정보 전달	정보 윤리	기타
강남대	정보사회와 이용	3	○						○	
경기대	도서관 정보활용법	2	○		○		○	○	○	
	도서관 정보의 이용	2	○	○	○	○		○	○	
	도서관 정보의 이용	2	○				○	○	○	
경북대	학술정보조사법	3	○		○			○	○	
	학술정보조사법	3	○				○			
경성대	도서관 및 문헌 이용법	2	○	○	○		○	○	○	
공주대	학술정보검색	3	○		○				○	
	정보와 사회	3	○					○	○	
대구 가톨릭대	도서관 이용교육	3								○

대구대	대학생활의 설계	1			○					○
대진대	학술정보이용법	2	○		○			○		
동의대	정보사회의 이해	2	○						○	
	도서관 이용법	2	○		○		○	○	○	
상명대	자료조사와 문서작성	3	○	○	○			○	○	
서강대	도서관 정보검색법	2			○				○	
서울대	도서관 정보검색	2	○		○					
서울여대	정보자료 이용	2	○	○	○		○			
숙명여대	학술정보이용법	3	○	○	○		○	○	○	
안양대	문헌정보와 검색	2	○	○	○				○	
연세대	정보와 사회	3	○	○	○	○	○	○	○	
이화여대	정보야 놀자	1			○				○	
	성공적인 대학생활을 위한 정보활용	1	○		○					
전북대	도서관정보자료이용법	3	○		○		○	○	○	
	도서관정보자료이용법	3	○		○			○	○	
청주대	미래문화와 정보전략	2	○	○	○	○	○	○	○	
	미래문화와 정보전략	2	○		○		○		○	
	미래문화와 정보전략	2	○		○		○		○	
충남대	전자도서관 총론	3	○		○			○		○
한남대	학술정보활용법	2	○		○					
한성대	정보자료 이용법	1	○		○		○	○	○	
홍익대	문헌정보와 검색	2	○		○	○		○	○	
	문헌정보와 검색	2	○		○		○		○	
계			29	8	27	4	14	17	24	3

출처: 김성은, 이명희, 2006, "대학생의 정보활용능력 교수학습모형 개발에 관한 기초연구," 한국비블리아학회지, 17(2): 192.

교과목 명칭의 경우 '정보와 사회', '대학생활의 설계', '미래문화와 정보전략' 등으로 정보활용교육에 관한 과목이라는 것을 인식하기에 부족한 경우도 있으며, 내용에 대한 분석 결과 정보활용교육을 하는 강의라고 볼 수 없는 경우도 있다. 수업 내용이 정보자원과 정보윤리 또는 정보자원과 정보접근만으로 구성된 강의를 '정보활용교육' 강의로 볼 수 있는가에 대해서는 의문의 여지가 있다. 또한 정보활용교육을 제공하는 강사가 대부분 외부 강사이거나 교수들에 의해 진행되고 있어 해당 대학도서관의 활용 및 정보를 강의에 적절히 연계시키는데 한계가 있다.

국내 대학에서 제공하고 있는 정보활용교육 관련 강의를 재조사한 결과 종 13개 대학에서 15개 강좌가 개설되어 있는 것으로 나타났다.

<표 11> 국내대학의 정보활용능력 관련 교과과정

번호	대학	과목명	학점	기타
1	강남대	지식정보사회와 도서관	3	전공기초
2	경북대	학술정보의 이해	3	교양
3	경성대	정보사회론	3	전공기초
4	공주대	정보활용교육론	3	전공선택
5	대진대	학술정보이용법	3	교양선택
6	동덕여대	정보와 사회	3	전공선택
		정보문해론	3	전공필수
7	동의대	정보활용교육론	3	전공심화
8	서강대	도서관정보검색법	2	교양선택
9	서울대	도서관정보검색	2	교양선택
10	성균관대	정보사회론	3	핵심
		정보문해론	3	핵심
11	숙명여대	정보이용지도	3	전공선택
12	전남대	정보문해론	3	전공선택
13	중부대	정보활용교육론	3	전공선택

개설된 과목명을 살펴보면 정보활용교육의 의미가 명확하게 표현된 경우가 많지 않아 과목에 대한 설명이나 강의계획서를 확인해야 알 수 있다. 따라서 향후에는 정보활용교육에 대한 교내 및 사회전반의 인식과 이해를 넓

히고 정보활용교육을 제공하는 대학 간 협력 및 수업내용에 대한 표준 마련을 위해 과목명을 통일할 필요가 있다.

숙명여자대학교 '정보이용지도'의 경우 모든 학생을 위한 정보활용교육 강의가 아닌 문헌정보학을 전공하는 학생을 대상으로 미래 정보이용지도에 관한 전문성을 키우고 효과적인 정보이용지도 프로그램 설계를 위한 능력을 배양하려는 목적을 위해 개설되었다.

<표 12> 숙명여자대학교 '정보이용지도' 강의계획서

주	강의 내용	강의 방법	진도계획
1	강의 개요 및 진행방법, 과제물 등 소개	이론강의	
2	정보사회와 정보문제 정보문화와 정보교육 정보문해의 진화 정보문해와 정보윤리	이론강의	[주교재 1] 제1~3장, 제9장
3	도서관과 정보활용교육의 의의	이론강의	[주교재 2] 제1장
4	정보활용교육의 교육목적	이론강의	[주교재 2] 제2장
5	정보활용교육을 위한 과정모형과 교육내용	이론강의	[주교재 2] 제3장
6	정보활용교육의 내용체계 정보활용교육과 교수학습 방법	이론강의	[주교재 2] 제3~4장
7	내용체계별 학습지도안 정보활용교육과 도서관 협력수업	이론강의	[주교재 2] 제5~6장
8	중간고사		
9	학교도서관 정보활용교육 사례	전문가 초청강의	
10	관종별/단계별 정보이용지도 이론 및 사례 정보이용지도 프로그램 개발	강의 및 실습	[주교재 1] 제4~8장 [참고문헌 1] 제6장
11	정보이용지도 실습	강의 및 발표	
12	정보이용지도 실습	강의 및 발표	
13	정보이용지도 실습	강의 및 발표	
14	정보이용지도 평가 정보이용지도의 미래와 사서의 역할	이론강의	[주교재 1] 제10장 [주교재 3] 제7장

15	기말고사

* 주교재
- 고영만, 2010, 정보문해론(개정판), 서울, 한국도서관협회.
- 이병기, 2012, 정보활용교육론(개정판), 서울, 조은글터.

* 참고문헌
- 송기호, 2014, 사서교사를 위한 통합정보활용교육론, 대구: 태일사.

실제로 강의계획서의 주 교재를 살펴보면 문헌정보학 전공자를 위한 교재가 사용되고 있으며, 정보활용교육 제공자로서의 능력을 함양시키기 위한 과정으로 이루어져 있는 것을 볼 수 있다.

대진대학교는 교양선택과목으로 '학술정보이용법'이 개설되어 있다. 이 과목은 문헌정보학과 학생은 물론 타 전공 학생들도 수강할 수 있다.

강의계획서에는 학습목표가 다음과 같이 제시되어 있다.

정보란 무언인가 안다.
학술정보란 무엇인가 안다.
학술정보의 종류에 대하여 안다.
각 학술정보의 특징과 이용에 관하여 안다.
학술정보관에 대하여 안다.
논문작성법을 안다.

<표 13> 대진대학교 '학술정보이용법' 교과과정

주	수업의 주제 및 학습 내용	수업방식	교재 및 참고자료	준비물
1	• 수업 안내 및 과제 확인/ 발표준비 • 정보란 무엇인가? 정보의 의의. 종류, 특성, 정보사회, 정보사회의 변화, 지식사회, 지식기반사회	강의		유인물
2	• 학술정보란 무엇인가? 학술정보의 의의, 종류와 특징, 활용법 • 영상자료 시청(Die hard ; 죽도록 공부하기)	강의 및 시청각	USB	유인물
3	• 학술정보관이란 무엇인가?	강의 및 시청각	USB	유인물

	각종도서관, 국가전자도서관			
4	• 학술논문작성법 석사학위논문, 박사학위논문 요약 • 각주 쓰기, 참고문헌 쓰기	강의	학위논문	유인물
5	• 학술논문작성법 석사학위논문, 박사학위논문 요약 • 각주 쓰기, 참고문헌 쓰기	강의 및 발표	학위논문	유인물
6	• 레포트 작성법 과제작성과 제출 형식 • 레포트 작성의 실제	강의	학위논문	유인물
7	• 사전/ 연감/ 명감/ 특허란 무엇인가? 활용법? • EBS TV 평생대학, 조벽의 글로벌시대의 인재 키우기(1) 전문성을 키워라.	강의 및 시청각	USB	유인물
8	중간고사			
9	• 사전/연감/명감/특허란 무엇인가? • EBS TV 평생대학, 조벽의 글로벌시대의 인재 키우기(2) 창의성을 키워라.	강의 및 시청각	USB	유인물
10	• 색인, 초록 작성법/ 색인 서비스	강의	색인 및 초록	유인물
11	• 지식재산권이란 무엇인가? 저작권 관련법, 특허 관련법 • EBS - TV 평생대학, 조벽의 글로벌시대의 인재 키우기(3) 인성이 리더십 이다.	강의 및 시청각	USB	유인물
12	• 지식재산권이란 무엇인가? 저작권 관련법, 특허관련법	강의	법령	유인물
13	• 학술정보 용어 조사 • 외국 학술정보 이용법	시청각 및 강의	컴퓨터	유인물
14	• 외국 학술정보 이용의 실제	시청각 및 강의	컴퓨터	유인물
15	기말고사			

대진대학교 '학술정보이용법'의 각 주별 교과과정을 살펴보면 정보활용능력 기준 및 모형을 기초로 하고 있다는 것을 알 수 있다. 그러나 강의계획서와 정보활용능력의 단계별 과정과는 차이가 있으며, 정보탐색 전략의 수립, 정보의 분석 및 평가방법, 정보의 전달 등에 관한 내용은 제외되어 있다.

성균관대학교에서는 2004년 사이버 강의 시스템인 I - Campus를 통해 대학생을 대상으로 한 정보활용교육을 전공 선택과목으로 처음 실시하였으며,

<표 14> 성균관대학교 온라인 정보활용교육 내용

모듈	교육내용	정보활용교육 영역
M1	Pre - test 정보란 무엇인가? : 정보의 정의, 정보와 정보원의 유형	정보요구의 인지/ 필요한 정보의 결정
M2	연구과정과 정보요구 : 연구과정, 정보요구, 도서관서비스, 적합한 검색도구	정보요구의 인지/ 필요한 정보의 결정 정보검색전략
M3	정보문제와 정보문해 교육 : 정보문화, 정보교육, 정보의 자주성, 정보문해의 역사와 발전	정보문제해결방법론
M4	정보문해 기준, 모형 및 프로그램	정보문제해결방법론
M5	The Big6 : Big6 프레임웍, Big6 응용 및 실습	정보문제해결방법론
M6	관련정보의 소재파악과 접근 : 도서, 연속간행물, 멀티미디어와 온라인 목록	정보검색전략/정보접근
M7	웹 정보 검색과 Invisible Web : 웹 정보원 및 검색 도구	정보검색전략/정보접근
M8	전문 데이터베이스(1) - 전 학문분야	정보검색전략/정보접근
M9	전문 데이터베이스(2) - 학문분야별/ 주제별	정보검색전략/정보접근
M10	정보평가 : 일반 정보원, 웹 정보원	정보평가
M11	정보저작 및 인용 : 인용기술방식, 인용관리도구	정보조직/종합/ 적용정보전달
M12	정보의 법적·윤리적 이용 "표절, 지적재산권 Post - test	정보윤리 정보검색전략/정보접근

2005년부터는 1학년 우선 수강의 교양기초과목(2학점)으로 변경하여 실시하고 있다.

본 강의의 경우 1학기에는 인문사회과학캠퍼스 재학생을, 2학기에는 자연과학캠퍼스 재학생을 주 수강대상으로 학기별로 교육내용을 조금씩 달리해 두 캠퍼스 수강생의 학문분야에 보다 적합하도록 진행하고 있다. 교육은 담당교수와 공동교수인 전문사서, 그리고 과제 관리를 지원하는 튜터에 의해 수행되고 있다.[1)] 이와 같이 담당교수와 도서관의 전문사서 간 협력을 통

1) 배경재 외, 2012, 정보활용교육 운영실태 및 개선방안 연구, 서울, 국립중앙도서관:

해 수업을 진행하는 것은 해당 대학도서관이 소장하고 있는 다양한 정보를 효과적으로 활용할 수 있어 수업의 효과를 극대화할 수 있다.

문헌정보학과가 없지만 정보활용교육을 제공하고 있는 대학으로는 서강대학교와 서울대학교가 있다.

서강대학교는 국내 최초로 1975년부터 도서관 주도로 정보활용교육을 교양과정에 개설하였으며 국내에선 유일하게 전문사서가 강의를 담당하고 있다. 해당 대학의 전문사서가 강의를 진행하는 것은 도서관에 대한 이해가 높은 인력을 활용함으로써 도서관의 실제적인 자료와 연계가 가능하다는 장점이 있으며, 사서의 역할이 대학 교육영역까지 확장될 수 있다는 점에서 바람직하다. 서강대학교 도서관은 정보활용교육을 도서관의 미래 핵심 전략 사업으로 인식하고 내용과 방법적인 면에서 계속적인 수정과 보완작업을 진행하고 있다.

서강대학교는 '효과적인 정보탐색'의 교과명으로 정보활용교육을 제공하고 있다.

<표 15> 서강대학교 '효과적인 정보탐색' 강의계획서

주차	학습목표	학습내용	수업방법	수업자료
1	강의내용 소개	강의 내용과 평가방법의 설명 관심 주제정하기 안내 자기주도적인 문제설정 방법	강의	PPT
2	연구과제 해결전략 수립	어떻게 시작할 것인가? 과제 또는 연구주제 명확히 이해하기 연구주제의 축소 및 확대	강의 및 실습	PPT
3	연구과제 해결전략의 실행	정보탐색전략 세우기	강의 및 실습	PPT

44~46.

		정보원의 선택과 활용 효율적인 정보활용을 위한 가이드 전문가의 도움받기		
4	학술정보의 구조와 시스템에 대한 이해	인쇄형태자료 학술저널, peer - review journal, 신문자료 1차정보원과 2차정보원	강의 및 실습	PPT
5	주제별 정보원 활용.1	국내 학술데이터베이스 활용 국내 주요학술정보기관 활용 정보적합성 평가 및 정보원 선택	강의 및 실습	PPT
6	주제별 정보원 활용.2	해외 학술데이터베이스 활용 국내외 주요학술정보기관 활용 정보적합성 평가 및 정보원 선택	강의 및 실습	PPT
7	국내외 데이터베이스 활용의 실제	수집된 정보에 대한 비판적 평가와 선택 수집된 정보의 체계적 조직화	강의 및 실습	PPT
8	중간고사 (※ 이론과 실기로 구성하여 문제를 출제하며, 실기는 PC를 이용하여 풀 수 있는 문제를 출제함)			
9	인터넷 정보원	구글스칼라, 네이버 전문정보, 오픈 억세스 저널, 웹 자원의 평가	강의 및 발표	PPT
10	학술적인 글쓰기의 실제.1	아웃라인 잡기 전체적인 글의 구조 계획하기 리포트와 프리젠테이션을 위한 글쓰기	강의 및 발표	PPT
11	학술적인 글쓰기의 실제.2	문법과 어휘, 인용, 글의 구조, 중복 피하기 문장의 명확성을 개선하기 위한 전략 글 다듬기(Revise)	강의 및 실습	PPT
12	인용과 참고문헌	정보원 인용과 저작권 참고문헌 작성과 서지관리도구(Refworks)	강의 및 실습	PPT
13	표절예방과 저작권	표절예방 논문 및 과제의 표절예방프로그램(Turnitin)	강의 및 실습	PPT
14	연구결과의 공유; 발표와 출판	학술지게재 기관 리포지터리 오픈 억세스	강의 및 실습	PPT
15	프로젝트 결과물 점검 및 리뷰	토론 : 교육내용 및 과정	강의 및 실습	PPT

16	기말고사 (※ 이론 및 실기로 구성하여 문제를 출제하며, 실기는 PC를 이용하여 풀 수 있는 문제를 출제함

서강대학교의 경우, 학술정보의 활용은 물론 학문적 글쓰기를 교과 내용에 포함하고 있다. 이는 학생들의 요구를 반영함으로써 수업에 대한 관심을 높이기 위한 것이다.

서강대학교 도서관에서 제공하는 1회용 정보활용교육의 경우에도 사서가 수업에 대한 분석 작업을 선행한 후 진행하고 있어 학생들의 호응이 높다. 정보활용교육의 효과를 높이기 위해서는 교과목과의 연계가 바람직하다는 판단 하에 교양과목으로 제공하는 정보활용교육과는 별개로 1학년 필수과목인 '읽기와 쓰기' 과목과 연계하여 신입생 모두에게 정보활용교육을 실시하고 있다.

<표 16> 서강대학교 도서관의 1회용 정보활용교육 현황

년 도	교육 횟수	합계
2010년	정보검색특강 25회, 학술DB교육 38회, 학과/수업연계특강 51회	114회
2011년	정보검색특강 33회, 학술DB교육 39회, 학과/수업연계특강 31회	103회
2012년	정보검색특강 34회, 학술DB교육 33회, 학과/수업연계특강 31회	98회
2013년	정보검색특강 28회, 학술DB교육 19회, 학과/수업연계특강 90회	137회
2014년	정보검색특강 26회, 학술DB교육 19회, 학과/수업연계특강 68회	113회
2015년	정보검색특강 20회, 학술DB교육 8회, 학과/수업연계특강 73회	101회
2016년	정보검색특강 21회, 학술DB교육 9회, 학과/수업연계특강 66회	96회
2017년	정보검색특강 18회, 학술DB교육 21회, 학과/수업연계특강 70회	109회

서울대학교의 경우 '도서관정보검색'의 과목명으로 2학점의 정보활용교육을 제공하고 있다.

<표 17> 서울대학교 '도서관정보검색' 강의계획서

주	강의 내용	비고
1주	강의내용 설명과 관심분야의 주제 정하기 안내	
2주	도서관정보시스템, 자료관리	
3주	공휴일	추 석
4주	중앙도서관 투어	※ 수업 5분전까지 중앙도서관 4층 대출대앞
5주	온라인정보검색의 이해와 온라인목록의 이용	
6주	서울대 중앙도서관 정보검색과 서비스(특강) OPAC 이용 실습	※ 중앙도서관 6층 세미나실
7주	국내의 디지털 학술자원(특강) 국내 디지털학술자원 활용 실습	※ 중앙도서관 6층 세미나실
8주	정보윤리, 정보검색 연습	
9주	해외 웹 데이터베이스 (특강)	※ 중앙도서관 6층 세미나실
10주	정보원의 종류 참고정보자료의 이해와 활용	
11주	참고문헌작성법 일반	
12주	중간고사	6:00~6:50(pm 실시) 장소 추후공고
13주	여러 가지 인쇄자료의 참고문헌작성과 실습	
14주	디지털자원의 참고문헌작성과 실습	
15주	세계의 아름다운 도서관	학기말보고서 제출

서울대학교는 정보활용능력 중 정보자원의 선택과 탐색을 위한 검색기법을 주요 내용으로 구성하고 있나. 도서관 이용 및 정보를 적극적으로 소개하고 교과과정에 편입시키고 있는 점이 특징이라고 할 수 있다.

2. 국외

국내보다 먼저 정보활용교육에 대한 중요성을 인식한 미국은 정보제공

서비스와 함께 정보활용교육을 도서관의 주요 역할로 설정하였다.

Southeastern Louisiana University에서 제공하는 정보활용교육의 각주별 교과내용은 다음과 같다.

<표 18> Southeastern Louisiana University - LS102 : Introduction to Information Research

주	내용
1	강의 소개 : Introduction • Review of syllabus and class policies, information literacy concepts
2	연구과정 단계 : Research Process • Selecting a topic and formulating a thesis statement
3	지식의 조직화 : Organization of Knowledge • Metadata and searching for information
4	도서관 목록 기초 : Library Catalog Basics
5	도서관 자료 평가 : Evaluating Library Meterials
6	정부간행물 이용 안내 및 중간고사를 위한 리뷰 • Governments Documents and Mid - Term Review
7	중간고사 : Mid - Term Exam
8	전자 DB : Electronic databases
9	저널 평가 : Evaluating Periodicals
10	인용 표기 : Writing Citations
11	웹 검색 : Searching the Web
12	웹사이트 평가 : Evaluating Web Sites
13	정보윤리 - 저작권 및 표절 • Information ethics - Copyright, Plagiarism
14	기말고사 : Final Exam

출처: Southeastern Louisiana University - LS102 ; Introduction to Information Resrarch, 〈http://www2.southeastern.edu/Academics/Faculty/kmunson/syllabus.pdf〉, [cited 2015. 3. 31].

Southeastern Louisiana University의 경우 총 14주의 교육과정이 연구과정 및 지식의 조직화, 도서관 목록, 도서관 자료에 대한 평가, 정부간행물 이용

안내, 전자 DB 이용안내, 저널 평가, 인용표기, 웹검색, 웹사이트 평가, 그리고 정보윤리 등으로 구성되어 있다.

Lake Land College에서 제공하는 정보활용교육의 주별 교육과정은 다음과 같다.

<표 19> Lake Land College LIB 100: Introduction to Information Literacy

주	내용
1	**정보활용능력이란 무엇인가?** : What is Information Literacy?
2	**탐색전략** : Research Strategies • What are the seven steps of research? • What's the difference between a subject and a topic? • Can you identify a topic as too broad, too narrow, or just right? • What is background information and why is it important? • What is a controlled vocabulary? How is it different from keyword searching? • What are some things to consider when thinking about search terms?
3	**온라인 목록 검색** : Searching the Online Catalog • What are three methods to finding thing in a library? • What is a library catalog and what can it do? what is the name of Lake Land's catalog? • What is the call number? What are the two main systems of assigning call numbers, and which one does Lake Land use? Could you pick an LC call number out of a lineup? • What in a search field? Why is it important which one I choose? • What is the difference between an alphabetical search and a keyword search? Which one will give you a larger number of results? • What information do you need from the catalog to find a book on the shelf?
4	**DB검색** : Searching Databases • What is a library database? • Why is a library database not an "internet"source? • What are some Lake Land databases you would use to : - find general academic journal articles? - find current newspaper articles? - find biographical information? - find background information on an artist's work? • What is the advantage of using a (controlled vocabulary) subject search?

	• In what cases would you use a keyword search? • What is pearl growing? • What do AND, OR, and NOT do to your search results?(Limit, expand, etc) • What do Full-text, abstract, and citation mean in terms of library databases? • What is a PDF file? • What do you use our periodical holdings web page for?
5	**웹검색** : Searching the World Wide Web • What is the difference between the internet and the World Wide Web? • What is a URL? • Can you identify the different parts of a URL? • What are the most common domain & country codes? • What is the difference between a web directory and a search engine? • What are three characteristics of search engines? • What do keywords, boolean searches, quotations, and wedge words have to do with searching the web?
6	**정보 평가** : Evaluating Sources • What are the advantages and disadvantages of each format of materials (reference, books, periodicals, and web pages)? Can you identify which format would be best for a particular research question? • Can you list three differences between popular magazines and scholarly journals? • What does "peer review" mean? • What's the difference between a primary source and a secondary one? Can you identify examples? • What are the six evaluation criteria? Do you know how to apply them to a book, article, or web site?
7	**출처표기 방법** : Citing Sources • Why do we cite sources? • What are the two documentation styles used at Lake Land? How are they different? • Which style emphasizes dates in their parenthetical references? Which styles emphasizes page numbers? Why? • Can you identify the different parts of a citation?
8	**학업윤리** : Academic Integrity • What is plagiarism? • What is Lake Land' s policy on plagiarism? • What must be cited in order to avoid plagiarism? • What don't you have to cite? • True or false : plagiarism is the intentional theft of someone's ideas. • What is paraphrasing and how is it involved in plagiarism? • What are copyright, fair use, and public domain? What do they have to do with plagiarism?

9	Putting It all together • course review

출처: Lake Land College - LIB: Introduction to Information Literacy 〈http://www.lakelandcollege.edu /as/ls/webclass/syllabus.html〉, [cited 2015, 4, 6].

Lake Land College의 Introduction to Information Literacy의 경우 각 주 단위로 구성되어 있는 교과과정에 수강생들이 반드시 알아야 할 내용을 자세히 소개하고 있다. 대주제 아래 많게는 10여 개의 소주제를 정해 놓음으로써 수강생들이 교육의 목표를 정확하게 이해하도록 돕고 있다.

'Eastern Oregon University의 LIB127: Information Literacy의 교과과정은 다음과 같다.

<표 20> Eastern Oregon University-LIB 127 : Information Literacy

주	내용
1	강의 소개 : Course Introduction/Information Literacy
2	연구의 진행과정/정보의 특성 : Research Process/Characteristics of information
3	정보의 조직과 위치 : Information organization and location
4	주제 탐색, 탐색 전략, 통제 어휘 : Topic exploration/Search strategies/Controlled vocabulary
5	질의어 형성, 논리 검색 : Formulate inquiry/Boolean searching
6	DB 선택과 평가 : Database selection and evaluation
7	정기간행물의 유형 및 내용 평가 : Types of periodicals/Evaluation of periodical content
8	Web 정보의 활용 및 평가 : Web resource use and evaluation
9	정보의 윤리적 이용 : Ethical use of information

출처: Eastern Oregon University - LIB 127: Information Literacy, 〈http://library.eou.edu/courses/Lib127_Syllabus_20130117.pdf〉, [cited 2015. 4. 5].

Eastern Oregon University에서 제공하는 교육과정은 정보활용능력 기준 및 모형에 기초해 교과과정이 구성되어 있다. 정보검색의 경우 자료의 유형별로 구분하여 강의가 진행되고 있다.

온라인으로 운영되는 Delta State University의 LIB 101 : Information Literacy의 교과과정은 다음과 같다.

<표 21> Delta State University LIB 101: Information Literacy

주	내 용
1	강의 소개 : ● Introduction ● Overview of course and syllabus ● Information Literacy Standards
2	정보의 종류 및 형태/정보의 조직/탐색과정 ● Introduction to the types and formats of potential sources of information - Primary sources - Secondary sources
3	● Organization of information - Library of Congress Classification - Dewey Decimal Classification - Superintendent of documents classification(government & state documents) - Research process
4	도서관 부서 및 참고도서 개관 ● Library Departments ● Overview of Reference Collection
5	탐색전략의 수립 ● Formulating search strategies - Boolean operators - Keywords - Subject searches (Library of Congress Subject Headings) - Controlled Vocabulary searches
6	온라인 목록 ● The Online Catalog - netLibrary - WorldCat

7	DB검색 • General & subject specific databases • Remote access to databases
8	
9	인터넷 • Internet - Search engines - Subject directories - Discussion lists(Blogs) - E - mail - Netiquette - Evaluating Web sites - Wikipedia
10	정보 평가 • Evaluating Sources - Print - Electronic - Web sites
11	테스트를 위한 자율학습 Test prep
12	Test
13	주정부 및 연방정부 간행물 및 통계 자료 활용 • Government Documents • State Documents • Statistical Sources
14	표절, 저작권, 검열, 공정이용, 지적재산권 및 인용방법 • Plagiarism • Copyright, censorship, 'fair use', and intellectual property • Methods of citation
15	final project 제출 • 각자 정한 주제와 관련된 책, 학술잡지, 신문, 전자자료 등 다양한 형태의 참고문헌 조사

출처: Delta State University LIB 101: Information Literacy, 〈http://www.deltastate.edu/academics/libraries/lib - 101 - example - syllabus/〉, [cited 2015. 4. 1].

Delta State University의 경우 도서관에 대한 이해가 정보활용교육의 기초라는 점을 인식하고 정보활용능력 교육에 앞서 도서관 소개시간을 별도로 배정하고 있다.

Dixie State University의 LIB 1010 : Information Literacy 과목의 각 주별 교과과정은 다음과 같다.

<표 22> Dixie State University – LIB 1010 : Information Literacy

주	내 용
1	강의 소개 : Syllabus Quiz
2	정보 탐색 : Beginning an information search
3	백과사전과 도서 : Encyclopedias & Books
4	글로벌 검색 및 DB : Global search and Databases
5	기사 DB : Article Databases
6	정보평가 및 인터넷검색 : Evaluating sources and searching the internet
7	주제 선정 및 탐색기술의 사용 : Selecting topic and using search Techniques
8	정보의 윤리적·법적 이용 : Ethical & Legal information use
9	APA/MLA 인용 및 참고문헌 : APA/MLA citations & Bibliographies
10	
11	실습 : Practice Test
12	시험 : Final Exam

출처: Dixie State University – LIB1010 : Library Literacy, 〈http://library.dixie.edu/courses/syllabusFA13.html〉, [cited 2015. 4. 1].

Dixie State university는 정보활용능력 중 정보탐색 방법을 가정 먼저 배정하였으며, 실습시간을 별도로 지정해 수업에서 배운 내용을 실습하도록 하고 있다.

California State University에서 제공하는 Web Tutorials는 핵심 정보활용능력을 배울 수 있도록 실제적인 연습문제가 포함된 10개의 모듈로 구성되어 있다.

<표 23> CSU의 Web Tutorials

모듈	교육내용	ACRL 기준
연구주제(topic)의 정의	• 연구주제의 기술, 개념 확인 • 주제의 확대 또는 축소	기준 1
2. 연구질문, 문제 또는 이슈를 위해 필요한 정보의 결정	• 과제 유형, 정보의 양, 최신성, 출판유형 • 1차 정보원, 특정형태, 관점 • 연습문제	기준 1
3. 관련정보의 소재 확인과 검색	• 접근점(인쇄물 또는 전자 자료)의 소개 • 참고정보원, 색인 및 초록의 이용안내 • 연습문제	기준 2
4. 정보접근을 위한 기술적인 도구의 이용	• 데이터베이스와 웹에 대한 개관 • 검색전략(불리안 연산, 절단검색, 통제어 휘집 등)의 교육 • 검색결과의 평가, 검색결과의 저장 • 연습문제	기준 2
5. 정보평가	• 정보의 관련성, 적시성, 신뢰성, 범위의 정확성 평가	기준 3
6. 정보의 조직과 종합	• 획득한 정보의 조직, 종합	기준 4
7. 다양한 정보기술을 이용한 전달	• 정보전달을 위한 이메일, 파워포인트, 웹페이지 제작 방법 및 기준	기준 4
8. 정보와 정보기술에 관련된 윤리적, 법률적, 사회정치적 문제의 이해	• 저작권, 프라이버시, 검열에 관한 사항	기준 5
9. 대중매체(mass media)로 부터 획득한 정보를 비판적으로 이용, 평가 및 처리	• 미디어 문해(Media Literacy)의 교육	기준 2.3.4.5
10. 결과물(product)과 프로세스의 평가	• 정보 내용(결과물)과 연구 프로세스를 평가하기 위한 지침	

California State University에서 제공하는 정보활용교육 과정은 연구주제의 정의, 연구 질문을 위해 필요한 정보의 결정, 관련정보의 소재확인과 검색, 정보에의 접근을 위한 기술적 도구의 이용, 정보 평가, 정보의 조직과 종합, 다양한 정보기술을 이용한 전달, 정보와 정보기술에 관련된 윤리적, 법률적,

사회 - 정치적 문제의 이해, 대중매체(Mass Media)로부터 획득한 정보의 비판적 이용, 평가 및 처리, 결과물과 프로세스의 평가로 구성되어 있다. 또한, 이용자의 자체 진도에 맞춰 학습할 수 있는 각각의 모듈은 정보활용능력, 컴퓨터활용능력, 미디어활용능력, 윤리, 비판적 사고, 그리고 커뮤니케이션 기술 등과 같은 주제를 다루고 있으며, 온라인 연습문제를 통해 학생이 배운 기술을 테스트할 수 있도록 하고 있다.[2)]

2) 남영준 외, 2010, 디지털정보 활용교육 프로그램 개발 및 운영방안에 대한 연구, 서울, 국립중앙도서관: 28~29.

정보활용교육 교안 개발을 위한 고려사항

1. 정책적 측면
2. 내용적 측면
3. 방법적 측면

Ⅳ. 정보활용교육 교안 개발을 위한 고려사항

1. 정책적 측면

대학에서 정보활용교육이 효과를 거두기 위해서는 해당 대학도서관에서 제공하는 정보와 서비스에 대한 이해가 우선되어야 한다. 따라서, 대학도서관과 사서가 정보활용교육의 주도적인 역할은 담당해야 한다. 이는 대학에서 대학도서관이 존재하는 이유이자 대학도서관과 사서의 역할을 재정립하기 위한 전략적인 방법이 될 수 있다. 과거 도서관에 소장하고 있는 자료를 중심으로 학습 및 연구가 이루어지던 환경에서 Google, Naver 등 사서의 중재를 거치지 않고도 언제 어디서나 정보를 손쉽게 검색 및 이용할 수 있는 통합검색엔진이 발달함에 따라 사서의 존재가치에 대한 의구심이 생겨나고 있다. 이와 함께, 대학 내 교수학습센터 등의 출현으로 도서관의 교과목 연계 가능성이 점차 줄어들고 있는 상황이다. 이러한 이유로 교육의 중추기관이 아닌 '보조' 내지는 '부속'기관으로 입지가 좁아지고 있는 실정이며, 대학 내 도서관의 역할에 있어서도 과거에 비해 결코 확대되고 있다고 볼 수 없다.[1)]

1) 정재영, 2015, "대학도서관 정보활용교육의 전략적 분석: 현재적 진단과 미래적 방

따라서 도서관 정보활용교육이 정규 교과목으로 채택되고, 사서가 직접 강의를 담당한다면 사서의 지위 향상은 물론 전문성을 더욱 보장받을 수 있으며, 현장성이 중시되는 문헌정보학과의 실습과정 수행의 연계에도 유리할 수 있다.[2] 대학에서의 지위(status)는 가르치는 역할과 관련이 있을 수밖에 없다. 가르치거나 배우는 과정에 통합되지 않는 대학의 구성원은 보조적 역할을 수행하는 것으로 인식될 수밖에 없다. 따라서, 정보활용교육은 대학도서관 사서가 '가르치는 사람'으로 인정받을 수 있도록 하는 정치적 도구이다.[3]

'교육'이 가장 기본적 역할인 대학에서 대학도서관 스스로 가르치는 기능과 역할을 분담하지 않는다면 대학도서관은 단지 대학 내에 존재하는 많은 '부속기관'들 가운데 하나일 뿐이며, 이러한 역할만으로 대학도서관이 대학 과정에 능동적으로 참여하며 그 중심에 서 있다고 주장하는 것은 무리라고 할 수 있다.[4]

대학입학 인구가 지속적으로 감소할 것이라는 위기로부터 시작된 대학의 규모 및 예산에 대한 축소 정책은 대학도서관 조직 및 예산지원에도 직접적인 영향을 주고 있다. 또한, 디지털 환경에 따른 책자형 자료의 중요성 감소와 Web DB를 비롯한 전자자료 가격의 상승 특히, 업무의 자동화와 정보의 습득경로 다양화로 인한 사서와 이용자 사이의 접점이 줄어들고 있다. 그러나 이와 같은 상황 속에서도 희망적인 것은 정보활용교육 등과 같은 분야에서 사서가 전문가로 활동함으로써 현재의 상황을 극복할 수 있을 것이라고 보는 견해가 있다는 점이다. 즉, 이용자들에게 필요한 정보를 어디에서 찾을 수 있는지를 지도하는 정보교육과 어떻게 찾을 수 있는지를 지도하는 매체교육을 제공함으로써 사서들의 정체성을 확립할 수 있다.[5]

향을 중심으로," 사대도협회지, 16: 69.

2) 이시영, 2010, "대학도서관 서서의 위기와 대처," 한국도서관·정보학회지, 41(3): 64.

3) 장덕현, 전게서, 68~69.

4) 장덕현, 전게서, 59.

5) 이경민, 2008, "디지털 환경에서 사서의 정체성에 관한 연구," 한국비블리아학회지,

한만성은 이와 관련해 다음과 같은 구체적인 대안을 제시하고 있다. 문헌정보학 또는 대학도서관에서 교양교육의 역할을 담당한다면 어떤 부분을 들 수 있을까? 도서관의 이용자교육으로부터 출발하여 서지교육으로 이어졌으며, 현재는 정보 리터러시라는 이름으로 주목 받는 정보활용교육을 먼저 꼽을 수 있다. 대학 신입생들을 대상으로 이루어지는 도서관 이용교육은 전공과 관계없이 전체 대학생들을 대상으로 이루어지는 보편적 교양교육의 성격을 띠기 때문이다. 범람하는 정보 속에서 자신에게 적합한 정보를 적시에 찾아내고 적절하게 이용하여 혁신을 이루어낸 정보나 지식을 다른 사람들과 공유할 수 있는 능력을 정보활용능력의 핵심이라고 한다면, 이는 오늘날 모든 대학생의 필수 교양으로 부족함이 없어 보인다.[6)]

정보활용교육의 정책적 중요성을 감안할 때 교과과정의 개발 시 다음과 같은 문제점에 유의할 필요가 있다.

첫째, 정보활용교육의 내용이 이용자들의 성향이나 요구와 차이가 있다. 가상공간을 이용한 커뮤니케이션에 익숙한 이용자들이 정보활용교육을 반드시 들어야 하는 필수교육으로 인식하지 않고 있다. 포털 등의 이용에 익숙한 이용자들의 경우, 정보의 질보다 신속성과 편리성에 우선순위를 두는 경향이 있어 도서관에서 제공하는 정보활용교육에 매력을 느끼지 못하고 있다. 따라서 이용자에 대한 끊임없는 관찰과 분석을 통해 요구를 적절히 파악하고 적극적인 참여를 이끌어낼 수 있는 방안과 함께 정보활용교육에 대한 이용자들의 평가와 호응도, 그리고 요구를 바탕으로 내용에 대한 개선 방안을 마련할 필요가 있다.

둘째, 교육을 제공하는 도서관과 사서들의 부담이 증가하고 있다. 이용자

19(1): 167~168.

6) 한만성, 2014, "교양교육으로서 정보활용능력 교육 위상 강화 방안," 한국문헌정보학회지, 48(4): 52.

별, 수준별, 그리고 주제별 교육 제공의 필요성이 증가함에 따라 도서관의 제한된 인력과 역량만으로는 한계가 있다고 느끼는 경향이 있다. 따라서 전문 인력의 확보를 통한 적절한 분담과 함께 사서의 주제 및 정보활용능력과 교육제공능력, 그리고 커뮤니케이션 능력의 향상을 위한 방안이 마련될 필요가 있다.

셋째, Web DB를 포함한 전자자료의 수가 기하급수적으로 증가하고 있으며 내용 또한 점차 다양화됨에 따라 사서가 감당해야 하는 주제 및 영역이 증가하고 있다. 이는 사서의 교육 제공에 대한 부담으로 작용하고 있다. 특히, 지금과 같이 Web DB 교육의 일부를 해당 업체에 일임하고 사서가 일정 관리를 담당하는 것은 바람직하지 않다. 향후에는 사서가 Web DB의 활용을 포함한 주제정보 제공에 직접적인 교육을 담당하는 방향으로 전환할 필요가 있다.

넷째, 대학도서관의 예산 및 인력상황이 위축됨에 따라 정보활용교육 제공 서비스 또한 축소되는 경향이 있다. 최근 대학도서관에서 나타나고 있는 조직의 통폐합 및 인력의 감소는 정보활용교육 제공 인력을 늘려야 하는 필요성과는 반대로 필수 업무에 인력을 투입할 수밖에 없는 실정이다.

다섯째, 대학당국에 도서관의 교육적 역할의 필요성과 당위성 그리고 전문사서의 역량에 대한 홍보와 설득이 부족하다. 대학도서관의 '교육적 역할'을 대학의 '교육'과 연결함으로써 대학도서관이 대학에서 교육을 '지원'하는 조직이 아닌 '분담'하는 조직으로 인식되도록 할 필요가 있다. 이는 궁극적으로 정보활용교육이 대학의 주 업무인 '교육'의 질을 높이는 것이라는 인식을 갖게 할 수 있다.

여섯째, 국내 실정에 맞는 정보활용교육 모델이 구현되지 못하고 있다. 따라서 다양한 정보활용교육 모델을 기반으로 하되, 국내 상황 및 대학이라는 환경을 고려한 적절한 정보활용교육 제공 모델을 구현하고 보급할 필요가 있다. 이는 개별 대학도서관의 정보활용교육 제공을 위한 기준이 될 수

있으며, 대학도서관간 정보교류와 협력을 위한 기반이 될 수 있다.[7)]

지역사회 개방 및 지역 내 도서관의 연계와 협력을 통한 서비스 제공이 점차 도서관계의 화두가 되고 있는 상황에서 대학도서관의 경쟁력 있는 역할은 정보활용교육이다. 제공 방법 및 내용에 있어서 축적된 노하우와 전문적인 인력을 확보하고 있는 정보활용교육이야 말로 대학도서관이 지역사회에 기여할 수 있는 역할이 될 수 있다.

<표 24> 지역연계에 따른 프로그램별 도서관간 역할 비교

도서관 / 프로그램	대학도서관	공공도서관	학교도서관
오리엔테이션	◎	○	△
학습지원프로그램	○	△	◎
독서프로그램	△	◎	○
문화프로그램	○	◎	△
정보활용교육	◎	○	△

[범례] ◎ : 주도 ○ : 지원 △ : 참여

출처: 김태경 외, 2013, 대학도서관의 지역사회 서비스 실태조사 및 협력방안 연구, 서울, 도서관연구소: 86.

이를 위해서는 타당한 자격과 요건을 갖춘 인력이 충분하게 확보되어야 하며, 대학도서관 사서에게 정보활용교육의 주체로서 역할을 담당할 수 있도록 전공분야와 주제전문분야의 계속교육뿐만 아니라 교수법(pedagogical methodology)에 대한 이해 역시 갖출 수 있는 방안이 마련되어야 한다.[8)]

결국, 이용자들에게 정보에 대한 인식과 방법, 활용과 효과적인 전달을 교육하는 것은 미래 대학도서관과 사서의 중요한 역할 중 하나이며 정보환경과 이용자들의 변화에 대한 대학도서관의 효과적인 전략이 될 수 있다.

7) 정재영, 전게논문, 67~68.

8) 장덕현, 전게논문, 69.

2. 내용적 측면

도서관 정보활용교육의 효과를 측정한 차종상[9]의 연구에 따르면 도서관 정보활용교육이 이용자의 정보활용능력 향상에 크게 도움이 되지 못하는 것으로 나타나고 있다. 이는 교육의 내용과 관련된 문제로 지금과 같은 자료 및 정보검색위주의 교육이 이용자들에게 호응을 얻지 못하고 있다는 것을 말 해 준다. 따라서 현 세대의 정보활용 패턴과 요구를 파악해 이를 기초로 교육내용을 구성할 필요가 있다.

미국 대학 및 연구도서관협회(ACRL)는 대학생들이 갖추어야 할 기본적인 정보활용능력을 제시하였다. 5개의 기준과 22개의 수행지표, 그리고 87개의 성과측정항목으로 구성된 고등교육과정을 위한 정보활용능력 기준(Information Literacy Competency Standards for Higher Education)을 제공함으로써 정보활용교육을 위한 교과과정의 기준 및 내용을 위한 기초자료로 활용하고 있다. 따라서, 정보활용교육을 위한 내용구성 시 각각의 국가 및 대학 상황에 맞도록 구성하되 미국 대학 및 연구도서관협회(ACRL)의 기준을 기초자료로 활용할 필요가 있다.

<표 25> ACRL의 정보활용능력 기준 및 수행지표

Standard(기준)	performance Indicators(수행지표)
필요한 정보의 특성과 범위를 결정할 수 있어야 한다.	• 정보요구의 정의 및 명료화 능력 • 요구되는 정보의 자료 형태 및 유형의 다양성 파악 능력 • 요구되는 정보의 습득에 드는 비용과 효과의 고려 능력 • 요구되는 정보의 본질과 범위의 재평가 능력
필요한 정보를 효율적으로 접근할 수 있어야 한다.	• 요구되는 정보에 접근하기 위한 가장 적절한 조사 방법과 정보검색시스템의 선정 능력

9) 차종상, 2001, "대학도서관 이용자교육이 이용자 정보활용능력에 미치는 영향에 관한 연구," 한국정보관리학회 학술대회논문집, 8: 245~248.

	• 검색전략의 구축 및 효율적 실행 능력 • 다양한 조사방법을 사용하여 검색하는 능력 • 필요할 경우 검색전략을 수정할 수 있는 능력 • 정보 및 관련 자료의 추출, 기록, 관리 능력
정보 및 관련자료를 비판적으로 평가하고 선택된 정보를 자기 자신의 지식 토대에 통합 시킬 수 있어야 한다.	• 수집된 정보로부터 추출한 주요 아이디어의 요약 능력 • 정보 및 관련 자료의 평가를 위한 기준의 명확한 표현 및 적용 능력 • 새로운 개념을 설정하기 위한 아이디어의 통합 능력 • 정보의 부가가치, 모순점 또는 독특한 특성 파악을 위한 기존 지식과 새로운 지식의 비교능력 • 새로운 지식이 개인적 가치시스템에 미치는 영향 파악 및 차이점 조절 수행 능력 • 다른 사람, 주제 분야 전문가, 실무자와의 토론을 통한 정보의 이해 및 해석의 정당성 확인 능력 • 초기 질문의 수정 여부 파악 능력
개인적 또는 조직체의 특정 목적을 수행하기 위해 정보를 효과적으로 이용할 수 있어야 한다.	• 특정 결과물이나 수행의 계획과 창출을 위한 기존 정보와 새로운 정보의 적용 능력 • 결과물 또는 수행의 개발 과정 수행 능력 • 타인에게 결과물을 효율적으로 전달할 수 있는 능력
정보의 사용과 관련된 경제적, 법적, 사회적 문제점을 이해하고 윤리적, 법적으로 적합하게 사용하고 접근할 수 있어야 한다.	• 정보 및 정보기술과 관련된 윤리적, 법적, 사회경제적 문제의 이해 • 정보자원의 접근 및 이용과 관련된 법, 규칙, 기관의 정책준수 능력 • 결과물 또는 수행의 소통과정에 있어 정보원 이용 문제에 대한 확실한 이해

정보활용교육 내용 구성을 위해 Shapiro와 Hughes가 제시한 7가지 영역도 참고할 필요가 있다.

△ 도구활용능력 : 인쇄자료, 다양한 소프트웨어를 포함한 전자자료 이용 능력
△ 자료활용능력 : 정보자료의 형태와 형식, 소재파악과 접근방법에 대한 이해력
△ 사회구조 이해능력 : 정보생산 방법, 사회구조 안에서 정보의 위치에 대한 이해력
△ 연구조사 수행능력 : 연구조사활동을 위해 정보통신기술 도구를 이해하고 이용할 수 있는 능력
△ 출판능력 : 연구조사활동의 결과물로서 텍스트 또는 멀티미디어 보고서 등의 생산 능력

△ 신기술 활용능력 : 정보통신기술 분야에서 지속적으로 나타나는 최신 기술에 대한 이해, 적용, 평가, 이용의 능력
△ 비판력 : 정보기술의 사회적·학문적 장점과 단점, 잠재력, 제한점, 비용과 이익 등에 대해 평가할 수 있는 능력10)

또한, 손동현의 현대적 지적지형에 대처할 수 있는 다음과 같은 4개의 능력도 정보활용교육의 내용을 위한 중요한 기초자료가 된다.

첫째, 지식을 스스로 창출하고, 응용하고, 적응할 수 있는 기초적인 사고능력. 수많은 정보 속에서 유용한 정보를 선별할 수 있는 비판적 사고 능력과 새로운 정보를 산출할 수 있는 창의적 사고 능력 등이 그 내용이며, 이는 결국 주어진 상황 속에서 핵심적인 문제를 찾고 그 문제를 해결하는 능력에 귀착된다.

둘째, 자신의 사유내용을 공동체 구성원과 공유할 수 있는 사회적 의사소통능력. 즉, 상대방의 생각을 정확히 이해하고 문어적·구어적 표현을 통해 자신의 견해를 논리적으로 조리 있게 펼침으로써 상대방에게 전달하는 능력이 요구된다.

셋째, 세분화된 분야들의 위상을 전체 속에서 가늠할 수 있는 종합적 사고 능력과 통찰력. 정보사회에서 우리가 해결해야 할 중요한 문제는 대체로 여러 지식분야에 걸쳐 있는 복합적인 문제이다. 이를 총체적으로 조망하는 능력이 없으면 부분에 관한 전문지식도 무력해지기 쉽다. 따라서, 연관문제 전체를 조망할 수 있는 안목이 무엇보다 중요하다.

넷째, '이성과 감성을 넘나드는' 능력. 디지털 방식이란 바이너리 코드를 이용해 각종의 정보를 그 질적 성격에 구애받지 않고 수학적으로 연산 처리하는 방식이다. 질적 성격이란 감각적 지각의 대상으로 우리의 감성을 움직

---

10) Jeremy J. Shapiro, Shelley K. Hughes, 1996, "Information Literacy as a Liberal Art," *Educom Review*, .31(2), <https://net.educause.edu/apps/er/review/ reviewarticles/31231.html>, [cited 2015. 3. 28].

이는 것이고, 바이너리 코드로 처리하는 수학적인 연산은 정밀한 사고 활동이다. 따라서 이 두 영역을 넘나들 수 있기 위해서는 정서적 감응 능력과 합리적 사고능력이 동시에 요구되며 나아가 이 둘이 함께 협동하는 것이 필요하다.[11)]

한만성[12)]은 정보활용교육 내용구성에 다음과 같은 4개의 주제와 내용을 포함할 필요가 있다고 주장하였다.

<표 26> 한만성의 정보활용능력 교육 프로그램 설계

주제	내용	목표
문제 발견을 위한 상황적 질문하기	상황적 질문으로 문제 발견하기 소크라테스식 대화법 브레인스토밍을 이용한 토의식 수업	문제해결능력
학습론 책 선별하여 읽고 서평쓰기	탐구 과정으로써 정보 검색 연습 학습론 책 선별해 읽기 서평 쓰기 과제	총체적 조망능력
실제 도서관 탐방 보고서 쓰기	실제 도서관 현장 탐방 보고서 쓰기 한문 고전 자료 이용 안내 디지털 매체 이용에 대한 성찰	정서적 감응능력과 합리적 사고능력의 협력
민주시민을 위한 정보윤리 교육하기	글쓰기 등 표절 방지 연습 민주시민에 요구되는 정보윤리 교육 사회관계망 서비스의 윤리적 이용	사회적 의사소통능력

한만성이 제시한 프로그램은 정보활용능력을 서평과 보고서 등 글쓰기와 연계시켰다는 점이 특징이라고 할 수 있다.

정민화[13)]는 국립디지털도서관 국가정보리터러시 표준의 실기항목과 이

11) 손동현, 2009, “교양교육의 새로운 위상과 그 강화 방책,” 교양교육연구, 3(2): 14~15.

12) 한만성, 전게논문, 61~64.

13) 정민화, 2011, “대학도서관의 정보활용교육(Information Literacy Instruction) 실시 사례,” 사대도협회지, 12: 27~28.

정연의 연구에서 제시한 정보활용능력 7개 영역의 세부수행기준 그리고 국외 대학도서관 온라인 교육내용을 참고하여 정보활용교육을 위한 학습내용을 <표 27>과 같이 제시하였다.

<표 27> 정민화의 정보활용능력 수행 영역 및 수행 내용

수행영역	수행목표	수행내용
정보요구	정보의 정의 및 정보활용능력 이해	정보의 정의 및 정보활용능력의 개념을 이해한다.
	정보요구 인지	수행해야 할 과제의 목표를 확인하고 정보요구 및 정보 문제를 분명하게 표현한다.
	정보원의 이해	다양한 정보원의 특징 및 차이를 이해한다.
	정보원의 적용	이용 가능한 정보원의 범위를 결정하고 차이점을 구별하여 과제에 적절한 정보원을 결정한다.
정보조사	정보검색 도구 및 검색시스템 이해	정보검색 도구의 유용성과 정보검색시스템의 이용방법을 이해한다.
	정보탐색 전략 수립	원하는 정보를 획득하기 위한 구체적 탐색기법을 결정한다.
	정보탐색	물리적 자원, 전자정보, 인적자원 등 다양한 정보원을 통해 적절한 정보탐색을 시도한다.
	정보탐색 결과 평가	탐색 결과의 적합성을 평가하며 필요 시 검색전략을 수정하여 재탐색을 시도한다.
정보분석	정보 해석	검색된 정보의 서지정보, 데이터베이스 웹 검색 결과 등
	정보 평가	수집된 정보유형별 평가 기준을 이해하고 평가한다.
	정보 관리	정보를 논리적으로 정렬하고 통합하는 단계로 서지정보 작성 및 서지정보관리를 이해한다.
정보생산	정보 생산	결과보고서 작성, 인용형식 및 방법, 보고서 작성 도구를 이해한다.
	정보 공유	생산된 정보를 적합한 방법으로 배포하고 공유한다.
정보윤리	정보의 합법적 이용	지적재산권, 저작권, 표절, 라이선스 등 저작물에 대한 공정한 사용을 이해하고 적용한다.
	인터넷 예절 준수	정보 접근과 이용에 관련된 인터넷 예절을 이해한다.

정민화는 대학생의 정보활용능력 향상을 위해 필요한 주요 핵심 영역으로 5개 영역(정보요구, 정보조사, 정보분석, 정보생산, 정보윤리)을 설정하였으며 각 영역별 수행목표와 수행내용을 정의함으로써 교육내용을 위한 기준을 제시하였다.

미국 내 100여개 대학의 정보활용교육 교과과정을 2006년과 2011년 비교한 결과 다음과 같은 변화가 조사되었다.

<표 28> 정보활용 교과과정의 주제 변화

Topics	% (2006)	% (2011)	Rank (2006)	Rank (2011)
writing citations	76	78	5	1
Periodical databases	94	74	1	2
Online catalog	92	64	3	3
Research strategy	75	61	7	4
Web searching	93	59	2	5
Research topics	54	55	11	6
Plagiarism	40	47	13	7
Popular vs. Scholarly articles	39	44	14	8
Copyright	32	37	17	9
Reference sources	66	31	9	10
Classification system	57	31	10	11
Boolean searching	25	31	18	12
Web site evaluation	79	26	4	13
How information is producted	6	19	28	14
Library of Congress subject headings	47	15	12	15
Print indexes	18	14	21	16
Government documents	38	13	15	17
Monograph evaluation	75	11	6	18
Periodical evaluation	74	8	8	19

Interlibrary loan	8	8	25	20
Statistics	19	5	20	21
Concept of information	10	5	23	22
Censorship	11	4	22	23
Library tours	32	3	16	24
Periodical Literature	21	0	19	25
Writing a research paper	8	0	24	26
biographical information	7	0	26	27
Book reviews	7	0	27	28

출처: Rachael E. Elrod, Elise D. Wallace, Cecelia B. Sirigos, 2012, "Teaching Information Literacy: a reivew of 100 syllabi," The Southeastern Librarian, 60(3): 11.

<표 28>의 2006년과 2011년 정보활용교육 주제 변화에서 볼 수 있는 것과 같이 인용표기(Writing Citation)가 5순위에서 1순위로, 탐색전략(Research Strategy)이 7순위에서 4순위로 상승하였다. 반면에 웹 탐색(Web Searching)이 2순위에서 5순위로, 웹사이트 평가(Web site evaluation)는 4순위에서 13순위로 하락하였다. 이와 같은 결과는 이용자들이 정보의 탐색과 함께 연구나 학습에 적용하기 위한 방법을 교육내용으로 선호하기 때문으로 해석된다. 그러나 저널 DB, 온라인 목록, 웹검색 등 전자정보의 활용방법에 관한 내용이 여전히 강세를 보이고 있어 전체적으로는 정보이용과 관련한 다양한 이슈와 능력향상을 위한 내용으로 구성하되, 전자정보의 활용, 특히 Web DB, Internet 및 통합검색엔진의 활용이 중요하게 다루어질 필요가 있다.

대학에서의 효과적인 학습과 효율적인 전달을 위한 커뮤니케이션 능력도 교육 내용에 포함시킬 필요가 있다. 이에 대해 정재영[14]은 학문적 지향점을 갖는 대학이라는 장소적 특성과 디지털 기기를 포함한 커뮤니케이션 방법이 점차 중요해지고 있는 시대적 상황을 고려할 때 정보활용교육이 Communication

14) 정재영, 전게논문, 73~74.

Literacy를 지향해야 한다고 주장하였다.

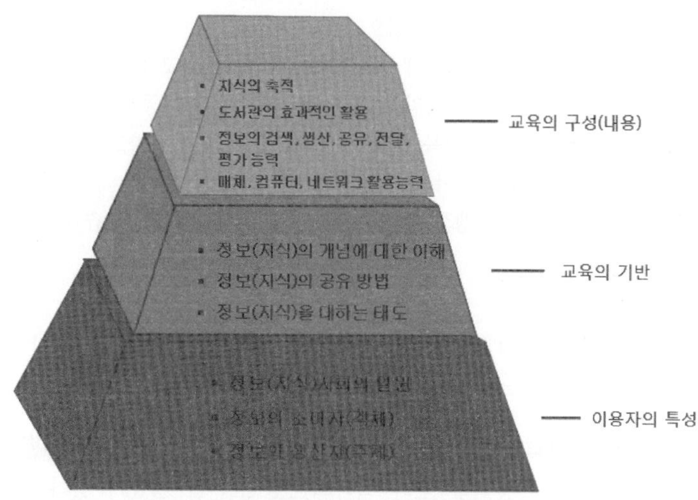

<그림 8> Communication Literacy의 개념 및 교육 구성

즉, 대학에서 제공하는 정보활용교육의 대상인 이용자를 정보의 주체이자 객체, 정보의 소비자이자 생산자로 규정할 필요가 있다. 그리고 이와 같은 이용자들의 특성을 감안해 이용자들이 정보를 생산하는 것은 물론 전달하고 공유하는 능력을 갖출 수 있도록 도서관과 정보의 활용, 그리고 지식의 축적에 관한 교육을 제공할 필요가 있다.

3. 방법적 측면

정보활용교육이 학생들의 관심을 높이고 효과를 거두기 위해서는 제공 방법에 대한 신중한 고려가 필요하다. Oblinger는 대학이 새로운 세대에 대한 이해와 효과적인 서비스 제공을 위해 다음과 같은 점을 점검할 필요가 있다고 주장하였다.

1. 학생들과 대학은 어떤 방법으로 교류하는가?
2. 학습자의 요구와 선호도에 대한 적합한 학습자료(교과서, 참고자료)를 제공하는가? 시뮬레이션, 게임, 협동학습의 방법으로 제공하는가?
3. 시간, 장소, 장비(노트북, PD, 휴대전화)에 구애받지 않고 인터넷에 접근할 수 있는 '언제, 어디서든'의 정의를 만족하는가?
4. 강의실, 도서관, 학생회, 기숙사 등에서도 학생들의 그룹학습과 기타 활동을 지원하는가?15)

Oblinger의 주장은 대학과 대학도서관이 시간과 장소에 구애받지 않고 다양한 방법에 의해 연구하고 학습할 수 있는 기술 및 공간을 이용자들에게 제공할 필요가 있다는 점을 강조한 것이다. 따라서 다양한 방법을 기반으로 한 이용자 위주의 교육방식을 보다 적극적으로 고민할 필요가 있다.

미국 대학 및 연구도서관협회(ACRL)는 정보활용교육 과정 개발을 위한 요소를 다음과 같이 제시하고 있다.

1. 목적과 현실적 기대를 설정하기 위해 목표와 결과를 명확하게 제시할 필요가 있다.
2. 명확하고 인식가능한 구성체계를 제공할 필요가 있다.
3. 학생과 컴퓨터간, 학생과 학생간, 그리고 학생과 교육자간 상호작용을 촉진하기 위한 고성능 학습기술을 제공해야 한다.
4. 특별한 기술의 매커니즘보다 정보활용능력에 집중해야 한다.
5. 흥미유발을 위해 동시대의 언어와 주제들을 사용하고 가능한 간결하게 제작할 필요가 있으며 경우에 따라 오락성을 가미하는 것도 필요하다.

---

15) Diana Oblinger, 2003, "Boomers, Gen - Xers, and Millennials: Understanding the New Students," *EDUDAUSE Review*, July/August: 45. <https://er.educause.edu/~/media/files/article-downloads/erm0342.pdf>, [cited 2018. 4. 10].

6. 학생들이 교습자 또는 사서와 같은 주제전문가와 의사소통할 수 있는 다양한 방법을 제공할 필요가 있다.
7. 교과과정과 연계할 필요가 있다.[16)]

미국 대학 및 연구도서관협회(ACRL)의 제시를 통해서도 알 수 있는 것과 같이 정보활용교육은 명확한 목표의 제시와 함께 이용자의 변화되어 가는 성향과 기술적 환경에 대한 고려가 필수적이다. 특히, 교과과정과 연계하거나 정규교과 과정화 할 때 효과가 배가될 수 있다.

한만성[17)]의 조사에 따르면 도서관 정보활용법 강의를 수강하는 학생들에게 수강동기를 질문한 결과 '작문 능력 신장(리포트, 논문 등의 글쓰기)'을 위해서라는 응답이 가장 높게 나타났다. 이와 같은 결과는 향후 정보활용교육의 내용과 방법을 구상하는데 중요한 참고자료가 된다.

미국의 경우에도 정보활용교육과 글쓰기 수업을 연계해 제공하는 사례가 있다. 미국 Wyoming University 및 Utah State University의 교육사서들은 1·2학년을 대상으로 작문수업에 정보활용능력 교육을 적용한 '글쓰기 정보활용능력' 프로그램을 개발하였다. 이들은 영어 글쓰기 강사들과 협력하여 교과과정속에 좋은 질문 만들어 내기, 다양한 정보원 찾기, 전통적인 기준과 글쓰기의 목적에 부합하는 적합성과 가치에 따른 정보평가하기 등을 포함하였다.

수업의 구성 또한 정형화되고 정확한 최종 결과물을 요구하는 것이 아닌

---

16) ACRL, Tips for Developing Effective Web - based Library Instruction, Instructional Technologies Committee. <http://www.google.co.kr/url?sa=t&rct=j&q=&esrc=s&source=web&cd=2&ved=0CCoQFjAB&url=http%3A%2F%2Fconnect.ala.org%2Fnode%2F223728&ei=1WsXVY - pLs_28QWbvYFg&usg=AFQjCNG9alUHURYKtrTW1HzD_B_2_qSumw&bvm=bv.89381419,d.dGY&cad=rjt>, [cited 2018. 4. 10].

17) 한만상, 2011, "대학생을 위한 정보 활용능력과 글쓰기 교육의 연계·협력에 관한 연구," 한국비블리아학회지, 22(1): 118.

글을 쓰고 정보를 이용해 지식을 넓혀가는 과정을 강조함으로써 '문제중심 학습'이 이루어지도록 구성하였다.

세션 1에서는 전문사서가 교육에 관한 선입견을 확인하는 작업을 진행한다. 즉, '여학생은 수학에 약하다'고 믿는 우리의 선입견에 대하여 얼마나 다양한 의견이 존재하는가에 대한 정보원을 제시한다.

세션 2에서는 글쓰기 강사와 도서관 전문사서가 교육문제를 확인하기 위한 자유토론을 진행하며 전문사서는 테마의 기초, 주제 영역, 필요한 자료의 유형 등에 따라 서로 다른 모둠별로 문제를 만들어 내도록 도와준다.

세션 3에서 학생들은 도서관 자료 검색을 진행한다. 전문사서들은 모둠별로 학생들에게 할당된 문제에 관해 이미 알고 있는 것과 그 문제에 대해 좀 더 잘 알기 위해 무엇을 알 필요가 있는지를 적어내도록 한다. 이어 전문사서가 논문 찾는 방법을 시연하고 글쓰기 강사들과 함께 각 모둠별 학생들이 지정된 문제를 해결하기 위해 유용한 검색도구를 선택할 수 있도록 돕는다.[18)]

University of Windsor(Canada)의 정보활용능력교육 담당사서인 Heidi Jacobs가 주도한 정보활용능력과 글쓰기 교육의 연계 프로그램은 '연구도 글쓰기와 마찬가지로 하나의 과정'이라는 단순한 인식으로부터 출발한다. 글쓰기나 연구나 이들의 작업이 효과적으로 진행되기 위해서는 단 한번의 작업으로 이루어지는 것이 아니라는 점에서 유사하다고 판단한 것이다. 연구가 그렇듯 글쓰기의 경우에도 교정, 재작업, 재검토의 과정이 몇 번씩 반복되는 과정이라는 것이다. 처음 Dale교수는 1학년 작문 수업과정에 1시간 또는 2시간 정도 도서관이용방법 교육을 해줄 것을 도서관에 부탁하였다. 이후 Dale교수와 Heidi사서는 글쓰기와 정보활용능력의 관련성을 보다 세부적으로 논의하게 되었고 이후 이론적인

---

18) Melissa Bowles - Terry, Erin Davis, Wendy Holliday, 2010, "'Writing information Literacy' Revisied: From theory to Practice in the classroom," *Reference & User Services Quarterly*, 49(3): 227.
<http://repository.uwyo.edu/cgi/viewcontent.cgi?article=1009&context=libraries_facpub>, [cited 2018. 4. 10].

부분만이 아닌 수업에 실제로 적용하기 위한 구체적인 협력 방안을 마련하였다. 'Ways of Knowing'이라는 이름으로 개설된 이 과목에서 교육을 담당하는 사서들은 작문 수업시간에 협력 강사로 활동하면서 학생들이 글쓰기와 관련된 특정 프로젝트에 적극적으로 참여하고 도와주는 역할을 수행한다.[19)]

이와 같이 글쓰기 수업 특히, 1·2학년을 대상으로 한 교양과정에 '논문' '리포트' '과제수행'을 위한 내용과 정보활용교육을 연계하는 것은 학생들에게 실제적인 도움을 줄 수 있을 뿐만 아니라 정보활용교육에 대한 관심과 참여를 높일 수 있다.

도서관과 교수학습센터간의 협력을 통한 정보활용교육 내용의 다양성 및 질적 향상을 도모하는 것도 방법이 될 수 있다. <표 29>와 같이 대학 교수학습센터에서 제공하는 서비스의 경우 대학도서관의 서비스 및 역할과 유사하거나 중첩되는 사업이 존재한다는 것을 알 수 있다.

<표 29> 교수학습센터 주요 사업

교수지원	서강지식나눔	학습지원
▪ 수업컨설팅 강의 모니터링 수업설계 컨설팅 ▪ 교수법 연구회 지원 ▪ 교수법 특강 및 워크숍 ▪ 영어강의 운영 지원 ▪ 명강의 인터뷰	▪ OCW 운영 ▪ PORT 운영 ▪ 서강대학교 강의 촬영 지원 및 강의공개 ▪ 전 세계의 강의 콘텐츠 및 지식콘텐츠 제공	▪ 튜터링 운영 및 지원 ▪ 스터디 그룹 운영 및 지원 ▪ 글로벌 튜터링 운영 및 지원 ▪ 학습법 특강 및 워크숍 ▪ 학습 상담 및 컨설팅 ▪ 학습지원 공모전

19) Heidi L. M Jacobs, Dale Jacobs, 2009, "Transforming the One-Shot Library Session into Pedagogical Collaboration: Information Literacy and the English Composition Class," *Reference & User Services Quarterly*, 49(1): 72~82

사이버 캠퍼스	교육매체지원	교수 - 학습 방법 연구
▪ 사이버캠퍼스 운영 ▪ 사이버 캠퍼스 활용 안내 및 컨설팅 ▪ 사용자 매뉴얼 발간 ▪ 사이버 강의 콘텐츠 개발 ▪ 찾아가는 서비스	▪ 강의 촬영 ▪ 강의촬영 기자재 대여 ▪ 수업자료 변환 서비스 ▪ 서강 PPT 템플릿	▪ Teaching Tips 개발 ▪ Learning Tips 개발 ▪ 전공별 교수법 개발 ▪ 교수법 관련 안내서 ▪ 학습법 관련 안내서

출처: 서강대학교 교수학습센터 주요 사업 안내 〈http://sgctl.sogang.ac.kr/ctl/ev/menu_view_form.acl?LRG_CD=A&ORD=3&MENU_CD=AA05〉, [cited 2018. 4. 10].

특히 '교수·학습 방법 연구'의 경우 대학도서관과 협력하여 실시할 경우 효과가 높게 나타날 수 있는 분야라고 할 수 있다. 이 외에도 대학도서관과 교수학습센터의 연계 및 협력을 통해 정보의 활용과 관련한 다양한 과정이 개발될 수 있다.

오프라인이 아닌 인터넷과 모바일 등 이용자들의 정보기기활용 능력 및 선호도에 대한 고려도 필요하다. 대학 1학년을 대상으로 전문사서의 직접적인 교육을 통해 정보활용교육을 수강한 학생과 온라인을 통한 정보활용교육을 수강한 학생을 비교 조사한 결과에 따르면 교육 후 도서관 활용 능력에 차이가 없는 것으로 나타났다.[20] 이와 같은 조사 결과를 감안한다면 현재 대학도서관에 대한 예산 압박과 인력 축소 등이 이루어지는 상황에서 오리엔테이션 형태의 교육은 온라인을 통해 제공하고 전문사서들은 정보활용교육에 집중하도록 하는 것도 방안이 될 수 있다.

온라인을 통한 교육 제공 시 동기부여와 흥미를 느낄 수 있도록 하기 위한 방법의 하나로 퀴즈, 애니메이션, 동영상 및 게임의 형식을 활용하는 것

20) Lucy Holman, 2000, "A Comparison of Computer - Assisted Instruction and Classroom Bibliographic Instruction," *Reference & User Services Quarterly*, 40: 59.

도 방법이 될 수 있다. <그림 9>는 North Carolina대학에서 제공하고 있는 게임형식으로 이루어진 정보활용교육이다.

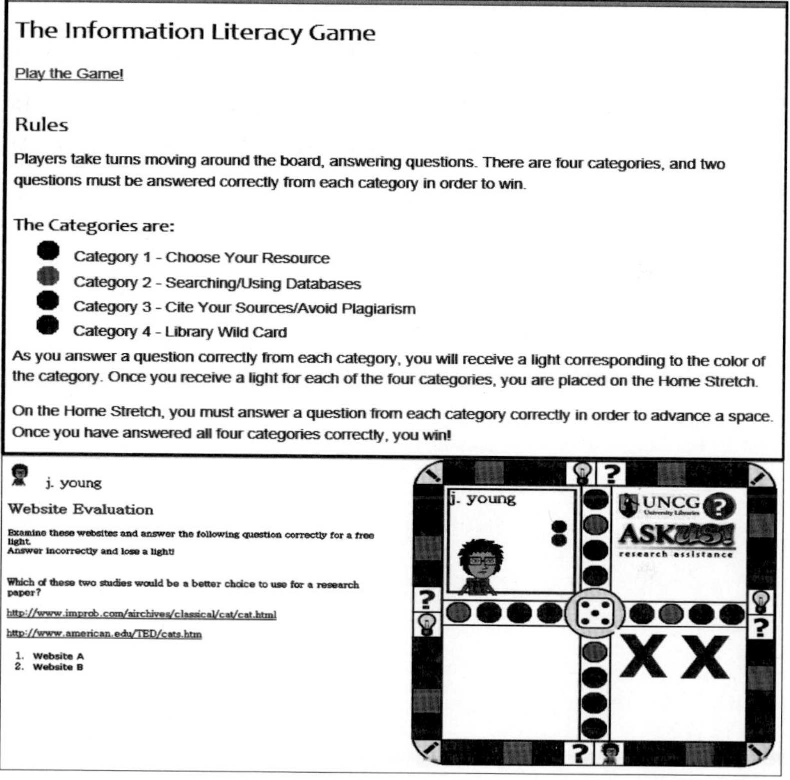

<그림 9> North Carolina 대학도서관의 게임형 On-line 정보활용교육

출처: The University of North Carolina, Library Games: Information Literacy Through Play, ⟨http://library.uncg.edu/game/⟩, [cited 2015. 4. 16].

North Carolina 대학에서 제공하는 게임형 정보활용교육은 4개의 범주로 내용을 구분해 1명에서 4명까지의 학생이 게임을 즐기며 자연스럽게 정보활용능력을 키울 수 있도록 구성되어 있다.

정보활용능력 교육은 실습과 병행하여 이루어질 때 가장 효과적인 결과를 얻을 수 있다. 따라서 학생과 강사의 상호작용이 가장 중요한 요소가 되는 만큼 한 반이 최대 30명을 넘지 않도록 하고 이를 초과할 경우 분반을 하는 것이 바람직하다.

정보활용교육의 방법에 대한 구상은 다양한 이용자들의 요구 및 정보이용 행태 변화 그리고 정보기술의 발달을 기초로 해야 한다. 또한, 교수자와 학습자간의 원활한 커뮤니케이션이 이루어져야 하며 도서관의 정보와 전문사서가 효과적으로 활용되어야 한다.

정보활용교육 교안 개발과 교육 성과분석

1. 정보활용교육 교안 개발
2. 정보활용교육 성과분석
3. 정보활용교육 교과과정 및 내용
4. 설문조사 결과

Ⅴ. 정보활용교육 교안 개발과 교육 성과분석

1. 정보활용교육 교안 개발

본 연구에서 제안한 정보활용교육 교안은 정보활용능력 기준 및 모형, 연구자들이 제시한 정보활용교육 교안, 그리고 국내·외 대학에서 제공하고 있는 정보활용교육 과정에 대한 분석을 기초로 하였다.

교안의 기본적 구성은 국제도서관협회연맹(IFLA)의 Guidelines on Information Literacy for Lifelong Learning과 미국 대학 및 연구도서관협회(ACRL)의 Information Literacy Competency Standards for Higher Education을 참고 하였다. 즉, 미국 대학 및 연구도서관협회(ACRL)에서 제시한 대학생들이 갖추어야 할 정보활용능력에 대한 5개의 기준과 22개의 수행지표, 그리고 87개의 성과측정 항목으로 구성된 고등교육과정을 위한 정보활용능력 기준(Information Literacy Competency Standards for Higher Education)과 국제도서관협회연맹(IFLA)의 정보의 접근과 평가 그리고 이용 등 3개의 정보활용능력 핵심요소 및 요소별 2개의 중간요소, 그리고 3, 4개의 하위요소를 기초로 전체적인 틀을 구성하였다. 또한 정보활용교육은 실습과 병행하여 제공 되어질 때 가장 효과가 높다는 점을 감안하여 구성주의(Constructionism) 교육 방법을 채택하였다.

구성주의는 문제를 해결하거나 어떤 현상을 설명하고 의문을 풀기 위해 비판적 사고를 활용해 가는 논리적이고 체계적인 사고과정 또는 과학적 방법이다.

<표 30> 구성주의 학습원칙, 설계분석 및 평가방법

		객관주의	구성주의
학습원칙		• 추상적인 지식과 상황에 관계없이 적용될 수 있는 지식을 제공 • 가능한 현실을 단순화하고 소화 시킬 수 있는 작은 단위로 세분화 하여 제시 • 모든 지식은 수업 이전에 미리 세밀한 계획에 따라 구조화, 순서화, 체계화하여 제시 • 교사와 학생의 역할 : 지식의 전달자와 지식의 습득자로서의 관계 • 개별적 학습환경 : 개인과제, 개인 활동, 개인의 성취의 중요성 강조 • 지식의 암기와 축적	• 항상 구체적인 상황을 배경으로 한 지식을 제공 • 현실의 복잡함을 그대로 여과없이 제시하여 인지적 도전을 유도 • 모든 지식과 과제는 항상 실제적 상황을 전제로 하여 전개되고, 다루는 과제도 실제로 사회에서 대면하게 될 성격과 특성을 지닌 것으로 제시 • 교사와 학생의 역할 : 학생의 학습을 도와주는 조언자, 촉매자로서의 교사와 자율적이고 적극적이고 책임감 있는 학습의 주체로서의 학생의 역할 • 협동학습환경 : 다양한 견해에 대한 인식과 견해를 습득 • 문제해결력, 사고력, 인지적 전략(how to learn)의 습득, 지식의 전이성 강조
설계와 분석	· 누가 · 언제 · 어디서	• 수업설계자/교사 • 수업 전 • 세분화, 순서화, 연계화	• 학생 개개인 스스로 • 수업하는 과정 중에 지속적으로 • 전체적 학습목표만 설정
수업평가	· 누가 · 언제 · 형태	• 수업설계자/교사 • 학습목표 설정과 동시에 설계한 뒤 맨 나중에 실시 • 객관식 평가	• 학생 본인, 동료학생, 그리고 교사 • 수업하는 과정 중에 지속적으로 수행 • 다양한 형태(객관식, 주관식, 관찰, 포토폴리오, 프로젝트, 저널 등)

출처: 강인애, 1997, 왜 구성주의인가? : 정보화 시대와 학습자 중심의 교육환경, 서울, 문음사: 18~19.

구성주의는 학생들의 주체적이고 능동적인 참여를 통해 개개인의 문제해결과 사고력을 높여가는 것을 목표로 한다. 따라서 교사는 조언자로서의 역할과 학습목표만을 제시하는 역할을 수행하게 된다. 구성주의 관점에서 지식은 세계에 대한 개인적 경험의 재해석이며, 학습은 개인적인 경험에 근거해서 의미가 개발되는 능동적인 과정이다. 탐구이론 또는 구성주의 관점은 교실에서 선생님들로 하여금 교단에 서서 학생들을 가르치는 권위자의 위치를 떠나 학생들 옆에서 도와주는 안내자 역할을 요구한다. 구성주의는 도서관에서 자원기반학습을 의미하며 프로젝트기반학습 또는 탐구기반학습을 의미한다. 그러므로 정보활용능력은 구성주위와 비판적 사고의 도서관 버전이라고 할 수 있다.[1)]

가르치는 교사 중심에서 배우는 학생 중심으로의 전환, 즉 교수(instruction)에서 학습(learning)으로의 변화를 주도하는 교육패러다임은 학생들의 주체적이고 자발적인 참여를 통해 효과를 높일 수 있는 정보활용교육 방법이 될 수 있다. 기존에 제시되거나 시행중인 정보활용교육 교안의 경우 내용이 세세하지만, 실제 수업에 적용하기엔 복잡하고 난해하다는 점과 정보검색방법에 너무 치중하고 있는 점이 단점으로 지적되고 있다. 물론 많은 것을 전달하고 교육해야 하는 것도 중요하지만 이용자의 입장에서 보면 어렵고 부담스러울 수 있다는 점을 감안해 가능한 쉽고 관심 있는 내용으로 구성하는 것이 바람직하다. 이와 같은 사항을 고려해 본 연구에서 제시하는 정보활용교육 교안은 '연구방법론'의 주제설정과 관련자료 검색 및 수집·분석 및 편집, 그리고 학생들이 관심을 갖고 흥미를 느낄 수 있도록 리포트, 보고서, 논문 등의 학문적 글쓰기를 결합하였다.

---

1) 고영만, 2004, "대학생을 위한 정보문해 교수 - 학습 모형 개발 연구," 정보관리학회지, 21(4): 69~70.

[학술정보활용법]

주차	주제	내용	정보활용능력 관련 요소	유의사항	세부 강의 계획	과제	기타	담당자
1	강의 안내	수업방식 소개, 동기부여			강의 개요 및 안내	과제1. 대학도서관이란?	설문조사 pre-test	강사
2	대학도서관 이해	대학도서관 개론	대학도서관에 대한 기본적 이해	강의	과제1 발표 대학도서관의 이해(1)			
3		대학도서관 각론	대학도서관 현안에 대한 이해		대학도서관의 이해(2)			
4	도서관 활용법	도서관 및 도서관서비스 이해	정보문제해결 및 탐색방법의 이해	강의 및 실습 (교수+ 전문 사서)				전문 사서.1 (광운대)
5	도서관 활용법 (OPAC)	정보검색을 위한 능력 정보의 자료형태 및 유형의 다양성 이해						
6	도서관 활용법 (Internet, Web DB)	정보검색을 위한 능력				중간고사 과제 개인의 소속 학과 DB 조사 및 활용방법/ 내용 스케치	분량 : PPT 10분 내외	
7		중간고사		시험 or 제출	중간고사 (과제 제출)			강사
8	주제별 정보검색 방법 이해	관심 주제 정보검색 실습	관심주제 정보 활용 방법 이해	발표 및 강의	중간고사 과제 발표 학문적 글쓰기의 이해(1)		연구(관심)주제 설명	
9	연구주제 정하기 정보 탐색 전략	정보탐색 전략 수립 정보원 파악 및 최적 정보원 선택 주요 아이디어 통합 정리	정보 탐색 전략 수립 정보요구의 인지	강의 및 발표	학문적 글쓰기의 이해(2) (각주, 참고문헌 표기 등)	과제2. 연구주제정하기 (이유 및 기초자료조사) 과제설명 및 조 정하기	과제.2 2일전 on-line 등록 및 나머지 수강생 평가	전문 사서.2 (광운대)
10	소재 파악 및 접근	스스로 문제해결 방법 시도 필요한 정보 수집 및 선별 최적의 조사방법 선정 능력	정보접근 및 선별	강의 및 발표	과제2 발표	과제3. 목차 및 연구방법 정하기	과제.3 2일전 on-line 등록 및 나머지 수강생 평가	강사
11	정보의 효과적인 평가 및 분석	수집된 정보의 평가 기존지식과 새로운 지식의 비교 적합정보의 선택	정보평가 및 분석	강의 및 발표	과제3 발표	과제4. 서론 및 참고문헌	과제.4 2일전 on-line 등록 및 나머지 수강생 평가	
12	통합정리	정보의 체계적 정리	정보의 조직·종합 및 적용	토론	과제4 발표	과제5. 예상결론 포함 종합정리	과제.5 2일전 on-line 등록 및	

							나머지 수강생 평가	
13	정보윤리 및 저작권	저작권, 공정이용, 표절 등 정보의 윤리적, 사회경제적 문제 이해	정보의 법적인 문제 이해	강의 및 토론	특강(저작권의 이해)		과제. 6. 대학도서관의 문제점 및 개선방안 이용자의 문제 및 해결방안	저작권 전문가 (특강)
14	연구 커뮤니케이션	연구진행 발표	정보의 공유 및 전달	강의 및 토론	과제.5, 과제.6 발표 정리: 정보의 개념 및 활용			강사
15	기말고사: 연구조사 결과 발표 - 정보활용 결과 보고서[정보추구 과정의 문서화] 정보탐색과정, 교육내용, 학습과제 등에 관한 자유토론		보강·기말고사	발표 및 다면평가	종합정리 대학도서관 전반 토론		설문조사 post-test	

[강의명] 학술정보활용법 (Application of Information Literacy)

1) 난이도 : 학부생 전체학년 대상
2) 학기 : 매학기 개설
3) 이수구분 : 교양 선택
4) 학점 및 시간 : 3학점, 3시간
5) 기타 : 중앙도서관과 긴밀한 협력체계 구축
   - 교과목의 특성상 중앙도서관 견학 및 실습 있음
   - 4주~6주차(3주간)는 본교 도서관 이용 및 소장 정보 활용을 위한 교육으로 도서관 전문사서가 진행
   - 정보윤리 및 저작권 수업(13주차)은 관련전문가 특강으로 진행

2. 정보활용교육 성과분석

2.1 목적

정보활용교육 교과 과정의 효과를 측정하기 위해 교양과정에 '학술정보활용법'수업을 개설하고 참여적 고찰을 진행하였다.

본 교과과정의 목적은 다음과 같다.

첫째, 대학도서관에 대한 이해를 높인다. 대학도서관의 의의와 필요성은 물론 대학도서관과 관련한 다양한 사회적 이슈 및 현상을 이해한다.

둘째, 정보활용능력을 향상시킨다. 대학도서관에서 소장하고 있는 다양한 형태의 정보와 각종 서비스에 대한 이해, 그리고 Web DB, Internet 정보 그리고 유용한 Site 등의 이용 방법에 대한 이해를 통해 정보활용능력을 높인다.

셋째, 학문적 글쓰기의 개념 및 방법을 이해한다. 검색한 정보를 활용해 각종 리포트, 보고서 및 학위논문을 작성할 수 있는 능력을 배양한다.

정보활용능력과 학문적 글쓰기를 접목한 이유는 리포트, 보고서, 학위논문 등의 학문적 글쓰기가 대학의 수업과 연구 그리고 학습활동을 위해 필수적이고 학생들의 관심을 유도할 수 있는 주제라는 판단에 따른 것이다.

실제로 정보활용교육 강의를 수강하는 학생들에게 수강 동기를 조사한 연구결과에 따르면 '작문 능력 신장(리포트, 논문, 글쓰기 등)'을 위해서라는 응답이 가장 많았으며[2] 자료를 잘 이용하기 위해서라는 응답과 함께 논문작성을 잘하기 위해서라는 응답이 가장 높은 것으로 나타나[3] 정보활용교육의 내용을 도서관 자료 및 정보자료를 이용한 학술정보활용 중심으로 개발할 필요가 있다는 것을 알 수 있다.

서강대학교의 경우에도 교양과목으로 정보활용교육과 학문적 글쓰기를 연계한 '효과적인 정보탐색'강의를 개설해 성과를 거두고 있다. ([부록 2] 참조)

정보활용교육과 학문적 글쓰기를 연계한 수업을 개설하고 연구자가 참여해 실제로 수업을 진행한 것은 정보활용능력에 대한 효과를 측정하고 교육

---

2) 한만상, *전게논문*. 118.
3) 최은주, 박남진, 2005, 대학생의 정보활용능력에 미치는 영향요인에 관한 연구; 정규 교과목 정보이용교육 수강생을 중심으로, 정보관리학회지, 22(4): 162.

내용 및 구성, 그리고 전달 방법에 대한 개선방안을 제안하기 위한 것이다.

2.2 조사 대상

정보활용교육의 성과를 분석한 이유는 '학술정보활용법'수업을 개설해 운영함으로써 수강생들의 정보활용능력의 변화를 살펴보고 이를 통해 교육적 성과를 확인함은 물론 차후 진행될 정보활용교육을 위한 개선방안 및 제언을 위한 것이다.

따라서 '학술정보활용법'을 수강 신청한 학생 중 도서관 및 학술정보활용에 대한 지식이 거의 없다고 판단되는 1학년과 일정 정도 도서관 및 학술정보이용에 경험이 있다고 판단되는 2~4학년을 실험집단으로 선정하고 15주 동안 관찰하였다.

실험집단 학생들의 인적사항은 <표 31>과 같다.

<표 31> 정보활용교육 실험집단 대상자 명단

구분	이름	학번	전공
A그룹 (1학년)	김*민	2016706***	전자공학과
	최*환	2016741***	로봇학과
	홍*근	2016742***	전자융합공학과
B그룹 (3~4학년)	백*우	2011606***	전자바이오물리학과
	정*규	2011606***	전자바이오물리학과
	고*현	2014707***	전자통신공학과
	원*성	2012903***	행정학과
	조*규	2009602***	화학과

2.3 조사 기간

2016년 1학기 매주 화요일 2시간씩 진행된 수업은 2016년 3월 8일 첫 수업이 진행되었으며 2016년 6월 14일 15주의 과정이 마무리되었다.

실험집단에 대한 사전조사는 3월 8일 첫 수업시간에 진행하였으며, 사후조사는 15주 후인 2016년 6월 14일 진행하였다.

2.4 성과 측정방법

정보활용교육 수업 전과 수업 후 정보활용능력에 대한 조사를 실시하였다. 설문조사는 수강생들의 정보활용능력을 측정하기 위한 문항으로 구성하였다. 설문 문항은 박수희와 최성우의 연구[4] 에서 사용한 설문지와 Jon Mueller가 수집해 정리한 정보활용능력 평가(Assessments of Information Literacy)[5]를 참고하였다.([부록 3] 참조) 이와 함께, Shannon M. Staley, Nicole A. Branch & Tom L. Hewitt가 San Jose State대학 학부생을 대상으로 한 실험에서 사용한 설문지(Information literacy survey)를 기초자료로 활용하였다.([부록 4] 참조)

<표 32>는 수업 시작 전에 배포한 사전검사용 설문지의 구성이다.

---

4) 박수희, 최성우, 2006, “대학생을 위한 웹기반 정보활용교육 프로그램 개발 및 효과분석,” 한국문헌정보학회지, 40(2): 357~387.

5) Jon Mueller, Assessments of Information Literacy <http://jfmueller.faculty.noctrl.edu/infolitassessments.htm> [cited 2016. 9. 3].

<표 32> 정보활용능력(사전검사) 문항 구성

내 용	문항 수	기타
도서관에 대한 관심	1	
도서관 이용 정도	1	* 이유 서술
도서관 서비스에 대한 이해	3	
정보검색에 대한 이해	3	
저작권에 대한 이해	1	
학술용어에 대한 이해	1	
학문적 글쓰기에 대한 이해	2	
합 계	12	

사전검사용 설문지는 도서관에 대한 관심과 도서관 이용 정도를 파악하기 위한 2개의 질문과 정보활용능력 정도를 측정하기 위한 10개의 질문으로 구성하였다.([부록 5] 참조)

<표 33>은 수업 후 배포한 사후검사용 설문지의 문항 구성이다.

<표 33> 정보활용능력(사후검사) 문항 구성

내 용		문항 수	기타
도서관에 대한 관심		1	
수업에 대한 만족	수업 내용	1	* 수업에 대한 의견 서술 (느낌, 장·단점 및 개선사항 등)
	수업구성	1	
	수업진행 방법	1	
도서관 서비스에 대한 이해		3	
정보검색에 대한 이해		3	
저작권에 대한 이해		1	
학술용어에 대한 이해		1	
학문적 글쓰기에 대한 이해		2	
합 계		14	

사후검사용 설문지는 도서관에 대한 관심과 수업에 대한 만족도를 알아보기 위해 7점 리커드 척도로 구성된 4개의 질문과 정보활용능력 정도를 측정하기 위한 10개의 질문으로 구성하였다.

정보활용능력을 측정하기 위한 10개의 질문은 사전조사 때와 동일하거나 유사한 질문을 사용하였으며 사전 테이스의 정답을 기억할 경우 사후 테스트에 정확성이 떨어질 수 있어 사전 테스트 후 정답은 공개하지 않았다.

도서관에 대한 관심 정도를 묻는 질문의 경우 수업 이전과 이후의 비교를 위해 같은 질문을 제시하였다.([부록 6] 참조)

3. 정보활용교육 교과과정 및 내용

수업은 본 연구에서 제안한 수업계획서를 기초로 실시되었다.

<표 34>와 같이 총 15주에 걸쳐 대학도서관에 대한 이해와 정보의 활용, 그리고 학문적 글쓰기 등으로 구성하였다.([부록 7] 참조)

<표 34> 수업 차수별 내용

차수	교육 내용
1교시	강의 안내 및 pre - test
2~3교시	대학도서관에 대한 이해
4~6교시	광운대학교 도서관 및 소장 정보에 대한 이해
7교시	중간고사
8~9교시	학문적 글쓰기에 대한 이해
10~14교시	정보활용능력과 학문적 글쓰기의 연계 수업 * 정보활용능력에 대한 강의 * 정보를 활용한 학문적 글쓰기의 단계적 실습 * 수업 2일 전까지 '온라인 강의자료실'에 이전 수업시간에 제시한 과제를

	올리고, 수강생들은 자신의 발표 자료를 제외한 다른 수강생의 발표 자료를 미리 보고 오도록 함으로써 토론을 통한 분석과 비평능력 배양
13주	저작권에 대한 이해, 정보의 윤리적 이용
15주	종합 정리 및 post - test

각각의 차수별 상세 수업 내용은 다음과 같다.

3.1 〈1교시〉 '학술정보활용법' 강의 안내

- 수업 진행방법 및 목적 설명
- 정보활용능력 테스트 (사전 조사)
- [과제.1] 자신의 도서관 및 사서에 대한 인식 및 이미지

수업의 구성과 내용 그리고 진행방법을 수강생들에게 전달함으로써 수업의 목적과 효과를 정확히 이해할 수 있도록 하였다.

<그림 10>은 수업내용 및 구성에 대한 안내 화면이다.

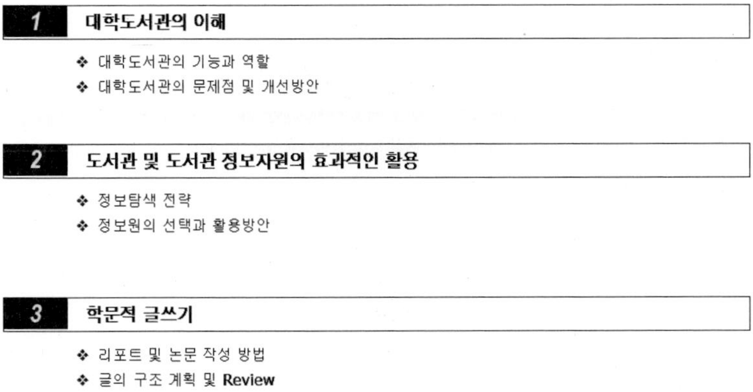

1 대학도서관의 이해

❖ 대학도서관의 기능과 역할
❖ 대학도서관의 문제점 및 개선방안

2 도서관 및 도서관 정보자원의 효과적인 활용

❖ 정보탐색 전략
❖ 정보원의 선택과 활용방안

3 학문적 글쓰기

❖ 리포트 및 논문 작성 방법
❖ 글의 구조 계획 및 Review

<그림 10> 수업의 내용 및 구성

전체적인 수업 내용은 대학도서관에 대한 이해, 도서관 자료 및 정보의 활용, 학문적 글쓰기 등으로 구성하였다.

대학도서관에 대한 이해 과정은 대학도서관의 기능과 역할, 대학도서관의 문제점 및 개선방안을 주 내용으로 하였다. 이와 같은 구성은 대학도서관에 대한 이용 및 정보활용교육 이전에 대학도서관에 대한 이해의 과정이 필요하다고 판단하였기 때문이다. 그러나 수강생들이 문헌정보학이 아닌 비전공자라는 점을 감안하여 <그림 11>에 제시한 것과 같이 문헌정보학적 측면이 아닌 사회·문화적 현상과 이슈 위주의 내용으로 구성하였다.

도서관 및 정보자원의 효과적인 활용에 관해서는 <그림 12>와 같이 OPAC(Online Public Access Catalog)을 통한 도서관 자료의 검색과 소장하고 있는 디지털 정보 그리고 다양한 도서관 제공서비스에 대한 내용으로 구성하였다.

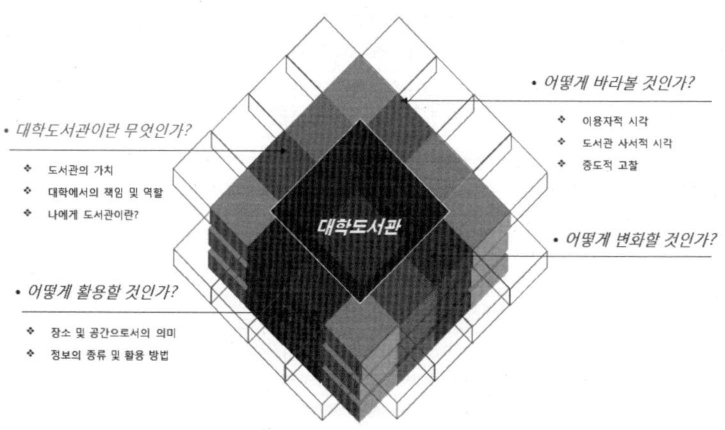

<그림 11> 대학도서관의 이해 설명 화면

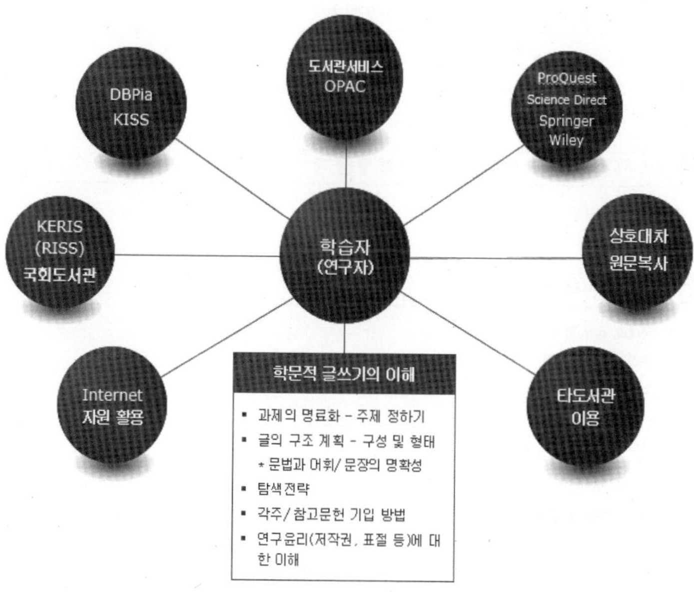

<그림 12> 도서관 및 정보자원의 활용 설명 화면

수집한 정보를 활용한 학문적 글쓰기는 <그림 13>과 같이 찾은 정보를 활용해 과제나 논문 쓰기에 적용하고 글로 표현하는 과정으로 구성하였다.

대학도서관에 대한 각자의 생각과 인식을 상호 비교하고 토론할 수 있도록 <그림 14>의 과제를 제시하여 다음 수업시간까지 해당 문장에 적합하다고 판단되는 키워드와 그 이유를 정리하도록 하였다. 이 과제는 깊이 있는 고민을 통해 리포트를 제출하도록 한 것이 아니라 가볍고 즉흥적인 답변을 유도해 수업에 대한 관심과 도서관에 대한 흥미를 갖도록 하려는 목적에서 시도된 것이다.

1 연구(과제. 논문)를 어떻게 시작할것인가?

- ❖ 과제 또는 연구주제를 명확히 이해하고 정의하기
- ❖ 과제의 명료화 – 키워드 추출
- ❖ 연구주제의 축소 및 확대

2 연구(과제. 논문)를 위한 해결 전략 구상

- ❖ 탐색전략 세우기
- ❖ 정보원 파악

3 정보의 선택 및 평가

- ❖ 국내.외 정보 탐색
- ❖ 수집된 정보에 대한 적합성, 최신성 평가
- ❖ 정보의 체계적 조직화

4 정보의 활용 및 전달

- ❖ 학문적 글쓰기의 이해
- ❖ 정보의 인용 및 주체화
- ❖ 정보를 활용한 효과적인 커뮤니케이션

<그림 13> 학문적 글쓰기에 대한 설명 화면

3.2 〈2교시〉 대학도서관의 이해. 1

- [발표] 도서관 및 사서에 대한 인식 및 이미지
- 대학도서관의 이해. 1 : 공간·장서

1교시 과제인 도서관 및 사서에 대한 자신의 느낌이나 생각을 소개하도록 하였다.

수강생들이 도서관 및 사서에 대해 긍정적인 답변을 할 것이라고 예상하였지만, 의외의 내용도 다수 발표되었다.

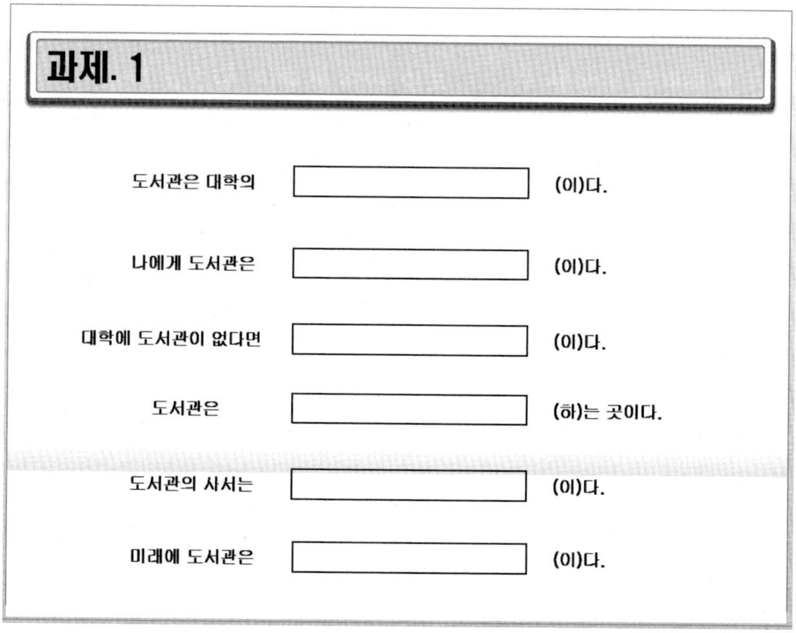

과제. 1

도서관은 대학의		(이)다.
나에게 도서관은		(이)다.
대학에 도서관이 없다면		(이)다.
도서관은		(하)는 곳이다.
도서관의 사서는		(이)다.
미래에 도서관은		(이)다.

<그림 14> [과제. 1] 도서관 및 사서에 대한 인식과 이미지

"도서관은 대학의 **[심장이라고 하는데 사실 꼭 필요한 곳인지 잘 모르겠]**다."
"나에게 도서관은 **[아직도 왜 필요한지 잘 모르겠]**다."
"대학에 도서관이 없다면 **[인터넷을 사용할 것]**이다."
"도서관의 사서는 **[만난 적이 없어 누군지 모르겠]**다."
"미래의 도서관은 **[하울의 움직이는 성과 같을 것]**이다."

제시된 의견들은 매우 다양했으며 각자의 의견을 공유하는 과정을 통해 수강생들의 대학도서관과 사서에 대한 생각을 읽을 수 있었다. 의견의 다수는 도서관 및 사서에 대한 부정적인 시각이 많았는데 대학생활 중 도서관에 대해 자세히 파악할 기회가 없었고 사서와 접촉할 기회가 많지 않았기 때문으로 풀이된다.

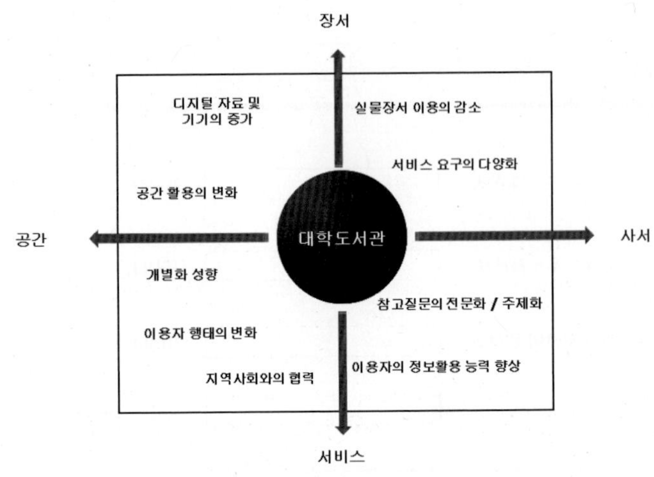

<그림 15> 대학도서관의 이해를 위한 4가지 주제

이와 같은 과정을 통해 학생들의 도서관에 대한 기본적인 인식을 확인할 수 있었으며 향후 진행될 강의 내용과 방향을 점검 및 수정하였다.

대학도서관에 대한 흥미와 관심을 높이고 기본적인 이해를 할 수 있도록 <그림 15>와 같이 도서관의 4요소(공간, 장서, 사서, 서비스)중에서 1차로 '공간'과 '장서'에 대한 강의를 진행하였다.

'공간'의 경우, <그림 16>과 같이 세계적으로 유명한 대학도서관의 공간 구조와 국내 대학도서관을 비교해 공간으로서의 도서관의 변화를 설명하였다. 또한, 광운대학교도서관의 현재 도서관과 신축 예정 도서관의 구조 및 공간을 소개함으로써 도서관에 대한 관심을 높일 수 있도록 하였다.

The Philology Library of the Free Univ., Belin

<그림 16> 공간에 관한 설명 화면

장서 ; 이슈. 6

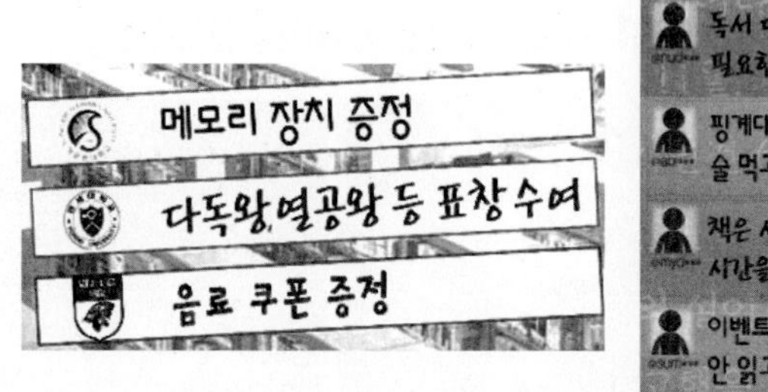

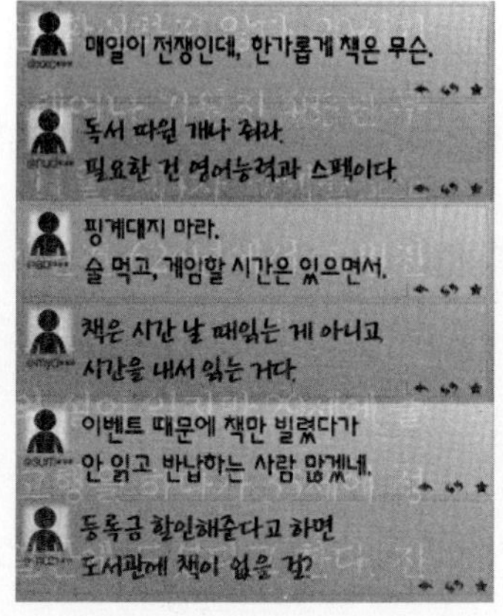

<그림 17> 장서에 관한 설명 화면

'장서'의 경우, <그림 17>과 같이 과거 약 7년간의 베스트셀러와 사회적 현상을 접목해 설명하고 학생들의 독서경향과 대학도서관의 장서 관련 이슈를 소개하였다.

이는 단순히 책이 지식을 전달하는 도구가 아닌 사회적 현상을 담고 있는 종합 매개체라는 점을 인식하고 대학도서관의 장서관련 이슈를 이용자의 관점과 함께 관리자의 관점에서 보도록 함으로써 도서관에 대한 이해를 높이기 위한 것이다.

3.3 〈3교시〉 대학도서관의 이해. 2

- 대학도서관의 이해. 2 : 서비스·사서

도서관의 4요소 중 2차로 '서비스'와 '사서'에 관한 강의를 진행하였다. '서비스'의 경우 <그림 18>, <그림 19>와 같이 독서프로그램과 정보활용교육을 중심으로 설명하였다.

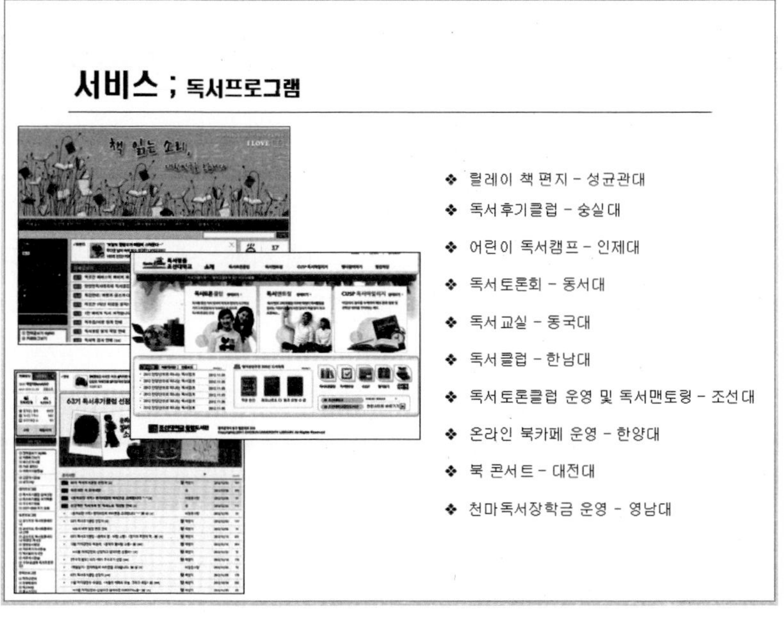

<그림 18> 독서프로그램에 관한 설명 화면

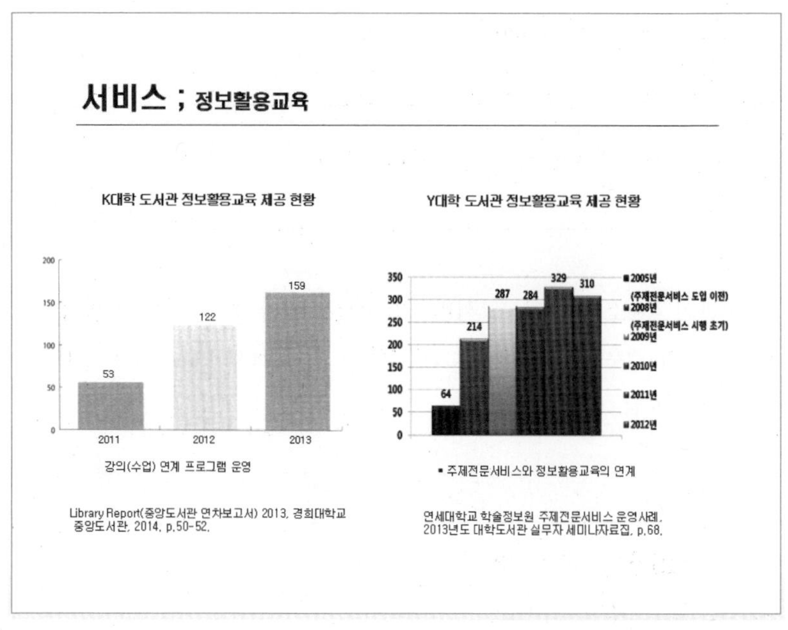

<그림 19> 정보활용교육에 관한 설명 화면

광운대학교도서관에서 제공하고 있는 '도서관 서비스'에 대한 내용은 4교시에 전문사서에 의해 소개될 예정이라 제외하였다.

3.4 〈4교시〉 도서관 활용법. 1 ; 광운대 도서관 및 도서관 서비스의 이해

- 광운대학교 도서관 및 제공 서비스의 이해

도서관에 대한 이해의 첫 번째 시간으로 광운대학교 도서관의 전문사서가 진행하였다. 수업은 도서관 이용방법과 공간에 대한 이해를 위해 도서관 투어를 진행한 이후 자료의 유형과 도서관에서 제공하는 다양한 서비스에 대한 내용으로 구성하였다.

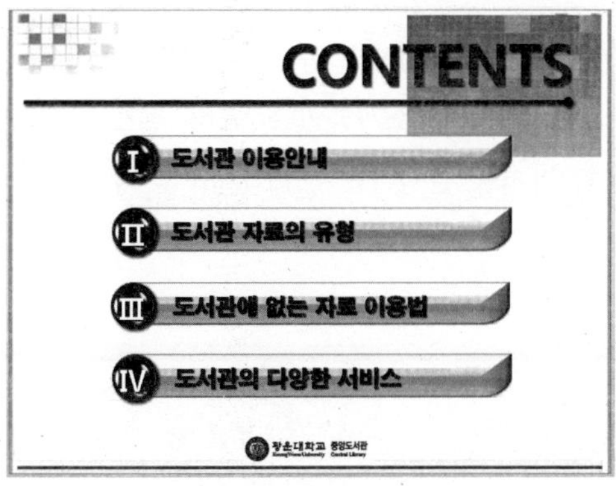

<그림 20> 도서관활용법. 1 설명 화면

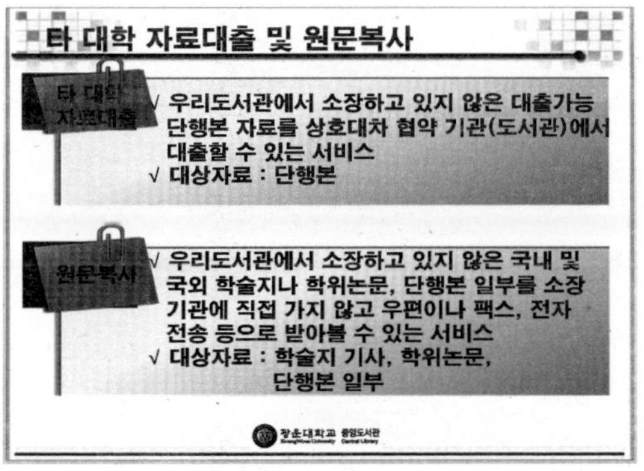

<그림 21> 도서관활용법. 1 설명 화면

3.5 〈5교시〉 도서관 활용법. 2 ; OPAC

- 도서관 홈페이지를 통한 정보검색

광운대학교도서관에 대한 이해의 두 번째 시간으로 도서관 홈페이지를 통해 자료를 검색하는 방법을 소개하였다. 특히, 실제 사례를 위주로 내용을 구성하였으며 책의 위치를 결정하는 주제 분류 및 청구기호 등에 대한 소개도 포함하였다.

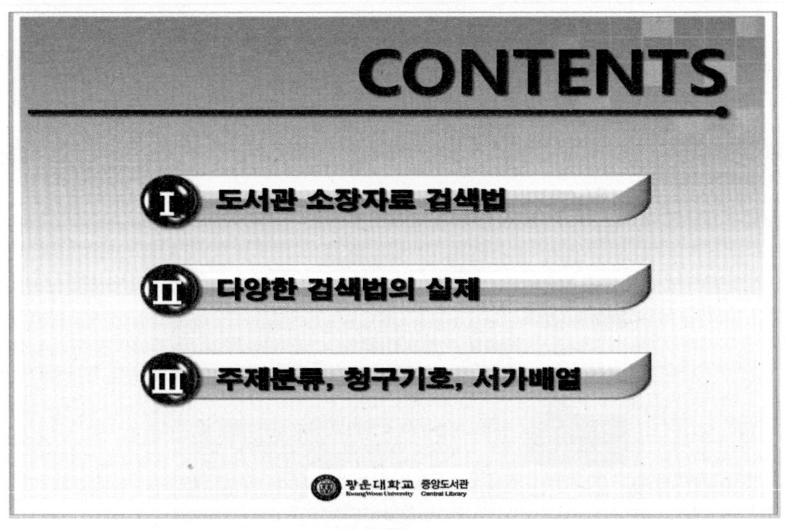

<그림 22> 도서관활용법. 2 설명 화면

<그림 23> 도서관활용법. 2 설명 화면

3.6 〈6교시〉 도서관 활용법. 3 ; Internet, Web DB

- 인터넷 및 Web DB 활용법 소개
- [과제. 2] 자신의 전공 관련 도서관 소장 자료, Web DB 조사 및 활용방법 소개
  * 4월 24일(일)까지 이메일로 제출

광운대학교도서관에 대한 이해의 세 번째 시간으로 전자저널, Web DB 이용방법과 Internet을 활용해 정보를 검색하는 내용으로 구성하였다.

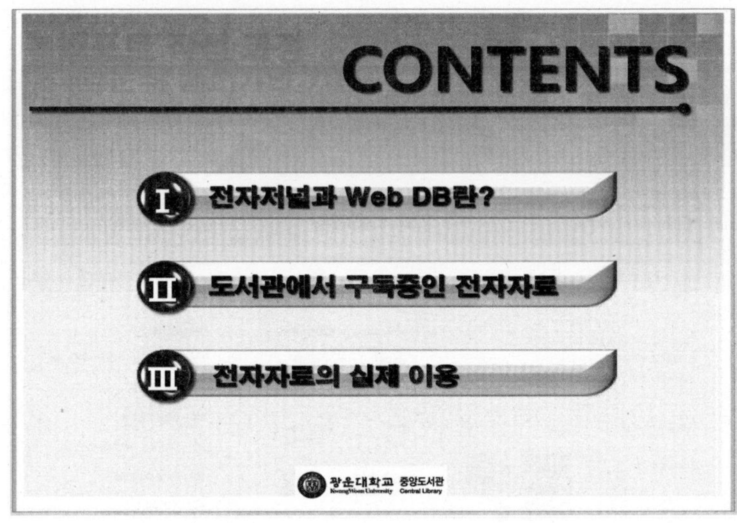

<그림 24> 도서관활용법. 3 설명 화면

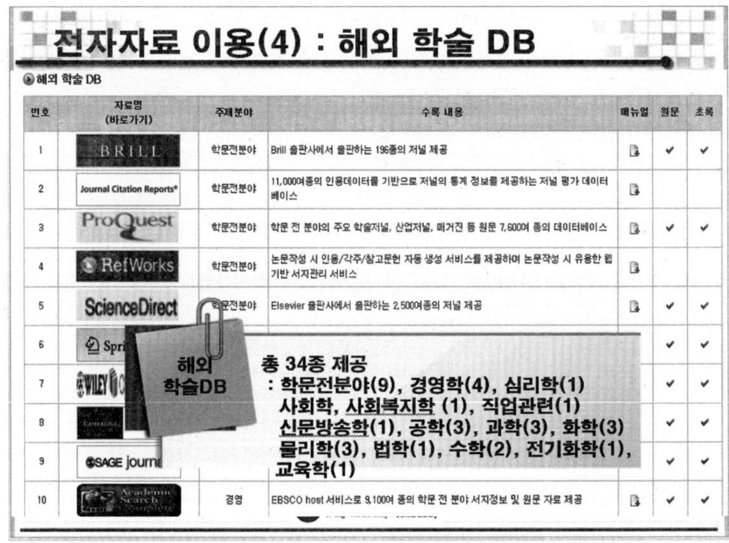

<그림 25> 도서관활용법. 3 설명 화면

3.7 〈7교시〉 중간고사

- 자신의 전공 관련 도서관 소장 자료, Web DB 활용방법 조사 및 제출
  * PPT 파일(10장 내외)

중간고사 대체 리포트로 제출한 학생들의 전공별 소장정보 및 활용방법을 발표하도록 하였다. 자신의 전공과 관련된 도서관 자료 및 Web DB, 그리고 Internet 검색 결과 그리고 찾는 방법을 소개함으로써 정보검색 방법과 도서관에서 소장하고 있는 다양한 정보에 대해 인지할 수 있도록 하였다.

<그림 26> 자신의 전공 관련 도서관자료 및 Web DB 이용방법 소개 화면

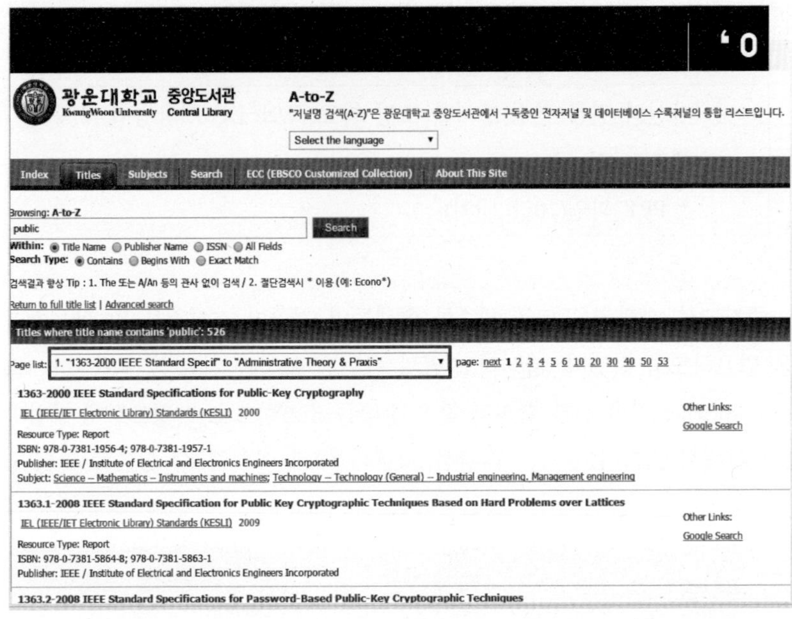

<그림 27> 자신의 전공 관련 도서관자료 및 Web DB 이용방법 소개 화면

3.8 〈8교시〉 주제별 정보검색 방법 이해

- 정보활용능력의 첫 단계인 정보의 필요성과 주제별 정보검색 방법에 대한 이해
- 학문적 글쓰기의 이해. 1

정보의 필요성을 인식하고 각각의 주제별 정보를 검색하기 위한 방법과 정보원을 설명하였다. 또한, 학문적 글쓰기에 대한 기본적인 이해와 진행과정, 글쓰기의 요건 등을 설명하였다.

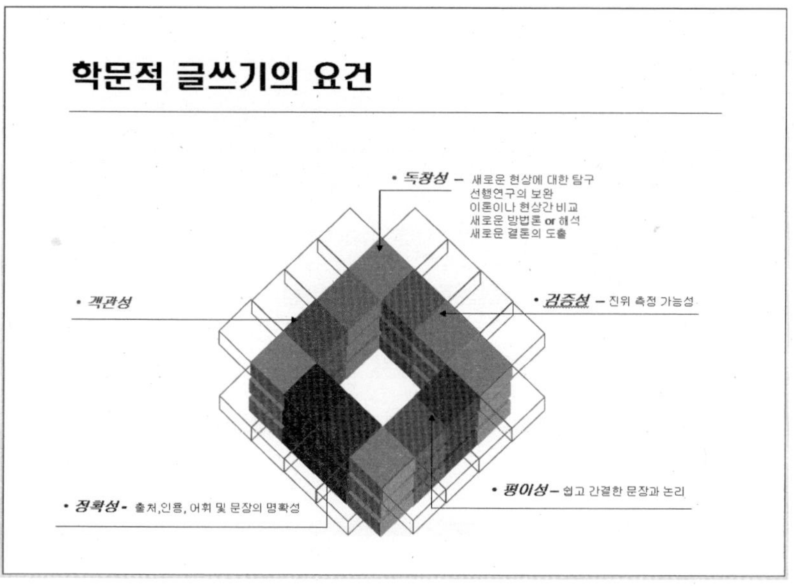

<그림 28> 학문적 글쓰기의 이해. 1 설명 화면

3.9 〈9교시 〉 연구주제 정하기 및 정보 탐색 전략

- 학문적 글쓰기의 이해. 2
- [과제. 3] 제시된 주제 중 관심 있는 주제를 선정해 기초자료를 조사하고 연구의 필요성 및 목적, 내용 및 방법 기술 후 발표

학문적 글쓰기에 대한 이해의 시간으로 검색한 정보를 활용해 학문적 글쓰기에 적용하는 방법에 대한 강의를 진행하였다.

각주와 참고문헌 등 인용한 정보의 출처를 명기하는 방법도 포함하였는데 이 과정은 본격적인 글쓰기 수업에 앞서 학문적 글쓰기의 기본을 숙지하기 위한 것이다.

<그림 29> 학문적 글쓰기의 이해. 2 설명 화면

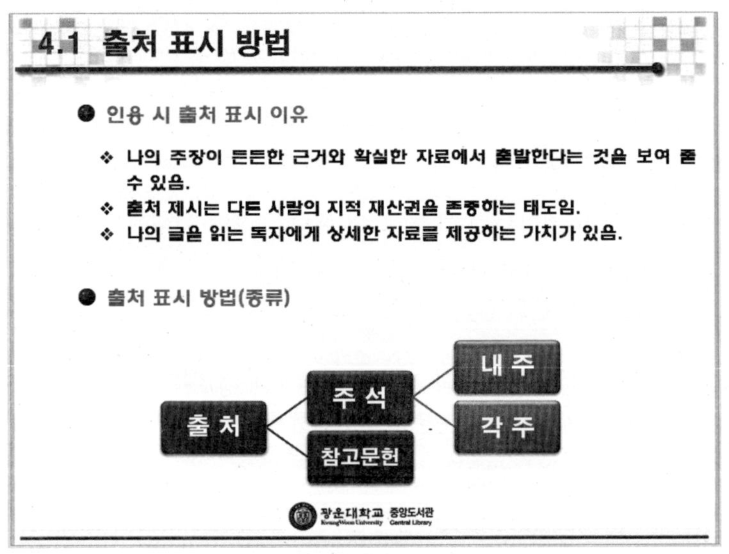

<그림 30> 학문적 글쓰기의 이해. 2 설명 화면

연구주제 정하기를 구체적으로 실습하기 위해 주제를 선택하도록 하였다. 제시된 주제는 본 수업의 목표가 대학도서관에 대한 이해를 높이기 위한 것인 만큼 도서관 관련 주제로 제한하고 이중에서 선택하도록 하였다.([부록 8] 참조)

<표 35> 학문적 글쓰기를 위한 주제

조	주 제
1	도서관 이용자 분석
2	장애인 서비스
3	공간의 변화 : Information Commons, Learning Commons, Maker Spaces
4	주제전문서비스 & 주제전문사서
5	정보활용교육(Information Literacy Education)
6	참고서비스(Reference Service)
7	대학도서관의 지역사회 개방
8	학교도서관 및 공공도서관과의 협력
9	대학도서관 마케팅
10	상호대차
11	(공동)보존서고
12	전자정보(Web DB, E-Journal etc) 문제
13	인터넷자원의 평가 방법 및 평가 요소
14	장서개발정책

3.10 〈10교시〉 소재 파악 및 접근

- [발표] 관심주제에 관한 기초 자료 조사, 연구의 필요성 및 목적, 내용 및 방법
- [과제. 4] 관심주제에 대한 목차 및 서론 쓰기

자신이 선정한 주제와 관련한 단행본, 인터넷자료, 전자자료 등을 소개하는 발표를 통해 필요한 정보의 수집 및 선별방법, 그리고 최적의 조사방법에 대한 정보를 나누도록 하였다. 또한 세부적인 연구 주제를 정하고 연구의 필요성 및 목적, 내용 및 방법을 발표하는 시간으로 구성하였다.

사전에 온라인 학습자료실에 각자의 발표 자료를 업로드 한 후 수강생간 자료를 공유하고 수업시간에 서로의 자료에 대한 평가와 의견을 교환하였다.

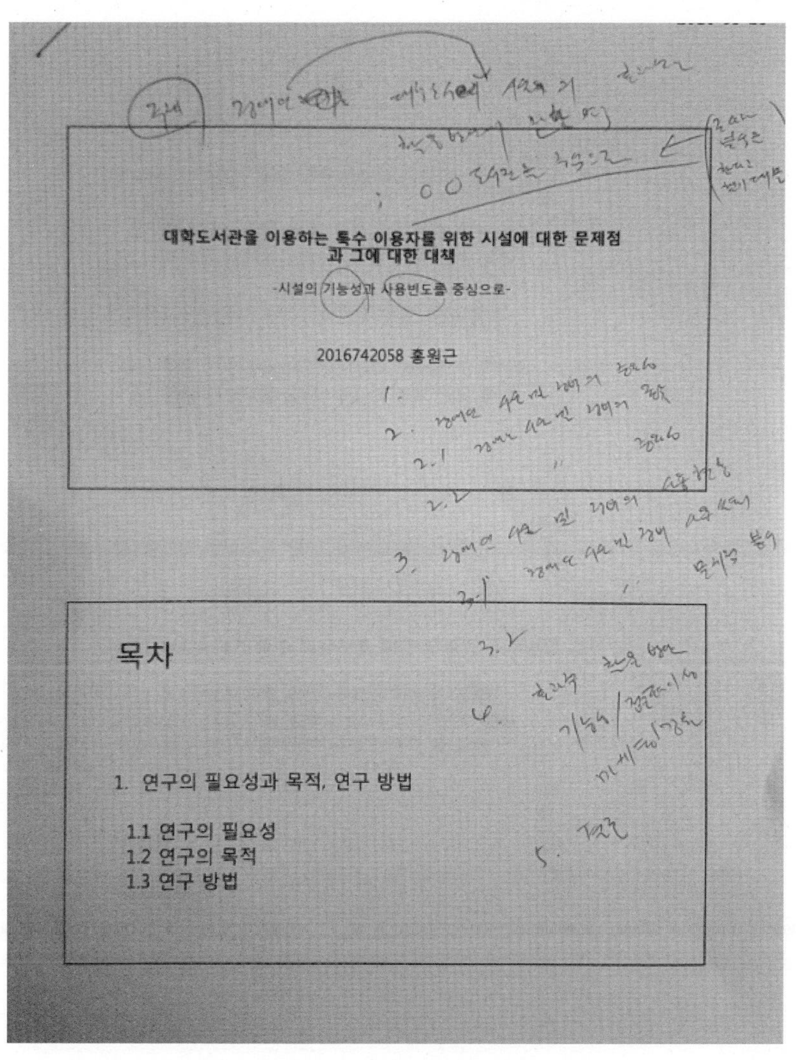

<그림 31> 수강생 제출 자료; 연구주제 정하기의 수정

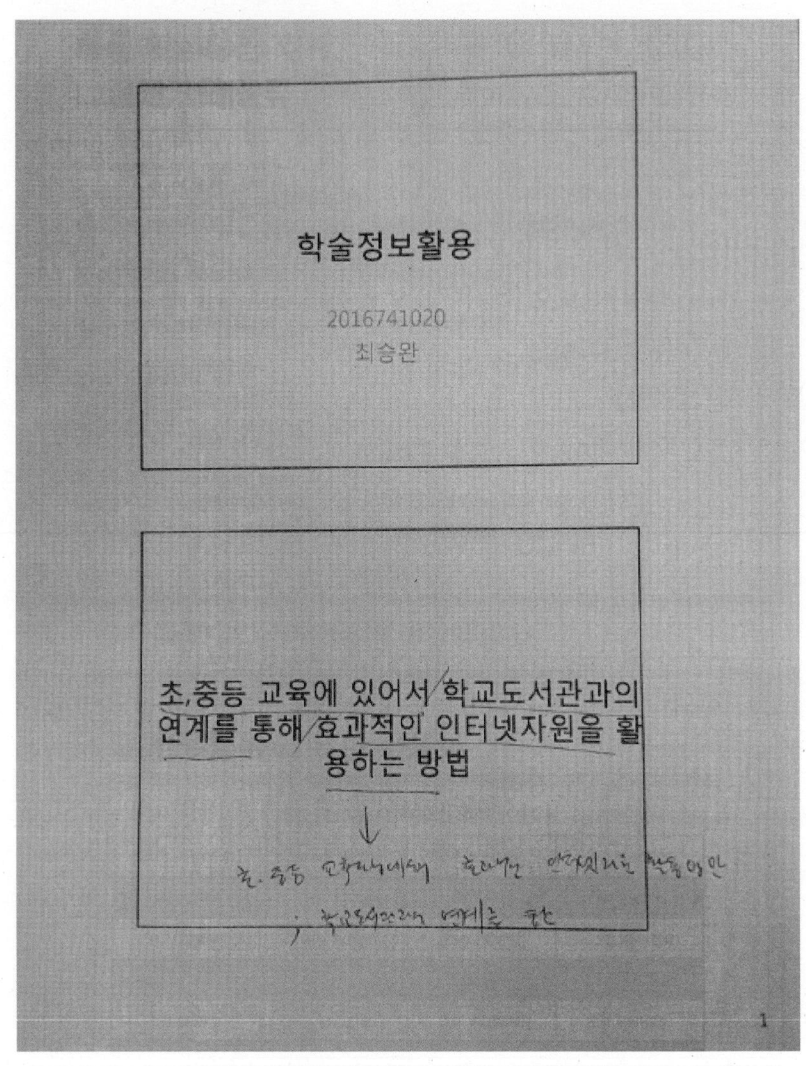

<그림 32> 수강생 제출 자료; 연구주제 정하기의 수정

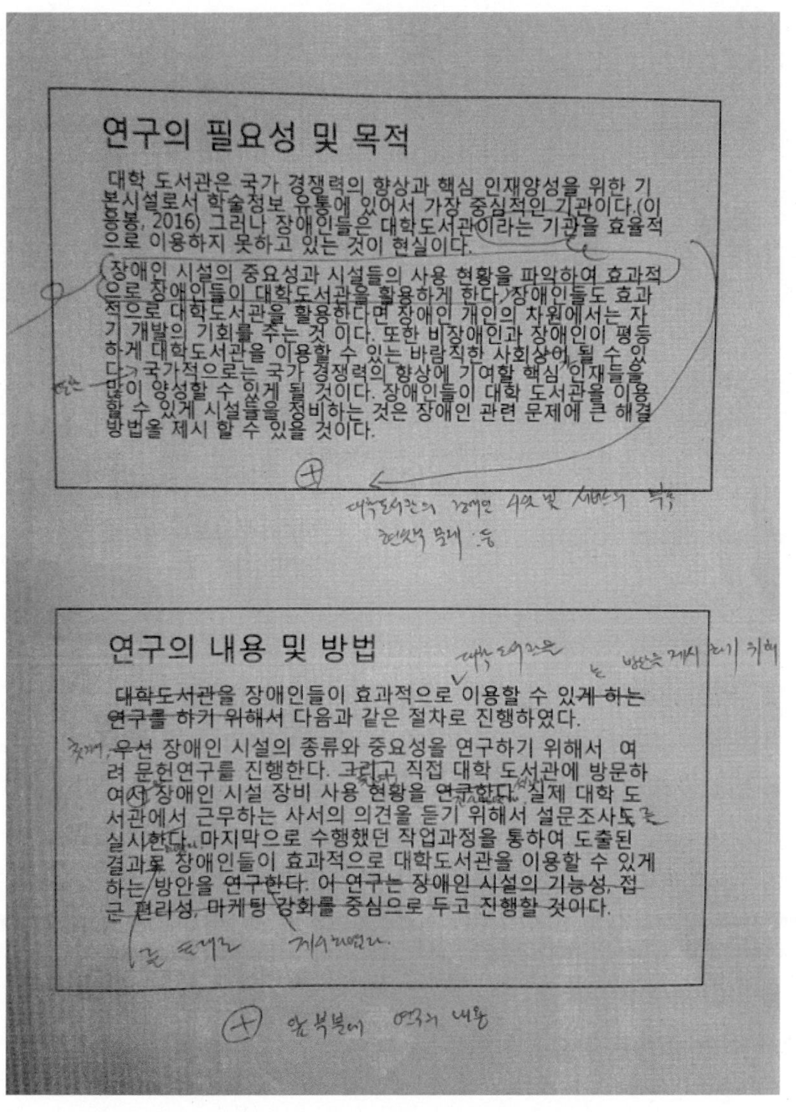

연구의 필요성 및 목적

대학 도서관은 국가 경쟁력의 향상과 핵심 인재양성을 위한 기본시설로서 학술정보 유통에 있어서 가장 중심적인 기관이다.(이용봉, 2016) 그러나 장애인들은 대학도서관이라는 기관을 효율적으로 이용하지 못하고 있는 것이 현실이다.

장애인 시설의 중요성과 시설들의 사용 현황을 파악하여 효과적으로 장애인들이 대학도서관을 활용하게 한다. 장애인들도 효과적으로 대학도서관을 활용한다면 장애인 개인의 차원에서는 자기 개발의 기회를 주는 것 이다. 또한 비장애인과 장애인이 평등하게 대학도서관을 이용할 수 있는 바람직한 사회상이 될 수 있다. 국가적으로는 국가 경쟁력의 향상에 기여할 핵심 인재들을 많이 양성할 수 있게 될 것이다. 장애인들이 대학 도서관을 이용할 수 있게 시설들을 정비하는 것은 장애인 관련 문제에 큰 해결방법을 제시 할 수 있을 것이다.

연구의 내용 및 방법

대학도서관을 장애인들이 효과적으로 이용할 수 있게 하는 연구를 하기 위해서 다음과 같은 절차로 진행하였다.

우선 장애인 시설의 종류와 중요성을 연구하기 위해서 여러 문헌연구를 진행한다. 그리고 직접 대학 도서관에 방문하여서 장애인 시설 장비 사용 현황을 연구한다. 실제 대학 도서관에서 근무하는 사서의 의견을 듣기 위해서 설문조사도 실시한다. 마지막으로 수행했던 작업과정을 통하여 도출된 결과로 장애인들이 효과적으로 대학도서관을 이용할 수 있게 하는 방안을 연구한다. 이 연구는 장애인 시설의 기능성, 접근 편리성, 마케팅 강화를 중심으로 두고 진행할 것이다.

<그림 33> 수강생 제출 자료; 연구의 필요성 및 목적, 내용 및 방법의 수정

3.11 〈11교시〉 정보의 효과적인 평가 및 분석

- 수집된 정보의 평가를 통한 적합정보의 선택
- 기존 지식과 새로운 지식간의 비교
- [발표] 관심주제에 관한 목차 및 서론 발표
- [과제. 5] 관심주제에 관한 참고문헌 쓰기

자신이 선정한 연구주제의 목차를 발표하도록 하고 목차의 구성 및 내용의 적절성에 대해 토론하였다. 검색을 통해 확보한 정보 중에서 연구주제에 맞는 정보를 평가하고 선정하는 방법을 강의하였다.

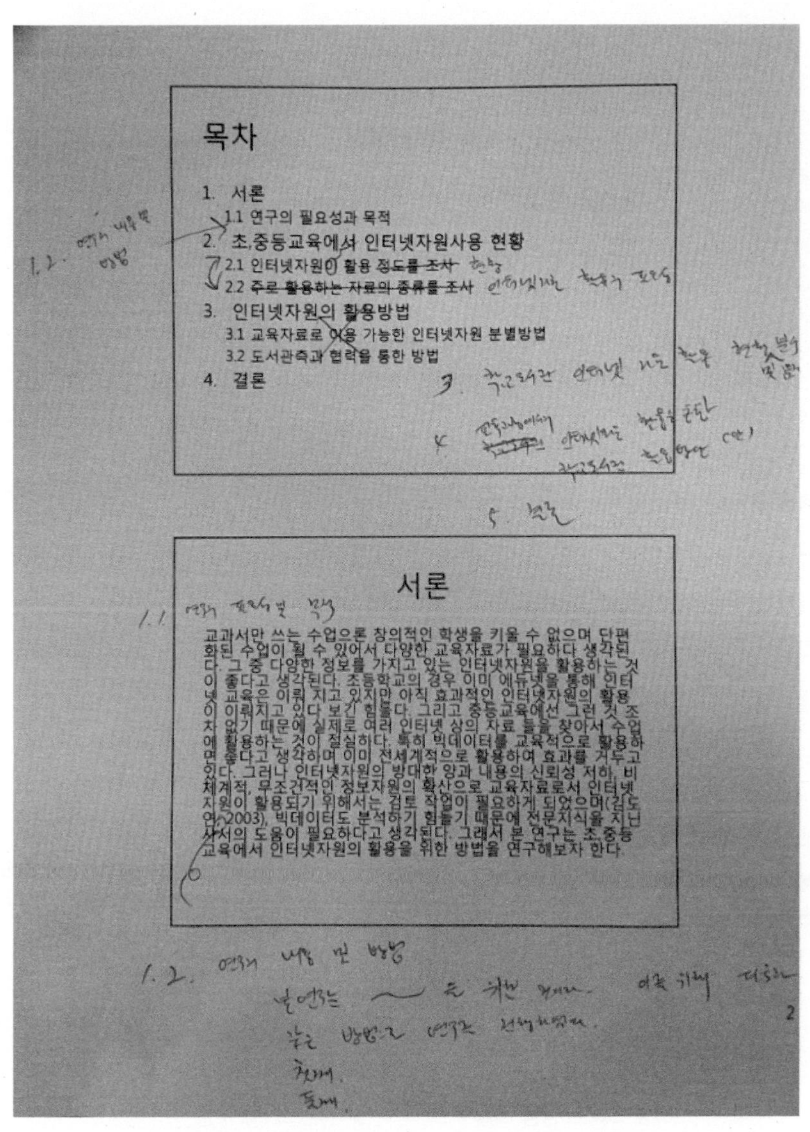

<그림 34> 수강생 제출 자료; 목차 및 서론쓰기의 수정

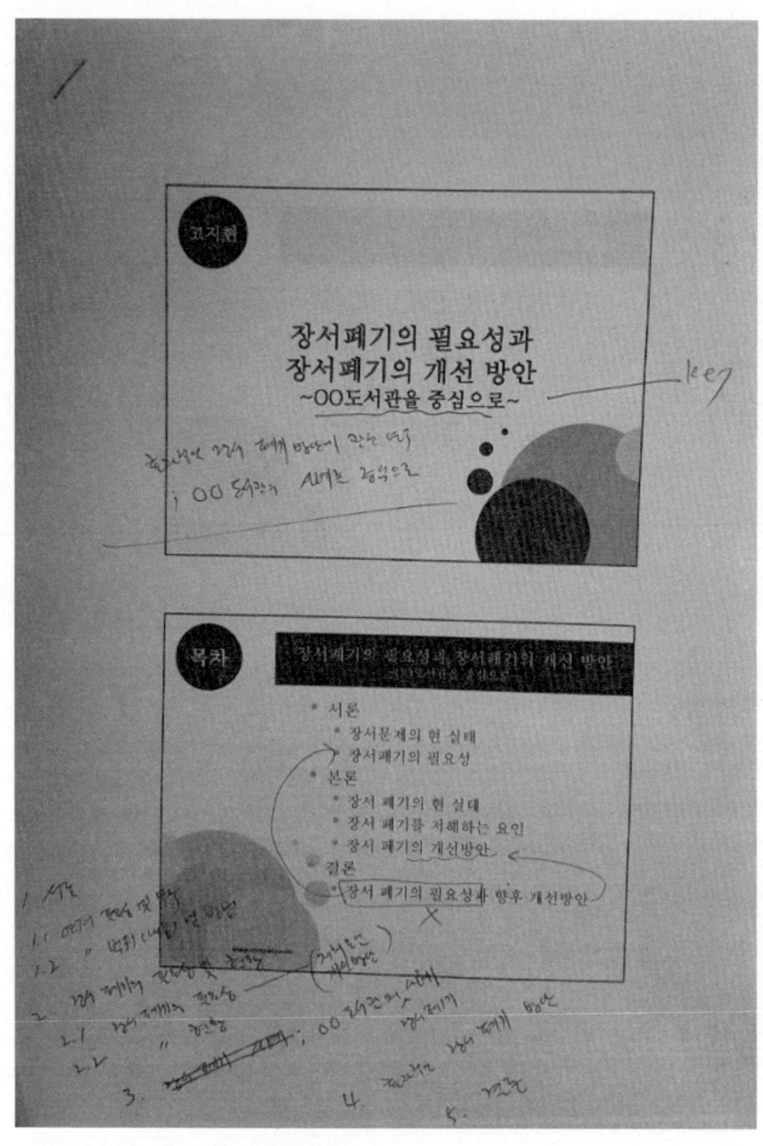

<그림 35> 수강생 제출 자료; 목차 및 서론쓰기의 수정

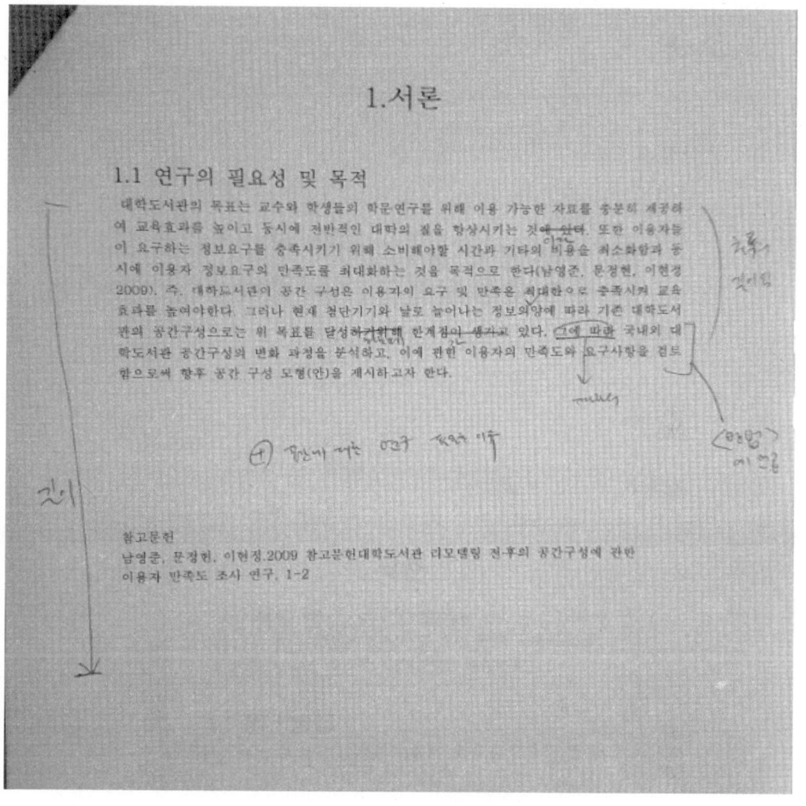

1.서론

1.1 연구의 필요성 및 목적

대학도서관의 목표는 교수와 학생들의 학문연구를 위해 이용 가능한 자료를 충분히 제공하여 교육효과를 높이고 동시에 전반적인 대학의 질을 향상시키는 것에 있다. 또한 이용자들이 요구하는 정보요구를 충족시키기 위해 소비해야할 시간과 기타의 비용을 최소화함과 동시에 이용자 정보요구의 만족도를 최대화하는 것을 목적으로 한다(남영준, 문정현, 이현정 2009). 즉, 대학도서관의 공간 구성은 이용자의 요구 및 만족을 최대한으로 충족시켜 교육효과를 높여야한다. 그러나 현재 첨단기기와 날로 늘어나는 정보의양에 따라 기존 대학도서관의 공간구성으로는 위 목표를 달성하기위해 한계점이 생기고 있다. 그에 따라 국내외 대학도서관 공간구성의 변화 과정을 분석하고, 이에 관한 이용자의 만족도와 요구사항을 검토함으로써 향후 공간 구성 모형(안)을 제시하고자 한다.

참고문헌

남영준, 문정현, 이현정.2009 참고문헌대학도서관 리모델링 전후의 공간구성에 관한 이용자 만족도 조사 연구, 1-2

<그림 36> 수강생 제출 자료; 목차 및 서론쓰기의 수정

12. 〈12교시〉 통합 정리

- 정보의 체계적인 조직 및 정리
- [발표] 관심주제에 관한 서론 및 참고문헌 조사
- [과제. 6] 2주 후까지 관심주제에 관한 예상 결론 및 종합 정리 (* 종합정리 : 연구 제목, 연구의 필요성 및 목적, 연구의 내용 및 방법, 서론, 예상결론 및 참고문헌)

자신이 선정한 연구주제에 대한 참고문헌을 조사하고 이중에서 적합한 정보를 선정해 일정한 형식에 맞게 각주와 참고문헌을 기술해 보도록 하였다.

이를 위해 한 학회에서 제시하고 있는 각주와 참고문헌 명기 방법을 학생들에게 제시해 주고 이 기준에 맞춰 작성해 보도록 하였다.([부록 9] 참조)

참고문헌

- 김은정. 2005.「인터넷 자원기반 탐구학습모형을 적용한 수업이 탐구능력과 자기 주도적 학습력에 미치는 효과」. 석사학위논문, 부산교육대학교 교육대학원 초등교육방법전공.
- 김진민. 2010.「인터넷 자원기반 문제중심학습이 초등학생의 과학과 학업성취도 및 과학에 대한 태도에 미치는 영향」. 석사학위논문, 부산교육대학교 교육대학원 초등과학교육전공.
- 김도연. 2003.「인터넷 자원을 활용한 고등학교 학교도서관 협력수업에 관한 연구」. 석사학위논문, 이화여자대학교 교육대학원 사서교육전공.
- 이창수. 2000. 정보통신기술 분야 인터넷자원의 분류체계에 관한 연구. 「한국도서관.정보학회지」, 31(4): 111-138.
- 최수영, 김병훈. 2007. 인터넷 교육방송을 활용한 도 · 농간 초등학생 영어 듣기 능력과 정의적 영역의 수준차 접근방안.「한국영어교과교육학회.영어교과교육」, 6(1): 109-141.

참고문헌

- 이인숙. 1996. 인터넷 해외 교육자료 가공을 위한 전략: "에듀넷 해외교육자료" 개발 사례.「교육정보미디어연구」, 1(2): 109-130.
- 권영옥. 2013. 빅데이터를 활용한 맞춤형 교육 서비스 활성화 방안 연구.「지능정보연구」. 2013년 6월 17-19일.
- Lavelle, S., E. Lesser, R. Shockley, M. S. Hopkins, and N. Kruschwits. 2011. "Big data, analytics and the path from insights to value." Sloan Management Review. 5(2):21~32.
- Dr. Abdul Wajid Khan. 2014. The Usage of internet for Education Promotion A Case Study of university Students International Journal of Engineering Sciences & Research Technology, 3(11): 533-541.

<그림 37> 수강생 제출 자료; 참고문헌의 수정

3.13 〈13교시 〉 정보윤리 및 저작권 특강

- 도서관 이용과 저작권 ; 정보의 법적인 문제에 대한 이해
- 저작권, 공정이용, 표절 등 정보의 윤리적, 사회경제적 문제의 이해

저작권 관련 전문가를 초청해 정보의 윤리적, 법적 사용은 물론 경제적, 사회적 문제에 대한 포괄적인 이해를 위한 특강을 실시하였다.

<그림 38> 저작권 관련 특강 화면

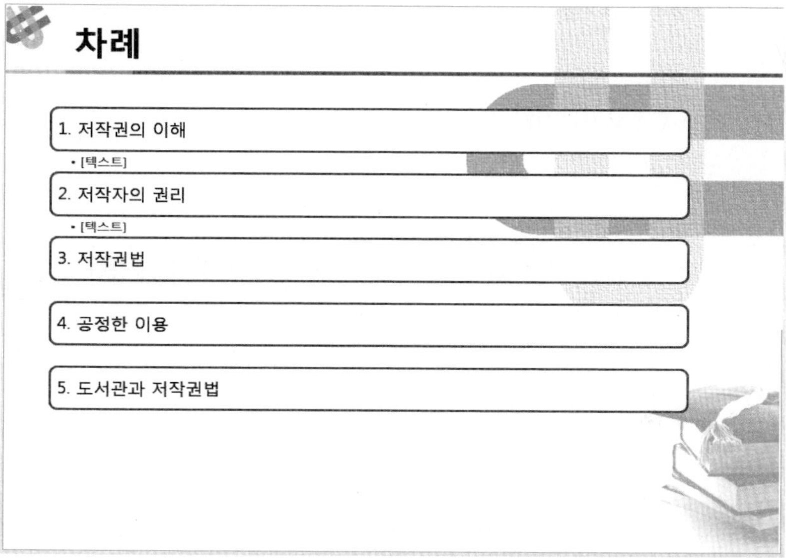

차례

1. 저작권의 이해
 • [텍스트]
2. 저작자의 권리
 • [텍스트]
3. 저작권법
4. 공정한 이용
5. 도서관과 저작권법

<그림 39> 저작권 관련 특강 화면

3.14 〈14교시〉 연구 커뮤니케이션

- 정보의 공유 및 전달
- [발표] 관심주제에 관한 예상 결론 및 종합 정리
  연구주제, 연구의 필요성 및 목적, 연구의 내용 및 방법, 서론 및 예상되는 결론, 참고문헌 등.

정보의 검색과 활용 그리고 학문적 글쓰기를 통해 학습한 형태대로 자신이 선정한 주제에 대한 연구 제목, 연구의 필요성 및 목적, 연구의 내용 및 방법, 서론 및 예상 결론, 그리고 참고문헌을 종합정리해 발표하고 의견을 교환하는 시간으로 구성하였다.

3.15 〈15교시〉 기말고사

- 수업 총평
- 1학기 동안 알게 된 도서관 및 정보 활용을 위한 다양한 방법의 공유
- 수업을 통해 느낀점 및 소감 발표
- 정보활용능력 테스트(사후 조사)

15주 동안 진행된 수업에 대한 의견을 나누고 각자 새롭게 알게 된 정보 검색과 이용에 대한 내용을 공유하였다. 사전조사와의 비교를 위해 사후 조사를 실시하였다.

4. 설문조사 결과

정보활용교육 수업 시작 전과 수업 후 설문조사 결과를 토대로 분석한 내용은 다음과 같다.

먼저, 사전 조사 내용 중 도서관을 이용하지 않는 이유에 대한 조사결과를 A그룹(신입생)과 B그룹(3~4학년)으로 구분해 살펴본 결과는 <표 36>과 같다.

<표 36> 도서관을 자주 이용하지 않는 이유

구분	이름	도서관을 자주 이용하지 않는 이유
A그룹 (1학년)	김*민	아직 새내기라서 도서관 이용을 해보지 못했습니다.
	최*완	고등학교 시절에 입시공부 하는데 시간을 쓰고 남는 시간에는 다른 놀거리를 찾거나 휴식을 취해서
	홍*근	아직 신입생이라 많이 가지 않았다.
B그룹 (3~4학년)	백*우	웬만한 정보는 인터넷에서 얻을 수 있다고 생각합니다.
	정*규	인터넷으로 손쉽게 정보를 검색할 수 있어 직접 찾아보지 않는 것 같습니다.
	고*현	도서관에 정보가 있다는 생각을 못해서 도서관에 가야겠다는 생각을 하지 못한다. 거의 필요한 책을 찾거나 공부하러 가는 정도
	원*성	인터넷(구글, 네이버 등)을 통한 검색으로 필요한 자료를 빠르게 찾을 수 있어서
	조*규	아직 궁금하거나 필요한 정보나 책이 없고, 독서도 잘 하지 않는 편이라서

A그룹(신입생)의 경우, 입학한지 얼마 되지 않은 시점에서의 조사이기 때문에 대학도서관에 대한 이해나 경험이 거의 없다는 것을 알 수 있다. 그러나 3~4학년의 경우 Google이나 Naver 등 상업적 검색엔진을 활용해 필요한 정보를 찾는다는 응답이 많았다.

따라서 신입생의 경우 입학 이후 가능한 빠른 시간 내에 대학도서관에 대한 이용교육을 제공할 필요가 있으며, 재학생의 경우에도 도서관에 소장하고 있는 학술정보에 대한 인식과 활용을 높일 수 있는 정보활용교육을 실시할 필요가 있다. 또한, 도서관 홈페이지 구성을 상업적 검색엔진과 같이 손쉽게 이용할 수 있도록 구성하고, 홍보를 통한 도서관 소장 정보 소개도 필요하다. 수업의 경우 도서관 소장 정보와 인터넷 정보간의 차이를 설명하고 학습과 연구를 위해 도서관 자료를 효과적으로 활용하는 방법 위주의 내용으로 구성할 필요가 있다.

본 연구의 가장 중요한 부분이라고 할 수 있는 정보활용교육 전·후의 비교조사 결과는 <그림 40>과 같다.

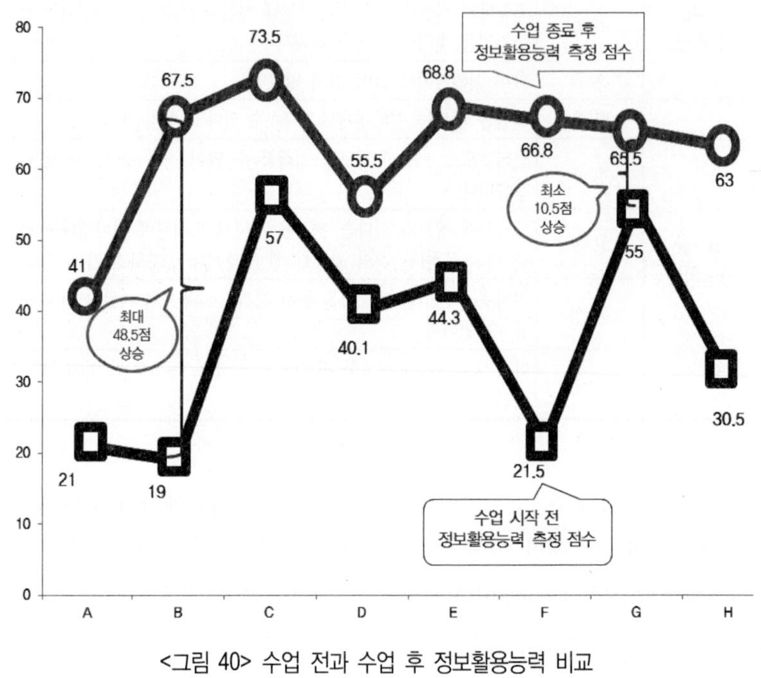

<그림 40> 수업 전과 수업 후 정보활용능력 비교

수업 이전과 이후 정보활용능력을 비교 측정한 결과 모든 학생들의 점수가 상승하였으며, 최소 10.5점에서 최대 48.5점의 점수가 상승한 것으로 나타났다.

이와 같은 결과를 통해 정보활용교육이 대학생들의 도서관 및 정보활용능력을 향상시킬 수 있으며, 도서관에 대한 활용도를 높이는 것은 물론 개개인의 학습 및 연구 능력에 도움이 된다는 것을 알 수 있다.

A그룹과 B그룹간의 사전조사와 사후조사 결과를 비교 조사한 결과 B그룹이 A그룹에 비해 사전조사와 사후조사에서 점수가 높게 나타났다.

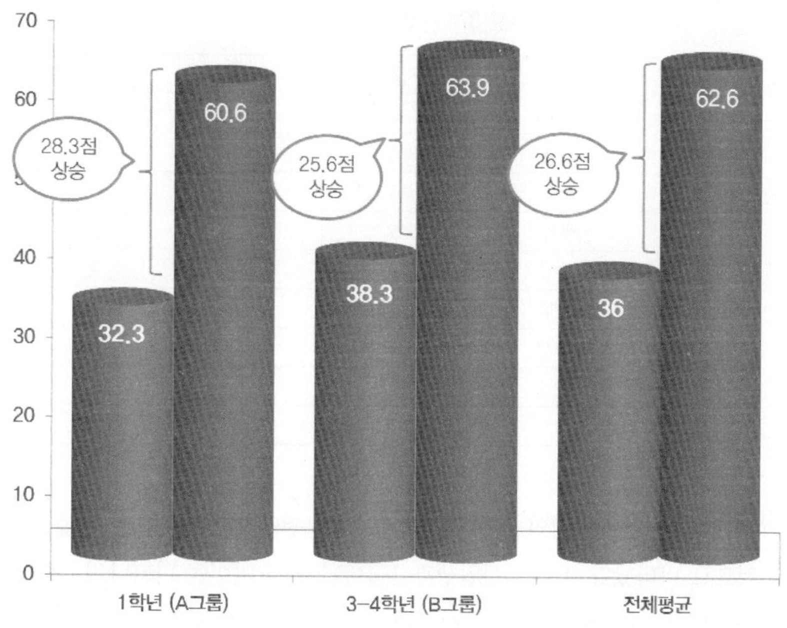

<그림 41> 정보활용교육 이전과 이후의 그룹별 효과

이와 같은 결과는 3~4학년 학생들이 신입생에 비해 도서관 및 학술정보에 대한 기본적인 이해가 상대적으로 높기 때문으로 분석된다.

A그룹(신입생)과 B그룹(3~4학년)의 사후조사 평균점수는 62.6점으로 사전조사 36점보다 약 26.6점 상승한 것으로 조사되었다.

수업에 대한 만족도 즉, '수업의 내용', '수업의 구성', 그리고 '수업진행방법'에 대한 조사는 7점 리커드 척도를 사용하여 매우 낮음의 1점부터 매우 높음의 7점까지 부여하도록 하였다. 조사 결과는 다음과 같다.

<표 37> 수업에 대한 만족도

구분	이름	수업내용	수업구성	수업전달 방법
1학년	김*민	6	6	7
	최*완	5	6	6
	홍*근	6	6	6
3~4학년	백*우	5	6	6
	정*규	6	4	4
	고*현	5	6	6
	원*성	7	5	6
	조*규	7	7	7
평 균		5.87	5.75	6.00

<표 36>과 같이 수업의 내용과 구성 그리고 전달방법에서 높은 만족을 보인 것으로 나타났다. 1학년 신입생과 3~4학년 간의 차이는 나타나지 않았다.

수강생들이 온라인 수업평가(광운대 종합정보서비스)에 입력한 '학술정보활용법' 수업에 대한 평가에서도 긍정적인 결과를 확인할 수 있다.([부록 10] 참조)

수업에 대한 느낌, 좋은 점, 문제점 및 개선사항에 대해 기술하도록 한 내용은 다음과 같다.

<표 38> 수업에 대한 느낌

이름	수업에 대한 의견(느낌, 좋은점, 문제점, 개선사항 등)
김*민	저의 수업태도는 매우 엉망이었지만 교수님께서 많이 참아주시고 기회를 주셔서 많은 감동을 받았고 수업 또한 귀에 잘 들어오게 설명해 주셔서 많은 도움이 되었습니다.
최*완	글 쓰고 자료 찾는 게 어렵다.
홍*근	좋았다.
백*우	대학원이나 회사를 들어가게 되면 제안서나 논문을 쓸 때 유용하겠다는 느낌이 전

	반적으로 들었습니다.
정*규	느낌 : 학생을 위주로 쉽게 진행해서 좋았습니다. 좋은점 : 1. 학술정보를 이용하는 방법을 알게 되었습니다. 2. 논문 등의 작성 요령을 알게 되었습니다. 3. 도서관이라는 곳을 다시 한번 생각하게 되었습니다. 문제점 : 1. 너무 방대한 양을 짧은 시간 동안 듣게 된 것 같습니다. 2. 교과서가 없어 참고자료 만으로 이해하기 힘든 부분이 있습니다. 개선사항 : 학술정보활용법이라는 과목은 인생에 꼭 필요한 과목인 것 같습니다. 학점과 시간을 늘려 좀더 깊숙하게 배우면 좋을 것 같습니다.
고*현	좀 더 일찍 들었으면 도움이 많이 되었을 것 같다.
원*성	글을 써보고 서로 비교해서 수정하는 점은 좋았던 것 같지만 도서관 활용과 사례부분을 더 했으면 좋았을 것 같습니다.
조*규	단지 시험기간에 공부하는 것이 아닌 E-Book, E-Learning 시스템을 알게 되어 정말 필요로 하는 수업들과 자료 찾는 법을 배워 좋았고, 너무 늦은 학년에 알게 되어 아쉽다.

수강생들의 수업에 대한 의견을 살펴본 결과 정보활용교육이 대학 생활을 위해 필요한 과목이라고 인식하고 있으며 보다 일찍 알게 되었다면 대학 생활에 도움이 되었을 것이라는 의견이 대다수였다. 따라서 향후 신입생을 포함해 저학년을 대상으로 수업을 운영하는 것이 바람직하다고 판단된다.

정보활용교육을 수강한 이후 도서관에 대한 관심도 높아졌다는 답변과, 도서관 및 도서관 정보 활용에 대한 내용이 강의에 더 많이 포함되어 졌으면 좋겠다는 응답도 있었다. 이와 같은 결과는 정보활용교육이 도서관에 대한 학생들의 관심에 긍정적인 영향을 준다는 것을 보여준다.

수업을 진행할 때 도서관 전문사서와 협력해 진행하는 것은 해당 도서관의 다양한 서비스 및 소장 정보에 대한 이해를 높일 수 있으며 수업의 효과를 배가시킬 수 있다. 이는 수강생들에게 도서관뿐만 아니라 전문사서에 대한 인식의 변화를 가져올 수 있었다는 점에서 바람직하다.

대학도서관에 대해 가장 잘 아는 전문사서가 정보 및 서비스 소개를 진행하는 것은 사서와 학생 간 신뢰와 친근감을 높일 수 있으며 도서관의 입장에서 서비스의 영역을 확장시킬 수 있는 방안이 된다. 따라서 전문사서가 정보활용교육의 협력자 및 동반자로서의 역할을 수행하거나 주체적 역할을 담당할 필요가 있다.

정보활용교육의 효과 및 활성화를 위한 제언

Ⅵ. 정보활용교육의 효과 및 활성화를 위한 제언

대학의 목적이 교육이고 캠퍼스 내에서 다양한 연구와 학습이 이루어진다는 점을 감안할 때 자기주도적인 학습과 연구를 위한 정보활용능력은 대학생을 위한 가장 기본적인 소양이라고 할 수 있다.

학생들의 정보활용능력 향상은 대학 교육을 위해서도 필요하며 평생학습의 바탕이 된다는 점에서도 중요하다. 그러나 1~2시간 안에 정보의 검색 방법만을 전달하는 이용자교육만으로 학생들의 관심을 끌기는 역부족이다. 더구나 스마트폰을 포함한 전자기기의 발달로 정보의 질보다는 신속성과 편리성을 추구하는 경향으로 인해 정보활용교육에 대한 동기부여가 더욱 더 어려워지고 있다.

따라서, 대학의 정규교과목으로 정보활용교육을 편성하고 적극적인 홍보를 통해 학생 및 교수를 포함한 모든 교내 구성원들에게 교육의 필요성을 인식시키는 것이 중요하다. 또한, 이용자들의 요구와 필요를 감안한 내용 및 전달방법의 변화 또한 필요하다고 판단된다.

이와 같은 관점에서 정보활용교육 교안 제시와 교과과정에의 참여를 통한 성과 측정은 정보활용교육을 체계적이고 효과적으로 제공하기 위한 기초자료가 될 수 있다.

정보활용교육의 효과를 살펴보면 다음과 같다.

첫째, 정보활용교육이 수강생들의 정보활용능력을 크게 향상시킨 것으로 조사되었다. 정보활용교육 이후 실시한 정보활용능력 조사 결과 62.6점으로 나타나 정보활용교육 이전의 36점 보다 약 26.6점 상승한 것으로 나타났다.

둘째, 수강생들은 정보활용교육 수업의 내용과 구성, 그리고 수업의 전달 방법 등에 만족하는 것으로 나타났다.

7점 리커드척도로 조사된 만족도 조사결과 수업내용 5.87점, 수업 구성 5.75점, 그리고 수업 전달방법 6.00점으로 조사되었다. 이는 정보의 필요성에 대한 인식과 탐색, 활용, 전달 등으로 구성된 정보활용교육의 내용과 찾은 정보를 활용한 '학문적 글쓰기'의 연계 수업에 만족하고 있다는 것을 보여준다. 따라서 이용자들의 요구를 파악해 정보활용교육과 요구를 반영한 내용의 결합을 시도하는 것이 바람직하다.

셋째, 학생들이 도서관을 이용하지 않는 가장 큰 이유는 인터넷을 통해 필요한 정보를 찾을 수 있다고 생각하기 때문인 것으로 나타났다. 조사 결과 Naver, Google 등을 통해 필요한 자료를 찾을 수 있다고 생각하기 때문에 도서관을 방문할 필요가 없다는 응답이 많았다.

따라서 인터넷 정보와의 비교를 통한 학술정보에 대한 이해 및 활용 교육이 반드시 필요하다.

넷째, 정보활용교육은 신입생을 포함한 대학 저학년 때 제공하는 것이 바람직하다. 학생들의 수업에 대한 소감을 조사한 결과, 대학생활을 위해 반드시 필요한 수업이며 저학년 때 해당 과목을 이수했다면 많은 도움이 되었을 것이라는 의견이 많았다. 따라서 가능한 신입생이 수강할 수 있도록 대학의 교양 필수과목으로 지정할 필요가 있다.

조사결과를 토대로 정보활용교육 활성화를 위해 제언하면 다음과 같다.

첫째, 정보활용교육은 가능한 3학점으로 운영하는 것이 교육의 양과 효과를 고려할 때 바람직하다. 여의치 않을 경우 최소 2학점 이상은 확보할 필요가 있다.

'학술정보활용법' 수업 진행의 가장 큰 어려움은 많은 내용을 적은 시간 내에 전달해야 한다는 점이다.

이는 다양하고 풍부한 내용을 통해 수업의 흥미를 느끼도록 하는데 있어 장애요인으로 작용하며 충분한 수강자를 확보하는데 있어서도 문제점으로 지적되었다.

둘째, 정보활용교육 과목에 대한 홍보를 강화할 필요가 있다.

정보활용교육이 학습과 연구를 위해 반드시 필요한 기초 교육임에도 많은 학생들이 정확한 수업의 내용과 효과에 대해 인지하지 못하고 있다. 따라서 다양한 마케팅수단을 활용하는 것은 물론 학과를 포함한 대학 차원의 적극적인 안내를 통해 학생들이 반드시 수강할 수 있도록 독려할 필요가 있으며 궁극적으로는 1학년을 대상으로 한 교양필수과목으로 지정할 필요가 있다.

셋째, 정보활용교육의 수업 진행은 도서관 전문사서가 담당하는 것이 효과적이다.

정보활용교육의 시작은 해당 대학도서관의 효과적인 활용이며 이는 대학도서관의 전문사서에 의해 이루어질 때 가장 효율적이다. 도서관의 전문사서는 정보활용교육에 대한 경험이 풍부하기 때문에 별도의 노력 없이도 교육을 제공할 수 있다. 외부 강사의 경우 해당 대학도서관에 대한 이해가 높지 않기 때문에 필수적으로 도서관 전문사서의 도움을 받거나 협업을 필요로 할 수 밖에 없다. 따라서 도서관 전문사서가 정보활용교육을 진행하는 것이 바람직하다.

참고문헌

강인애. 왜 구성주의인가? ; 정보화 시대와 학습자 중심의 교육환경. 서울 : 문음사, 1997.

고영만. "대학생을 위한 정보문해 교수-학습 모형 개발 연구." 정보관리학회지, 제21권, 제4호(2004), pp.67~87.

______, 오삼균. "문제 극복 모형의 적합성과 정보화교육에 관한 연구." 한국정보관리학회지, 제17권, 제4호.(2000). pp.7~26.

______. 정보문해론. 서울 : 한국도서관협회, 2005.

김성원. "정보활용능력 교수효과 평가 및 교과설계에 대한 연구" 정보관리연구, 제41권 4호(2010), 23~40.

______, 이명희. "대학생을 위한 정보활용능력 교육의 효과에 관한 실증연구." 한국도서관·정보학회지, 제38권 제3호(2007). pp.91~115.

김성은, 이명희. "대학생의 정보활용능력 교수학습모형 개발에 관한 기초연구." 한국비블리아학회지, 제17권, 제2호(2006). pp.177~200.

김지은. "Kuhlthau의 IP모델에 기반한 대학의 정보활용능력 교육과정 모델 개발 연구." 한국비블리아학회지, 제22권, 제2호(2011), pp.101~122.

김태경 외. 대학도서관의 지역사회 서비스 실태조사 및 협력방안 연구. 서울 : 도서관연구소, 2013.

남영준 외. 디지털정보 활용교육 프로그램 개발 및 운영방안에 대한 연구. 서울: 국립중앙도서관, 2010.

박수희, 최성우. "대학생을 위한 웹기반 정보활용교육 프로그램 개발 및 효과분석." 한국문헌정보학회지, 제40권, 제2호(2006). pp.357~387.

배경재 외. 정보활용교육 운영실태 및 개선방안 연구. 서울: 국립중앙도서관, 2012.

서강대학교 교수학습센터 주요 사업 안내. <http://sgctl.sogang.ac.kr/ctl/ev/menu_view_form.acl?LRG_CD=A&ORD=3&MENU_CD=AA05>, [2018. 4. 10].

손동현. "교양교육의 새로운 위상과 그 강화 방책." 교양교육연구, 제3권, 제2호(2009), pp.5~22.

유재옥. “대학도서관 이용자교육이 이용자의 학술정보이용능력 향상에 미치는 영향.” 한국비블리아학회지, 제15권, 제1호(2004). pp.243~260.

이경민. “디지털 환경에서 사서의 정체성에 관한 연구.” 한국비블리아학회지, 제19권, 제1호(2008), pp.158~174.

이시영. “대학도서관 사서의 위기와 대처.” 한국도서관·정보학회지, 제41권, 제3호(2010), pp.47~67.

이은빛. 대학도서관 정보활용교육의 활용방안 연구. 석사학위논문, 숙명여자대학교 대학원 문헌정보학과, 2013.

이정연, 최은주. “정보활용능력 교육의 효율성에 관한 실험적 연구.” 한국문헌정보학회지, 제40권, 제1호(2006), pp.315~334.

이제환. “한국 도서관계의 이용자교육.” 한국도서관·정보학회지, 제42권, 제1호(2011), pp.3~27.

이지영. 대학도서관 정보활용교육 프로그램의 개선 방안에 관한 연구. 석사학위논문, 이화여자대학교 대학원 문헌정보학과, 2015.

장덕현. “대학도서관 이용교육 연구의 동향과 논점.” 한국도서관·정보확회지, 제33권, 제1호(2002), pp.55~74.

정민화. “대학도서관의 정보활용교육(Information Literacy Instruction) 실시 사례.” 사대도협회지, 제12집(2011), pp.21~39.

정영미. “정보활용 교육이 도서관과 정보활용능력 자가인식에 미치는 영향.” 한국문헌정보학회지, 제43권, 제4호(2009). pp.265~280.

정은숙. 대학에서의 정보문해 교육이 정보문제 해결과정에 미치는 영향에 관한 연구. 석사학위논문, 성균관대학교 대학원 문헌정보학과, 2002.

정재영. “대학도서관의 웹기반 정보활용교육 모델 개발에 관한 연구.” 한국도서관·정보학회지, 제39권, 제1호(2008), pp.195~217.

______. “대학도서관 정보활용교육의 전략적 분석: 현재적 진단과 미래적 방향을 중심으로.” 사대도협회지 제16집(2015), pp.53~79.

차종상. “대학도서관 이용자교육이 이용자 정보활용능력에 미치는 영향에 관한 연구.” 한국정보관리학회 학술대회논문집, vol.8(2001), pp.245~248.

최은주, 박남진. “대학생의 정보활용능력에 미치는 영향요인에 관한 연구; 정규 교과목 정보이용교육 수강생을 중심으로.” 정보관리학회지, 제22권, 제4호(2005). pp.154~172.

한국도서관협회. 문헌정보학용어사전. 서울: 한국도서관협회, 2010.

한만성. “교양교육으로서 정보활용능력 교육 위상 강화 방안.” 한국문헌정보학회지, 제48권, 제4호(2014), pp.51~70.

______. "대학생을 위한 정보 활용능력과 글쓰기 교육의 연계·협력에 관한 연구." 한국비블리아학회지, 제22권, 제1호(2011), pp.117~133.

ALA. *Information Literacy Competency Standards for Higher Education*, 2000. <http://www.ala.org/Template.cfm?Section=Home&template=/ContentManagement/ContentDisplay.cfm&ContentID=33553>, [cited 2018. 4. 10].

ALA. *Presidential Committee of Information Literacy: Final Report*(Washington, D. C.: ALA. 1989).

ACRL. *Futures Thinking for Academic Librarians: Higher Education in 2025*. <http://www.ala.org/acrl/sites/ala.org.acrl/files/content/issues/value/futures2025.pdf>, [cited 2018. 4. 10].

ACRL. *Information Literacy Competency Standards for Higher Education*. <https://alair.ala.org/bitstream/handle/11213/7668/ACRL%20Information%20Literacy%20Competency%20Standards%20for%20Higher%20Education.pdf?sequence=1&isAllowed=y>, [cited 2018. 4. 10].

ACRL. Tips for Developing Effective Web‑based Library Instruction, Instructional Technologies Committee.
<http://www.google.co.kr/url?sa=t&rct=j&q=&esrc=s&source=web&cd=2&ved=0CCoQFjAB&url=http%3A%2F%2Fconnect.ala.org%2Fnode%2F223728&ei=1WsXVY‑pLs_28QWbvYFg&usg=AFQjCNG9alUHURYKtrTW1HzD_B_2_qSumw&bvm=bv.89381419,d.dGY&cad=rjt>, [cited 2018. 4. 10].

Asher, Andrew D., Lynda M. Duke. "Information Literacy and First Year Students : Evaluating Knowledge, Needs, and Instruction."
<http://www.erialproject.org/wp-content/uploads/2010/03/FYE_Paper_Final.pdf>, [cited 2018. 4. 10].

Bishop Library. Assessment Report(2013).
<http://www.lvc.edu/library/documents/assessment/Eng%20112_IL%202013_%20Assessment%20Report.pdf>, [cited 2016. 09. 11].

Bowles‑Terry, Melissa, Erin Davis, Wendy Holliday. "'Writing information Literacy' Revisied: From theory to Practice in the classroom." *Reference & User Services Quarterly*, Vol.49, No.3(2010), pp.225~230.
<http://repository.uwyo.edu/cgi/viewcontent.cgi?article=1009&context=li

braries_facpub>, [cited 2018. 4. 10].

Bruce, C. S. *The Seven Faces of Information Literacy*. Adelaide : Aslib press. 1997

Bundy, A. *For a Clever Country; Information literacy diffusion in the 21st Century*. Australian Library and Information Association, 2001.

Byung－Chul, Han. "Transparenzgesellschaft." 2012. 김태환 역. 투명사회. 서울: 문학과 지성사, 2014.

Candy, philip C. Lifelong Learning and Information Literacy, UNESCO. 2002. <http://citeseerx.ist.psu.edu/viewdoc/download?doi=10.1.1.119.5676&rep=rep1&type=pdf>, [cited 2018. 4. 10].

Catts, Ralph & Jesus Lau. *Towards Information Literacy Indicators*. Paris: UNESCO. 2008. <http://unesdoc.unesco.org/images/0015/001587/158723e.pdf>,[cited 2018. 4. 10].

Delta State University LIB 101: Information Literacy. <http://www.deltastate.edu/academics/libraries/lib－101－example－syllabus/>, [cited 2015. 4.].

Dixie State University － LIB1010: Library Literacy. <http://library.dixie.edu/courses/syllabusFA13.html>, [cited 2015. 4. 1].

Eastern Oregon University－LIB 127 : Information Literacy. <http://library.eou.edu/courses/Lib127_Syllabus_20130117.pdf>, [cited 2015. 4. 5].

Eisenberg, M. B. and R. E. Berkowitz. *Information Problem－Solving: The Big Six Skills Approach to Library and Information Skills Instruction*. Norwood, NJ: Ablex. 1990.

Elrod, Rachael E., Elise D. Wallace, Cecelia B. Sirigos. "Teaching Information Literacy: a reivew of 100 syllabi." *The Southeastern Librarian*, Vol.60, No.3(2012), pp.7~15.

IFLA. Guideline on Information Literacy for Lifelong Learning. <https://www.ifla.org/files/assets/information-literacy/publications/ifla-guidelines-en.pdf>, [cited 2018. 4. 10].

Jacobs, Heidi L. M, Dale Jacobs. "Transforming the One－Shot Library Session into Pedagogical Collaboration: Information Literacy and the English

Composition Class." *Reference & User Services Quarterly*, Vol.49, No.1(2009), pp.72~82

Holman, Lucy. "A Comparison of Computer - Assisted Instruction and Classroom Bibliographic Instruction." *Reference & User Services Quarterly*, Vol.40(2000). pp.53~65.

Kaunas University of Technology - Information Literacy Course <http://internet.unib.ktu.lt/chemija/goals.htm>, [cited 2015. 4. 3].

Lake land College - LIB: Introduction to Information Literacy. <http://www.lakelandcollege.edu/as/ls/webclass/syllabus.html>, [cited 2015, 4, 6].

McClure, C. R. "Network Literacy : A Role for Libraries?" *Information Technology and Libraries*, Vol.13, No.2(1994), pp.237~263.

Mercade, Heidi. "Library Instruction and Online Database Searching." *Reference Service Review*, Vol.27, No.3(1999), pp.259~265.

Meulemans, Y. N. and J. Brown, "Educating Instruction Librarians." *Research Strategies*, Vol.18, No.4(2001), pp.253~264.

Mueller, Jon. Assessments of Information Literacy. <http://jfmueller.faculty.noctrl.edu/infolitassessments.htm> [cited 2016. 9. 3].

Oblinger, Diana. "Boomers, Gen - Xers, and Millennials: Understanding the New Students." *EDUDAUSE Review*, July/August(2003), pp.37~47. <https://er.educause.edu/~/media/files/article-downloads/erm0342.pdf>, [cited 2018. 4. 10].

Olsen, Matthew. "Student Learning in Library Research Instruction for University Seminar and Critical Writing, Reading, and Research I & II ; Assessment Report for Academic Year 2015~2016." <https://www.millikin.edu/sites/default/files/documents/libraryinstructionreport - ay2015 - 2016.pdf>. [cited 2016. 09. 07].

SCONUL(Socitey of College, National and University Libraries). *Briefing Paper: Information Skills in Higher Education*, SCONUL, 1999. <ttp://www.sconul.ac.uk/sites/default/files/documents/Seven_pillars2.pdf>, [cited 2018. 4. 10].

Shapiro, Jeremy J., Shelley K. Hughes. "Information Literacy as a Liberal Art." *Educom Review*, Vol.31, No.2(1996).

<https://net.educause.edu/apps/er/review/reviewarticles/31231.html>, [cited 2015. 3. 28].

Southeastern Louisiana University – LS102; Introduction to Information Resrarch. <http://www2.southeastern.edu/Academics/Faculty/kmunson/syllabus.pdf, [cited 2015. 3. 31].

Staley, Shannon M., Niclole A. Branch, Tom L. Hewitt. “Standardised library instruction assessment: an institution–specific approach.” *Information Research* Vol.15, No.3(2010). <http://www.informationr.net/ir/15-3/paper436.html>, [cited 2018. 4. 10].

The University of North Carolina, Library Games: Information Literacy Through Play. <http://library.uncg.edu/game/>, [cited 2015. 4. 16].

Zurkowski, Paul. *The Information Service Environment Relationship and Priorities*. Washington D. C.: NCLIS. 1974.

<https://[illegible]/articles/121.html>, [cited 2015. 3. 28]
Southeastern Louisiana University. LS102 Introduction to Information Research. <http://www2.southeastern.edu/Academics/Faculty/[illegible]syllabus.pdf> [cited 2015. 5. 31]
Staley, Shannon M., Nichole A. Branch, Tom L. Hewitt. "Standardised library instruction assessment: an institution-specific approach," *Information Research*, Vol.15, No.3(2010). <http://www.informationr.net/ir/15-3/paper436.html>, [cited 2015. 4. 20]
The University of North Carolina. Library Games: Information Literacy through Play. <http://library.unc.edu/games/>, [cited 2015. 4. 16]
Zurkowski, Paul. *The Information Service Environment: Relationships and Priorities*. Washington D.C.: NCLIS, 1974.

부록

부록

【부록 1】

평생교육을 위한 정보활용능력 가이드라인[1)]

(IFLA : Guidelines on Information Literacy for Lifelong Learning)

제1장. 정보활용능력의 개념 (Information Literacy Concepts)

정보활용능력 프로그램을 위한 정확한 방향을 설정하기 위해서는 정보활용능력과 관련된 다양한 개념을 이해하는 것이 중요하다. 이 장은 정보활용능력의 주요 개념과 관련된 용어들에 대한 개략적인 정의가 포함되어 있다.

정보란 무엇인가?(What is Information)

정보는 그것을 저장하거나 전달하기 위한 형태나 매체뿐만 아니라 학문에 따라서도 다양하게 정의 된다.

Case(2002)는 정보에 대한 광범위한 정의를 제공하였는데 정보의 동의어는 다음과 같다.

△ 요약된 지식
△ 인간 경험의 집합체
△ 많은 데이터를 제공할 수 있는 근원
△ 다른 형태, 구성, 전달 매체, 다양한 전달 방법을 갖고 있는 자원
△ 인간 : 가족, 친구, 선생, 동료
△ 기관 : 예) 국가보건서비스전문가나 전문기관

1) IFLA, Guidelines on Information Literacy for Lifelong Learning 중 본연구와 관련이 있는 1장과 3장을 번역함; 원본 출처: <https://www.ifla.org/files/assets/information-literacy/publications/ifla-guidelines-en.pdf>, [cited 2018. 4. 10].

정보의 효과적인 이용을 위한 요구(The need for effective use of information)

정보는 세계 경제를 위한 필수적인 기반이자 교육의 기본적인 요소이며 기술과 과학의 변화를 위한 필수적인 요소이다.

이와 같은 정보는 학생, 회사원을 포함한 모든 분야의 시민들의 생활에 변화를 야기한다. 최근과 같이 정보가 넘쳐나는 상황에서는 효과적으로 정보를 판단하고 유용한 정보에 접근하는 것이 요구된다.

정보 그자체로는 사람을 정보지식인으로 만들지 못한다.

정보는 :

△ 창조와 혁신을 위한 필수적인 요소이다.

△ 학습과 사고를 위한 기본 자원이다.

△ 시민을 지식인으로 만들기 위한 주요자원이다.

△ 건강이나 직업 등을 포함한 인간의 학구적 삶에 있어 더 나은 성취를 가능하게 하는 요소이다.

△ 국가적이고 사회, 경제적인 발전을 위한 중요한 자원이다.

문해(文解)란 무엇인가? (What is Literacy?)

Chambers English Dictionary(2003)에는 Literacy를 “학식이 있는(글을 읽고 쓸 줄 아는)상태”라고 정의한다. 반면에 이 사전은 ‘학식이 있는’을 “...학습된, 읽고 쓸 줄 아는 것이 가능한, 또는 그것을 활용할 수 있는”이라고 정의하고 있다.(p. 1856)

교육학 용어에서“Basic Literacy”는 읽을 수 있고, 쓸 수 있고, 수적 계산과 연상을 수행할 수 있는 전통적인 능력을 의미한다.

이와 같은 Basic Literacy는 기초적이거나 2차적인 공식 교육기관, 가정 또는 공동체를 통해 학습된다.

정보활용능력(Information Literacy)과 관련된 다른 문해(文解)의 개념 (Other “Literacy” concepts related to information literacy)

정보활용능력은 다른 종류의 능력들 특히, 정보기술, 네트워크 활용능력, 디지털 활용능력, 인터넷 활용능력, 컴퓨터 활용능력 그리고 미디어활용능력 등과 관련이 있긴 하지만 분명한 차이점이 있다(Bawden, 2001).

끝 부분에 언급한 2개의 능력(컴퓨터 활용능력과 미디어 활용능력)은 Horton에 의해 분명하게 정의되었다(Horton, 2004).

△ 컴퓨터 활용능력(Computer Literacy) : 하드웨어, 소프트웨어, 시스템, 네트워크 그리고 컴퓨터와 텔레커뮤니케이션의 모든 다른 구성요소를 포함한 정보와 커뮤니케이션 기술(ICTs; Information & Communication Technologies)을 이해하기 위해 필요한 지식과 기술

△ 미디어 활용능력(Media Literacy), 정보와 지식을 생산하고 저장하고 전달하고 표현하는 모든 형태의 매체와 방식 즉, 신문, 저널, 잡지, 라디오, TV, 케이블, CD - ROM, DVD, 무선전화, PDF 텍스트 그리고 JPEG형태의 사진과 그래픽 등에 대한 지식과 기술

정보활용능력의 개념(The information literacy concept)

정보활용능력에 대한 학회나 연구자들의 정의를 살펴보면 다음과 같다.

정보활용능력의 선구자인 The American Association of School Librarians (AASL)과 The Association for Educational Communications and Technologies는 정보활용능력이란 정보를 찾고 사용할 수 있는 능력이며 평생교육의 핵심이라고 주장하였다.

AASL은 정보활용능력을 갖춘 학생이란 정보에 효과적이고 효율적으로 접근하고, 비판적으로 평가하며, 정확하고 적절하게 활용할 수 있는 사람이라고 정의하였다(Byerly/ Brodie, 1999).

이용자들은 실생활의 문제를 해결하기 위한 새로운 방법으로 정보탐색전

략과 정보를 찾고, 버리고, 종합하고 표현하기 위한 비판적 사고 기술을 갖추어야 한다(Byerly/ Brodie, 1999). 이와 같은 정보활용능력은 문제를 해결하고 의미를 발전시키기 위한 도서관 활용기술은 물론 개개의 기술을 사용하는 것 그리고 다양한 자원으로부터 복잡한 정보를 효과적으로 사용하기 위한 전략의 확장이라고 정의할 수 있다.

일반적으로 사용되는 정의(A Gernerally used definition)

정보활용능력에 대한 정의는 문헌정보학과 관련된 많은 사서나 전문가들에 의해 수년 동안 시도되어 왔는데, 이와 같은 정의들은 차이점보다 유사점이 더 많다.(Owusu - Ansah, 2003)

정보활용능력에 관한 정의 중 가장 많이 인용되고 사용되는 것은 1998년 미국도서관협회(ALA)에서 발표된 것이다.

"정보활용능력을 갖추기 위해서는 언제 정보가 필요한지에 대한 인식과, 정보를 찾고, 평가하고, 효과적으로 사용할 수 있는 능력이 있어야 한다." 정보활용능력을 갖춘 사람은 어떻게 이와 같은 것을 배울 수 있는지를 아는 사람이다(pp.55~56).

정보활용능력이란 용어로부터 우리가 추측하는 것이 무슨 의미이던, ALA의 정보활용능력에 대한 정의는 전통적인 지식부터 고차원적인 검색엔진을 위한 정보활용기술 전체를 아우르기에 충분하다고 여겨지며 앞으로 수십년 동안 적용이 가능할 것이다.

정보 핵심능력(Information Competencies)

정보활용능력을 갖춘 사람이란 그 사람이 누구이든 정보요구를 인지하고 정보의 위치를 파악해 접근 할 수 있으며, 정보를 검색, 평가, 조직, 이용할 수 있는 능력을 갖춘 사람을 의미한다.

정보활용능력을 갖춘 사람이 되기 위해서는 지식의 세계로부터 어떻게 도움을 받을 수 있는지, 그리고 다른 사람의 경험을 지신의 경험으로 통합할 수 있는지에 대한 방법을 알아야 한다.

Mackenzie's에 의하면 정보활용능력을 갖춘 사람이란 다음과 같은 능력이 있는 사람을 말한다.

△ 예측 : 적절한 정보를 찾고, 옮기고 분류하고 선택할 수 있는 능력
△ 해석 : 데이터를 번역, 지식화, 통찰, 이해할 수 있는 능력
△ 새로운 아이디어의 창출 : 새로운 통찰력의 개발

정보활용능력을 위한 도서관의 활동(Library actions that contribute to information literacy)

정보활용능력의 개념에 일부를 지칭하거나 포함되는 용어들이 있다.

이들은 각각 기술의 형태나 수준, 학습방법 및 교육제공방법에 따라 고유의 의미와 특징을 갖는다.

많은 다른 개념들을 포함함으로서 정보활용능력은 초기 도서관이용교육과 정보기술 중심의 프로그램을 넘어 현재와 같은 개념으로 발전되어 왔다.

도서관이용교육이 도서관 자료 위치를 강조한 반면 정보활용능력은 정보의 탐색과정과 활용능력을 표현하는 의미로 사용되어졌다. 다시 말해서 정보활용능력은 서지 능력보다 정보의 이용에 중점을 두고 있다. 따라서 학생들은 효과적인 학습자가 되기 위해 정보활용능력을 키워야 한다.

정보활용능력과 관련된 용어들은 다음과 같다.

△ Information Fluency - 정보활용능력의 숙달
△ User Education - 이용자들에게 정보를 접근하는 방법을 가르치는 교육
△ Library Instruction - 도서관 활용에 중점을 두는 교육
△ Bibliographic Instruction - 정보탐색과 검색 훈련
△ Information Competencies - 복합적 기술과 정보활용능력의 목적
△ Development of Information Skills - 정보기술을 발전시키는 과정

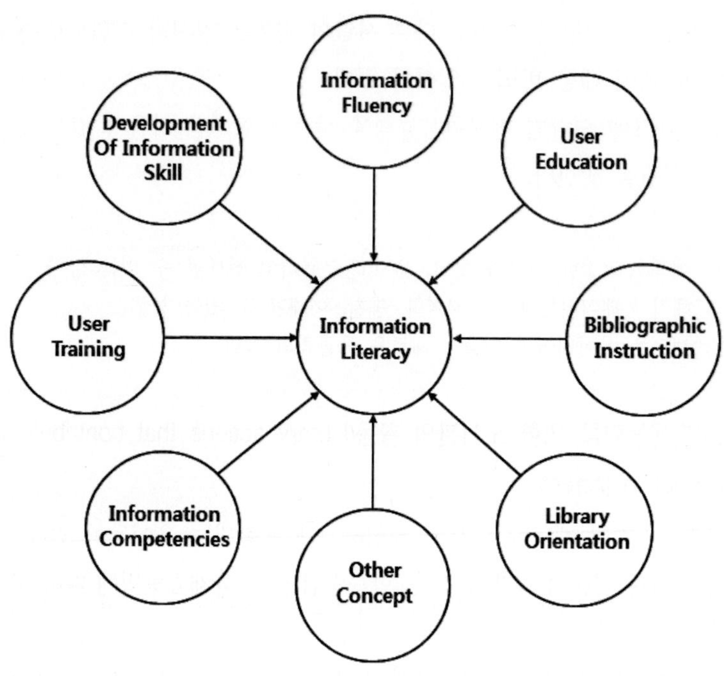

구성주의적 관점(Constructivist approach)

정보를 찾거나 접근하는 도서관 기술은 어떻게 정보를 평가하고, 해석하고 사용하는지를 이해하는 고등사고능력과 차이가 있다. 평생학습을 위한 교육방식과 교육이론들은 정보활용능력 교육에도 영향을 주었다.

구성주의 관점은 학생들이 수업시간에 알려준 단순한 지식을 암기하는 것 대신에 문제를 풀기 위해 정보를 활용하고 능동적인 조사와 사고를 통해 새로운 지식을 창조하는 것에 중점을 둔다.

교육학적 접근에서 볼 때 학생들이 능력있는 학습자가 되도록 하기 위해 정보활용능력이 요구된다. 또한, 정보활용능력은 자원기반 학습과 정보 탐색, 그리고 탐구와 문제기반 교육을 위한 기초가 된다.

용어의 번역(Translation of the term)

Information Literacy를 다른 언어로 번역하는 것은 쉽지 않다. 따라서 모든 국가들의 정보전문가들은 그들 국가의 학습 공동체에 의해 의미적 배제 현상이 일어나지 않고 올바른 의미로 번역될 수 있도록 신중을 기해야 한다.

제3장 국제기준(International Standards)

3장에는 IFLA 국제 도서관 사회를 위한 정보활용능력 기준에 대한 제안을 포함하고 있다. 이 제안들은 가이드라인의 주요 핵심요소들이다. 이 제안요소들은 그대로 채택하여 사용될 수도 있지만 가능하다면 각각의 기관이나 국가의 상황에 맞게 적용되는 것이 바람직하다.

기준의 구조(Structure of the standards)

효과적인 학습자가 되기 위한 정보활용능력 기준은 정보의 접근, 평가 그리고 사용이라는 3개의 기본요소를 포함하고 있다. 이와 같은 핵심요소들은 AASL, ACRL, SCONUL, ANZIIL, 그리고 멕시코와 개별 교육자들이 개발한 많은 기준들속에서도 발견된다.

IFLA의 국제 정보활용능력 기준은 전세계적인 활용에 기초가 되었으며 많은 자료들의 서지사항에 언급되어 있다.

IFLA 기준은 다음의 3가지의 기본적인 정보활용능력 요소로 그룹화 되어진다.

A. 접근(Access) : 이용자는 효과적이고 효율적으로 정보에 접근할 수 있다.

1. 정보요구의 정의와 표현
   - 정보요구의 정의와 인식
   - 정보요구의 표현과 정의

- 정보를 찾기 위한 행동의 결정
- 검색과정 계획

2. 정보의 위치
   - 정보소재의 확인과 평가
   - 검색 전략 수립
   - 선택한 정보원에 대한 접근
   - 정보의 선택과 검색

B. 평가(Evaluation) : 이용자는 정보를 비판적이고 적절하게 평가할 수 있어야 한다.

1. 정보의 평가
   - 정보의 분석, 시험, 그리고 추출
   - 정보의 일반화와 해석
   - 정보의 선택과 구조화
   - 탐색된 정보의 정확성과 연관성 평가
2. 정보의 조직
   - 정보의 정렬과 분류
   - 검색된 정보의 그룹화와 조직화
   - 가장 유용한 정보의 선택 및 결정

C. 이용(Use) : 이용자는 정보를 정확하고 창조적으로 적용(이용)할 수 있어야 한다.

1. 정보의 이용
   - 정보를 전달하거나, 표현하거나 사용하는 새로운 방법의 발견
   - 검색된 정보의 적용
   - 개인적 지식으로서의 정보의 학습 및 내면화
   - 정보의 전달
2. 정보의 전달과 윤리적 이용
   - 정보의 윤리적 이용에 대한 이해
   - 정보의 법적 이용에 대한 존중
   - 지적자산에 대한 이해를 통한 학습 상품의 전달
   - 관련된 법적 기준의 활용

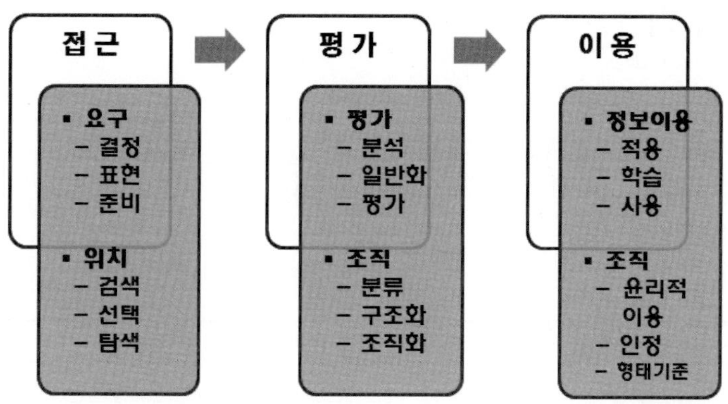

정보활용능력(Information Literacy)

정보활용능력은 특별한 업무를 수행하거나 문제를 해결하기 위해 정보의 필요성을 인식하고, 효과적으로 정보를 검색하고, 조직 및 재조직, 해석 및 분석, 정확도와 신뢰도의 평가, 윤리적인 사용, 전달과 표현, 그리고 효과적인 활용을 위해 필요한 지식과 기술을 의미한다.

【부록 2】

'효과적인 정보탐색' 수업계획서(서강대)
(2016년도 1학기)

과목명	문제 해결을 위한 효과적인 정보 탐색이란?	과목번호	
구분(학점)	2.0	수강대상	학부 1~4학년
수업시간	TBA		

담당교수 (사진)		홈페이지:
	E - mail :	연락처:
	장소: 면담시간:	

Ⅰ. 교과목 개요(Course Overview)

1. 수업개요

본 강의는 자기주도적인 과제해결능력을 배양하며, 이에 수반된 연구활동을 개인별 혹은 팀별 프로젝트로 진행한다. 나아가 본인의 관심주제와 관련된 프로젝트 결과물을 발표할 수 있도록 전임교수의 강의 및 다양한 정보원을 다루는 실무담당교수들의 팀별 지도를 통해서 학생들의 능력을 신장시킨다. 강의와 실습을 병행하여 진행한다.

2. 선수학습내용

없음.

3. 수업방법 (%)

강의	토의/토론	실험/실습	현장학습	개별/팀 별 발표	기타
40%	%	30%	%	20%	10%

4. 평가방법 (%)

중간고사	기말고사	퀴즈	발표	프로젝트	과제물	참여도	기타
30%	30%	%	10%	%	20%	5%	5%

* 중간과 기말고사는 이론 및 실기로 구성하여 문제를 출제하며, 실기는 PC를 이용하여 풀 수 있는 문제로 출제됨.

5. 교양교육과정 목적 및 목표에 따른 핵심 역량

목적	목표	체크
창의적 지성을 갖춘 인재 양성	① 학문연구의 바탕이 되는 기초소양을 증진한다.	√
	② 새로운 시대를 선도하는 리더십과 창의성을 기른다.	√
봉사적 인성을 갖춘 인재 양성	③ 소외된 이웃에 대한 관심과 사회정의에 대한 의식을 고양시킨다.	
	④ 다양성을 포용할 수 있는 성숙한 시민의식을 함양한다.	
통합적 영성을 갖춘 인재 양성	⑤ 나와 이웃, 인간과 사회, 자연과 우주를 통합적으로 성찰한다.	
	⑥ 인간의 소명인 사랑의 가치를 추구하면서 지행일치의 삶을 지향한다.	

Ⅱ. 교과목표(Course Objectives)

- 학문 연구와 현장 업무의 기초가 되는 정보 활용 능력을 함양하여, 자기주도적으로 과제를 해결할 수 있는 실질적인 역량을 배양한다.
- 자기주도적으로 문제를 설정할 수 있는 능력을 기른다.
- 문제를 해결하는데 도움이 되는 정보원들을 빠른 시간 안에 찾을 수 있는 구체적인 정보 탐색 능력과 전략을 함양한다.
- 탐색한 정보들을 비판적 체계적으로 정리하여 문제를 해결할 수 있는 구체적 대안을 모색할 수 있는 힘을 기른다.
- 탐색한 정보들의 공유와 소통을 통해 문제 해결 과정에서 시너지 효과를 낼 수 있는 방안을 모색한다.

Ⅲ. 수업운영방식(Course Format)
(* Ⅰ-3의 수업방법의 구체적 설명)

- 수업은 강의와 실습을 병행하여 이루어짐.
- 본 과정은 프로젝트 결과물을 타 연구자와 공유하고 이를 발표하는 학술연구의 전 과정을 경험할 수 있도록 유도하는 교과목임.
- 실습과 발표로 이루어지는 수업이므로 학생들의 적극적인 참여가 요구됨.

Ⅳ. 학습 및 평가활동(Course Requirements and Grading Criteria)

중간과 기말고사는 이론 및 실기로 구성하여 문제를 출제하며, 실기는 PC를 이용하여 풀 수 있는 문제로 출제됨. 기말에는 정보 활용 문제 해결의 전 과정을 보이는 과제를 제출해야 함.

Ⅴ. 수업규정(Course Policies)

표절 및 부정행위 : 발표내용에서의 표절과 시험 중 부정행위는 엄격히 제한된다.
수업태도 : 수업 중 실습과 발표에 적극적인 참여가 요구된다.
출석 : 출석사항은 기타점수로 반영된다.

Ⅵ. 교재 및 참고문헌(Materials and References)

주교재 : 수업관련자료(PPT자료)를 사이버캠퍼스에서 제공함
참고교재 :
곽동철. 학술정보의 탐색 및 활용. 서울 : 조은글터, 2013.
Stebbins, Leslie F. Student guide to research in the digital age. Westport: LU, 2006.

Ⅶ. 주차별 수업계획(Course Schedule)
(* 추후 변경될 수 있음)

1주차	학습목표	강의내용 소개
	주요학습내용	강의내용과 평가방법의 설명 관심주제의 선정안내 자기주도적인 문제설정방법
	수업방법	강의
	수업자료	PPT제공
	과제	
2주차	학습목표	연구과제 해결전략 수립
	주요학습내용	어떻게 시작할 것인가? 과제 또는 연구 주제를 명확히 이해하고 정의하기 과제의 명료화 - 키워드 추출 연구주제의 축소 및 확대
	수업방법	강의 및 실습
	수업자료	PPT제공
	과제	
3주차	학습목표	연구과제 해결전략의 실행
	주요학습내용	정보탐색전략 세우기 정보원의 선택과 활용 효율적인 정보활용을 위한 가이드 전문가의 도움받기
	수업방법	강의 및 실습
	수업자료	PPT제공
	과제	
4주차	학습목표	학술정보의 구조와 시스템에 대한 이해
	주요학습내용	학술정보의 구조와 시스템에 대한 이해 인쇄형태자료 학술저널, Peer - review journal,신문자료 1차 정보원과 2차 정보원
	수업방법	강의 및 실습
	수업자료	PPT제공
	과제	

5주차	학습목표	주제별 정보원 활용 I
	주요학습내용	국내 학술데이터베이스 활용 국내 주요학술정보기관 활용 정보적합성 평가 및 정보원선택 : 주제와의 관련성 및 최신성 확인
	수업방법	강의 및 실습
	수업자료	PPT제공
	과제	
6주차	학습목표	주제별 정보원 활용 II
	주요학습내용	해외 학술데이터베이스 활용(ASP, Web of Science 외) 국내외 주요학술정보기관 활용 정보적합성 평가 및 정보원 선택 : 주제와의 관련성 및 최신성 확인
	수업방법	강의 및 실습
	수업자료	PPT제공
	과제	
7주차	학습목표	국내외 데이터베이스 활용의 실제
	주요학습내용	국내외 데이터베이스/국내외 주요학술정보기관 활용 수집된 정보에 대한 비판적 평가와 선택 수집된 정보의 체계적인 조직화
	수업방법	강의 및 실습
	수업자료	PPT제공
	과제	
8 주차	학습목표	중간고사
	주요학습내용	이론 및 실기로 구성하여 문제를 출제하며, 실기는 PC를 이용하여 풀 수 있는 문제로 출제됨.
	수업방법	중간고사
	수업자료	
	과제	
9주차	학습목표	인터넷정보원
	주요학습내용	구글스칼라, 네이버 전문정보, 오픈 액세스(Open Access)저널 외 웹 자원의 평가
	수업방법	강의 및 발표
	수업자료	PPT자료
	과제	

10주차	학습목표	학술적인 글쓰기의 실제 I
	주요학습내용	학술적인 글쓰기 아웃라인 잡기 전체적인 글의 구조를 계획하기 리포트와 프리젠테이션을 위한 글쓰기
	수업방법	강의 및 발표
	수업자료	PPT자료
	과제	팀별 발표(5~10분) 1차 과제 제출
11주차	학습목표	학술적인 글쓰기의 실제 II
	주요학습내용	문법과 어휘, 인용, 글의 구조, 중복 피하기 문장의 명확성을 개선하기 위한 전략 글 다듬기(Revise)
	수업방법	강의 및 실습
	수업자료	PPT자료
	과제	팀별 발표(5~10분) 발표자료 제출/피드백 제공
12주차	학습목표	인용과 참고문헌
	주요학습내용	정보원 인용과 저작권 참고문헌 작성과 서지관리도구(Refworks)
	수업방법	강의 및 실습
	수업자료	PPT자료
	과제	팀별 발표(5~10분) 발표자료 제출/피드백 세션
13주차	학습목표	표절예방과 저작권
	주요학습내용	표절예방 논문 및 과제의 표절예방프로그램(Turnitin)
	수업방법	강의 및 실습
	수업자료	PPT자료
	과제	팀별 발표(5~10분) 발표자료 제출
14주차	학습목표	연구결과의 공유 : 발표와 출판

	주요학습내용	학술지 게재 기관 리포지터리 오픈 액세스(Open Access)
	수업방법	강의 및 실습
	수업자료	PPT자료
	과제	
15주차	학습목표	프로젝트 결과물 점검 및 리뷰
	주요학습내용	토론 : 교육기간동안 어려웠던 점(교육내용, 학습과제 포함)에 대해 자유롭게 토론
	수업방법	강의 및 실습
	수업자료	PPT자료
	과제	기말과제 제출
16주차	학습목표	기말고사
	주요학습내용	이론 및 실기로 구성하여 문제를 출제하며, 실기는 PC를 이용하여 풀 수 있는 문제로 출제됨.
	수업방법	기말고사
	수업자료	
	과제	

Ⅷ. 참고사항(Special Accommodations)

Ⅸ. 장애학생 지원 사항(Aid for the Challenged Students)

장애학생 지원사항 : 요청시 좌석 우선지정

【부록 3】

Assessments of Information Literacy

※ Forced-choice Tests (e.g., multiple-choice, true/false)

Information Competency Assessment Instrument - developed by Rodney Marshall, Eastern Illinois University - a 40 - item scale assessing information users' attitudes and practices - see paper describing instrument's development.

Skills Assessment - from Stanford University - each of six modules includes 10 multiple - choice questions as a final skills assessment for the module.

Information Literacy Skills Assessment - from Millikin University - 15 multiple - choice questions - scroll down to Appendix A

Information Literacy Test - from Richard Stockton College of New Jersey - 25 true - false and multiple - choice questions - scroll down to Appendix B

Information Literacy Assessment Survey - from DeSales University - 25 multiple - choice questions

Information Literacy Skills Inventory - from Cabrini College - 33 multiple - choice questions

Information Literacy Survey - from San Jose State University - 11 multiple - choice questions - scroll down to Appendix A to view assessment

Student Information Literacy Survey - from Texas Lutheran University - 25 multiple - choice questions

Information Literacy Assessment - from University of La Verne Wilson Library - 18 multiple - choice questions

Information Literacy Assessment – from Carl Albert State College – 10 multiple – choice questions

Sports Medicine Information Literacy Test – from West Chester University – 12 multiple – choice questions

Information Literacy Questionnaire – from the Conference of Rectors and Principals of Quebec Universities – 16 multiple – choice questions – starts on p. 79 of this long document – a version in French follows the English version

Beile Test of Information Literacy – developed by Penny Beile

Information Literacy Assessment – from Madonna University Library, pre – and post – tests

Information Literacy Quiz – from Bellevue Community College – 21 multiple – choice and true/false questions – also find a variety of discipline – specific assessments and activities

Information Literacy Assessment – from Ann Viles, Appalachian State University – 28 multiple – choice questions

Research Practices Survey – from the HEDS (Higher Education Data Sharing) Consortium – 37 sample items from its survey

TRAILS (Tools for Real – time Assessment of Information Literacy Skills) – from Kent State University – – "There are two general assessments (30 items each), as well as two 10 – item assessments in each of the five categories (Develop Topic; Identify Potential Sources; Develop, Use, and Revise Search Strategies; Evaluate Sources and Information; Recognize How to Use Information Responsibly, Ethically, and Legally). The assessment pairs are parallel in terms of concepts addressed and may be used as pre – and post – tests." – – Free for use by library media specialists and teachers

SAILS (Standardized Assessment of Information Literacy Skills) – also from Kent

State University - - SAILS is a 45 - item multiple - choice, college - level test aligned with the ACRL Information Literacy Competency Standards for Higher Education. "Students are directed to the SAILS web site to take the web - based test. Each student may take the test once per administration. Responses are sent to a central database where data are analyzed and reports are generated and made available for download in PDF." "The SAILS test asks students questions about research strategies; selecting sources; understanding and using finding tools; developing and revising search strategies; evaluating results; retrieving materials; documenting sources; and legal and social issues related to ethical and effective use of information. The test identifies areas where students have strong information literacy skills and where skills need to be strengthened." There is a per - student fee for participation.

※ Authentic Assessments (see *Authentic Assessment Toolbox*)

History Information Literacy Assessment - by A. Taylor - brief

Sample Assignments - from University of Maryland University College

Portfolio Assessment - from Teesside University - - description of portfolio assignments can be found in the appendix of this article, beginning on p.32

Information Literacy Skills Survey - from the Plano (Texas) Independent School District - a series of fill in the blank and short essay questions for the middle school level

LILO (Learning Information Literacy Online) Tutorial plus Rubrics - from the University of Hawaii Libraries - The first link takes you to an online tutorial that can be used as part of a course or completed independently. A nice feature of the tutorial is that you can have students complete journal entries associated with specific information literacy skills in response to specific prompts. Those journal entries can then be evaluated with the rubrics found at the second link.

Information Literacy Quiz - from November Learning, a company that provides a variety of development services - includes 13 brief essay questions - also includes answers to quiz and some possible follow - up activities

Information Literacy Assessment - from Topsy Smalley at Cabrillo College - contains nine constructed - response or short essay questions

Information Literacy and Research Skills Course Assessments - from Minneapolis Community and Technical College - - An excellent and extensive set of authentic assignments and tests that accompany this course on Information Literacy and Research Skills from the Library and Information Studies faculty. On this page you can find links to several information literacy assignments with their accompanying (and detailed) rubrics. Additionally, you can find take - home mid - term and final exams that require students to apply these skills. Finally, there is a link to a research portfolio and accompanying rubric that can be used across disciplines. Oh wait, there's more . . . but I'll let you explore.

Assessing Student Learning Outcomes - from Dana Franks at Highline Community College - scroll down page to find assessment which is a group activity in which students select a topic, complete a "Great Finds" task, and give a group presentation - detailed rubrics are included

Alternative Research Assignments - from Stauffer Library, Queen's University, Kingston, Ontario - a good list of authentic assessment tasks

※ Blended Assessments (some combination of forced - choice and constructed - response or performance items)

Information Literacy Assessment - from the Network of Illinois Learning Resources in Community Colleges - "The instrument consists of approximately 40 questions. There is a survey of library use attitudes, drawn (with the author's permission) from Carol Kulthau's book, Seeking Meaning. (See More Information Literacy Resources.) In addition to multiple choice questions, there are several open - ended questions. Several of these constructed - response questions are follow - ups to 'yes/no' questions. We found that these constructed responses, while not scored, provide valuable insight into how students seek, find and use information." You will have to login with the provided ID and password to view the assessment.

※ Rubrics

Information Literacy Assessment Rubric - from the University of Houston - scroll down the article to the end to see the final rubric

Information Literacy Rubric - very detailed rubric from University of California - Irvine Libraries

Information Literacy VALUE Rubric - from AAC&U

English Information Literacy Assessment Rubric - from Wendy Holliday and Britt Fagerheim at Utah State University

Information Literacy Rubric - from Southern Oregon University

Information Literacy Rubric - from Palm Beach State College

Information Literacy Rubrics - from West Chester University

Information Literacy Portfolio Rubric - from the New Jersey Institute of Technology

Information Literacy Rubric - from the New Jersey City University

Cited References Rubric - from the University of Central Florida

Information Literacy Rubric - from St. John's University

Information Literacy Rubric - from Utah State University - adapted from AAC&U
Information Literacy Rubric for General Education - from Augustana College

※ Tutorials

The Libraries at Washington State University has a list of internally - developed information literacy tutorials.
Texas Lutheran University also has a long list of tutorials, collected by Mark Dibble.
Begin Your Research - tutorial from University of California - Irvine Libraries
Science Information Life Cycle - tutorial from University of California - Irvine Libraries

출처 : <http://jfmueller.faculty.noctrl.edu/infolitassessments.htm>

【부록 4】

San Jose State University
Information Literacy survey

Please answer every question below. All information you provide is confidential. This survey instrument and research project has been approved by Graduate Studies and will take about 5 minutes to complete. You can read more about your rights as a participant and who to contact with any questions.

1. Please indicate your Academic Level in School:
   - ○ Freshmen – undergraduate
   - ○ Sophormore – undergraduate
   - ○ Junior – undergraduate
   - ○ Senior – undergraduate
   - ○ Graduate Student in Library &Information Science
   - ○ Graduate Student in another program
   - ○ Unclassified
   - ○ Other

2. Please indicate your Gender:

   ○ Female ○ Male

3. Please indicate your age:

   ○ Lesse than 18 ○ 18 to 29 ○ 30 to 39 ○ 40 to 49 ○ 50 or older

4. Please specify your major:

5. Did you begin college at San Jose State University or elsewhere:

   ○ Started at SJSU ○ Started elsewhere

6. Have you received library instruction before at SJSU Library:

   ○ Yes ○ No ○ Not Sure

7. In a typical 7-day week, about how many hours do you spend (in person or electronically) conducting research at King library:

   ○ None ○ 1-4 hours ○ 5-10 hours ○ 11-20 hours ○ More than 20 hours

1. Imagine you have an assignment to write a paper based on scholarly information. Which would be the most appropriate source to use?

   ○ Magazine

   ○ Journal

   ○ Newspaper

   ○ Web site

   ○ Not sure

2. How can you tell you are reading a popular magazine?
   - There are few, if any, advertisements.
   - Articles are in-depth and often have a bibliography.
   - Articles are written for the general public.
   - Issues are usually published quarterly (4 times a year)
   - Not Sure

3. What is the name of the linking tool found in SJSU databases that may lead you to the full text of an article?
   - Cite Text
   - Full Text
   - Get Text
   - RefText
   - Not sure

4. In considering the following article citation, what does 64(20) represent? Kors, A. C. (1998). Morality on today's college campuses: The assault upon liberty and dignity. Vital Speeches of the Day, 64(20), 633-637.
   - The volume and the number of pages in the article
   - The volume and issue number of the article
   - The year and issue of the article
   - The volume and starting page number of the article
   - Not sure

5. In an online database which combination of keywords below would retrieve the greatest number of records?
   - cognition and emotion
   - cognition or emotion
   - cognition not emotion
   - cognition and emotion not feelings
   - Not Sure

6. If you find a very good article on your topic, what is the most efficient source for finding related articles?
   - An Academic Search Premier database search
   - Bibliography from the article
   - Library Catalog search
   - Other issues / volumes of the journal
   - Not Sure

7. What is an empirical study?
   - A survey of previously published literature on a particular topic to define and clarify a particular problem
   - A study based on facts and systematic observation rather than theory or principle
   - Statistical analysis of previously published data
   - A survey of previously published literature that comprehensively identifies, appraises and synthesizes all relevant literature to address a specific question
   - Not Sure

8. Which area of the SJLibrary.org web site provides a list of core databases for different student majors?
   - The Academic Gateway
   - Online Tutorials
   - E - journals
   - SJSU Research Topics
   - Not Sure

9. What does the following citation represent:
   Erzen, J. N. (2007). Islamic aesthetics: An alternative way to knowledge. Aesthetics and Art Criticism, 65(1), 69 - 75.
   - Book review
   - Journal article
   - Literature review
   - Periodical
   - Not Sure

10. If you are searching for a book or article your library does not own, you can get a free copy through:
    - Google Scholar
    - Article Express
    - Interlibrary Services (ILLiad)
    - Webloan
    - Not Sure

11. How would you locate the hard - copy material for this citation? Erzen, J. N. (2007). Islamic aesthetics: An alternative way to knowledge. Aesthetics and Art Criticism, 65(1), 69 - 75.
    - ◉ Search the library catalog for the name of the journal
    - ○ search the library catalog for the author of the article
    - ○ Search Academic Search Premier
    - ○ Search RefWorks
    - ○ Not sure

출처 : <http://www.informationr.net/ir/15-3/paper436.html>

【부록 5】

설 문 조 사 (사전 검사용)

학과 : ______________

학번 : ______________

학년 : ______________

이름 : ______________

1. 본인의 도서관에 대한 관심(도서관 방문 및 정보 활용)은 어느 정도라고 생각하십니까?

낮음 <- -> 높음

1	2	3	4	5	6	7

2. 정보나 책을 찾기 위해 도서관을 이용하는 횟수(온라인 접속 포함)는? (일반열람실 이용 제외)
   a. 거의 매일 ( )
   b. 일주일에 2~3회 ( )
   c. 한 달에 1~2회 ( )
   d. 1년에 1~2회 ( )

e. 기타 (   )

2 - 1. (a. b에 표시한 경우) 자주 이용하는 이유는?

(   )

2 - 1. (c. d에 표시한 경우) 거의 이용하지 않는 이유는?

(   )

3. 도서관 홈페이지를 통해 제공 받을 수 있는 서비스를 모두 표시(√) 하시오

a. 신착도서 및 인기도서 리스트 (   )

b. 도서관 이용교육 신청 및 안내 동영상 감상 (   )

c. '무엇이든지 물어보세요' 서비스 (0n - line 참고질의 응답서비스) ( )

d. 열람실 잔여 좌석현황 (   )

e. 본인의 대출. 예약 및 희망도서 신청 현황 (   )

f. 자매결연 국외 대학도서관 자료 및 정보 검색 (   )

g. 좋은 책 추천하기 (   )

h. 서평이나 독서후기 올리기 (   )

4. 국내 모든 대학에서 수여된 학위논문 검색을 위한 방법으로 가장 적당한 것은? (　　　)
   a. 학위가 수여된 해당 대학도서관을 검색한다.
   b. NAVER 또는 Google을 통해 검색한다.
   c. 국립중앙도서관 사이트를 통해 검색한다.
   d. 국회도서관 사이트를 통해 검색한다.

5. 도서관에 없는 '단행본'이 어느 대학도서관에 소장되어 있는지 알 수 있는 가장 좋은 방법은? (　　　)
   a. 국립중앙도서관 홈페이지를 통해 검색한다.
   b. 국회도서관 홈페이지를 통해 검색한다.
   c. 한국교육학술정보원(RISS)을 통해 검색한다.
   d. 광운대학교도서관 홈페이지에 있는 '타대학자료 검색하기' 기능을 이용한다.

6. 다음 중 타 대학 자료를 이용할 수 있는 '상호대차 서비스'에 대한 설명 중 틀린 것은? (　　)
   a. 상호대차를 통해 대출할 수 있는 책 수는 1인 3책이다.
   b. 대출 기간은 15일이며, 대출 연장이 가능하다.
   c. 신청 후 본교도서관에서 받아보거나, 해당대학에 직접 방문해 수령할 수 있다.
   d. 자신이 찾는 책을 다른 이용자가 대출한 경우 이용하면 편리하다.

7. 우리 도서관은 서울동북부사립대학교도서관협의회 회원교이다. 이들 대학도서관간 협력 서비스의 설명 중 틀린 것은? (　　　)
   a. 본 협의회는 서울 동북부 지역에 위치한 국민대, 명지대, 한성대, 대

진대, 덕성여대 등 12개 대학도서관간의 협력체를 말한다.

b. 해당 대학도서관은 본교 학생증만으로 이용할 수 있다.

c. 해당 대학도서관의 자료는 학생증을 제시할 경우 단행본에 한해 대출할 수 있다.

d. 자료실뿐만 아니라 일반열람실이용의뢰서를 지참하면 일반열람실의 이용도 가능하다.

8. DBpia, KISS는 무엇을 의미할까요? (　　　)
   a. 도서관 데이터 베이스 관리 프로그램
   b. 도서관에서 제공하는 독서 프로그램의 약어
   c. 외국 학술지 원문을 제공하는 Data Base
   d. 국내 학회에서 발간된 학술논문의 원문을 제공하는 서비스

9. 다음 설명 중 옳지 않은 것을 고르시오 (　　　)
   a. Naver 검색을 통해 획득한 자료를 학위논문에 인용하였다.
   b. Google 검색을 통해 PPT 파일을 다운로드 하였다.
   c. 도서관에서 찾은 80page 단행본을 50page만 복사해 제본하였다.
   d. 학술지의 논문 8개를 복사한 후 리포트 작성 때 참고문헌 기재 후 사용하였다.

10. 다음 중 '초록(抄錄, Abstract)'의 의미를 가장 잘 설명한 것을 고르시오 (　　　)
    a. 수정되지 않은 초고 즉, 처음 쓴 글을 의미한다.
    b. 글의 하단이나 말미에 인용한 논문이나 글의 출처를 기록한 것을 의미한다.
    c. 어떤 자료의 서지사항 즉, 제목, 저자, 출판사, 출판연도를 간략하

게 적어 놓은 것이다.

d. 논문이나 글의 요지를 간략하게 설명해 놓은 것을 의미한다.

11. '학문적 글쓰기'에 대한 설명 중 틀린 것은? (　　)

a. 보고서, 학술논문, 설명문, 제안서, 기획서 등의 작성을 위한 글쓰기를 말한다.

b. 객관성, 독창성, 검증성, 정확성이 중요하다.

c. 주제선정, 자료수집 및 평가, 자료편성 및 원고작성 순으로 이루어진다.

d. 인용 및 참고문헌 기재, 저작권에 대한 이해가 기본이 된다.

12. 다음 문장 중 어색하거나 잘못된 표현을 모두 고르시오 (　　　　)

a. 나는 공무원시험을 위해 혼자 독학하였다.

b. 어제 받아본 물건은 이전 것과는 판이하게 다른 것이었다.

c. 화가 난다고 밖으로 표출하는 것은 바람직하지 않다.

d. 나는 너의 생각과 틀리다.

e. 우리 아이는 엄마젖을 먹고 자라서 튼튼하다.

【부록 6】

설 문 조 사 (사후 검사용)

학과 : ______________

학번 : ______________

학년 : ______________

이름 : ______________

1. 본인의 도서관에 대한 관심(도서관 방문 및 정보 활용)은 어느 정도라고 생각하십니까?

낮음 < - - > 높음

1	2	3	4	5	6	7

2. 수업에 대한 만족도

2 - 1. 수업의 내용에 대한 만족도

낮음 <- -> 높음

1	2	3	4	5	6	7

2 - 2. 수업 구성에 대한 만족도

낮음 <- -> 높음

1	2	3	4	5	6	7

2 - 3. 수업진행 방법에 대한 만족도

낮음 <- -> 높음

1	2	3	4	5	6	7

2 - 4. 수업에 대한 본인의 의견(느낌, 좋은점, 문제점 등)

____

____

3. 도서관 홈페이지를 통해 제공 받을 수 있는 서비스를 모두 표시(√) 하시오
   a. 신착도서 및 인기도서 리스트 (   )
   b. 도서관 이용교육 신청 및 안내 동영상 감상 (   )
   c. '무엇이든지 물어보세요' 서비스 (0n - line 참고질의 응답서비스) ( )
   d. 열람실 잔여 좌석현황 (   )
   e. 본인의 대출. 예약 및 희망도서 신청 현황 (   )
   f. 자매결연 국외 대학도서관 자료 및 정보 검색 (   )
   g. 좋은 책 추천하기 (   )
   h. 서평이나 독서후기 올리기 (   )

4. 국내 모든 대학에서 수여된 학위논문 검색을 위한 방법으로 가장 적당한 것은? (   )
   a. 학위가 수여된 해당 대학도서관을 검색한다.
   b. NAVER 또는 Google을 통해 검색한다.
   c. 국립중앙도서관 사이트를 통해 검색한다.
   d. 국회도서관 사이트를 통해 검색한다.

5. 도서관에 없는 '단행본'이 어느 대학도서관에 소장되어 있는지 알 수 있는 가장 좋은 방법은? (   )
   a. 국립중앙도서관 홈페이지를 통해 검색한다.

b. 국회도서관 홈페이지를 통해 검색한다.
c. 한국교육학술정보원(RISS)을 통해 검색한다.
d. 광운대학교도서관 홈페이지에 있는 '타대학자료 검색하기' 기능을 이용한다.

6. 다음 중 타 대학 자료를 이용할 수 있는 '상호대차 서비스'에 대한 설명 중 틀린 것은? (　　)
   a. 상호대차를 통해 대출할 수 있는 책 수는 1인 3책이다.
   b. 대출 기간은 15일이며, 대출 연장이 가능하다.
   c. 신청 후 본교도서관에서 받아보거나, 해당대학에 직접 방문해 수령할 수 있다.
   d. 자신이 찾는 책을 다른 이용자가 대출한 경우 이용하면 편리하다.

7. 우리 도서관은 서울동북부사립대학교도서관협의회 회원교이다. 이들 대학도서관간 협력 서비스의 설명 중 틀린 것은? (　　)
   a. 본 협의회는 서울 동북부 지역에 위치한 국민대, 명지대, 한성대, 대진대, 덕성여대 등 12개 대학도서관간의 협력체를 말한다.
   b. 해당 대학도서관은 본교 학생증만으로 이용할 수 있다.
   c. 해당 대학도서관의 자료는 학생증을 제시할 경우 단행본에 한해 대출할 수 있다.
   d. 자료실뿐만 아니라 일반열람실이용의뢰서를 지참하면 일반열람실의 이용도 가능하다.

8. DBpia, KISS는 무엇을 의미할까요? (　　)
   a. 도서관 데이터 베이스 관리 프로그램
   b. 도서관에서 제공하는 독서 프로그램의 약어

c. 외국 학술지 원문을 제공하는 Data Base
d. 국내 학회에서 발간된 학술논문의 원문을 제공하는 서비스

9. 다음 설명 중 옳지 않은 것을 고르시오 (　　)
   a. Naver 검색을 통해 획득한 자료를 학위논문에 인용하였다.
   b. Google 검색을 통해 PPT 파일을 다운로드 하였다.
   c. 도서관에서 찾은 80page 단행본을 50page만 복사해 제본하였다.
   d. 학술지의 논문 8개를 복사한 후 리포트 작성 때 참고문헌 기재 후 사용하였다.

10. 다음 중 '초록(抄錄, Abstract)'의 의미를 가장 잘 설명한 것을 고르시오 (　　)
   a. 수정되지 않은 초고 즉, 처음 쓴 글을 의미한다.
   b. 글의 하단이나 말미에 인용한 논문이나 글의 출처를 기록한 것을 의미한다.
   c. 어떤 자료의 서지사항 즉, 제목, 저자, 출판사, 출판연도를 간략하게 적어 놓은 것이다.
   d. 논문이나 글의 요지를 간략하게 설명해 놓은 것을 의미한다.

11. '학문적 글쓰기'에 대한 설명 중 틀린 것은? (　　)
   a. 보고서, 학술논문, 설명문, 제안서, 기획서 등의 작성을 위한 글쓰기를 말한다.
   b. 객관성, 독창성, 검증성, 정확성이 중요하다.
   c. 주제선정, 자료수집 및 평가, 자료편성 및 원고작성 순으로 이루어진다.
   d. 인용 및 참고문헌 기재, 저작권에 대한 이해가 기본이 된다.

12. 다음 문장 중 어색하거나 잘못된 표현을 모두 고르시오 (　　　　　)

a. 나는 공무원시험을 위해 혼자 독학하였다.

b. 어제 받아본 물건은 이전 것과는 판이하게 다른 것이었다.

c. 화가 난다고 밖으로 표출하는 것은 바람직하지 않다.

d. 나는 너의 생각과 틀리다.

e. 우리 아이는 엄마젖을 먹고 자라서 튼튼하다.

【부록 7】

'학술정보활용법' 강의계획서(광운대)

1. 강의 개요

교과목의 개요	지식정보사회의 대두에 따라 대학생들에게 각종 정보의 적절한 선택과 검색방법의 이해는 물론, 이를 활용한 학문적 글쓰기에 대한 이해가 필수적이다. 따라서, 찾고자 하는 주제의 정보를 총체적으로 탐색, 평가할 수 있는 능력과 획득한 정보를 활용해 자신의 생각을 체계적으로 정리하여 보고서 및 논문형식에 맞춰 쓸 수 있는 능력을 배양한다.
교과목의 교육목적	- 도서관과 관련한 각종 이슈 및 현안을 이해한다. - 정보의 검색 및 각종 학술정보 탐색 방법을 이해한다. - 자신의 생각을 체계적으로 정리해 글로 표현하는 방법을 이해한다. - 표절 및 연구윤리에 대해 이해한다.
교과목의 학습성과	- 대학도서관에 대한 이해를 통한 효과적인 정보 활용 - Web DB를 포함한 학술정보의 탐색 가능 - 개인별 관심분야에 대한 정보 검색 및 활용 방법 이해 - 연구주제정하기, 기초자료조사방법, 서론 및 참고문헌 등 학문적 글쓰기의 이해
강의유형	TBL강의☐ PBL강의☐ 세미나강의☐ 온라인강의☐
강의방법	강의☑ 토의☑ 과제평가☑ TEST☐ 현장학습☐ gita
산학협력	공동강의☐ 현장학습☐ 인턴쉽☐ 초청세미나☐ 외부평가☐ 기타☐
팀프로젝트 교과운영	소집단 상호작용을 통한 소통형 교육시스템(강의)☐ 기타 gita02

PA역량 반영비율 (합계:100%)

P(problem solving capacity) 영역				A(attitude building) 영역	
전문지식	융합적사고	글로벌역량	사회관계역량	미래가치지향 도전정신	공존·공감의식
20	40		10	20	10

평가방법 및 반영비율 (합계:100%)

출석	중간고사	기말고사	과제보고서	수업태도	Quiz	기타
20	20	0	40	20	0	0

기타평가 세부설명	

교과목명	학술정보활용법			년도/학기	2016 / 1
학정번호	0000 - 1 - 8121 - 01			이수구분	교선
강의소개동영상				학점/시간	1 / 2
강의시간(강의실)	화 5,6교시(비421)			수강인원	9
담당교수	정재영	구분	외래강사	연락처	02 - 705 - 8190
				이동전화	010 - 9197 - 8537
				이메일	jaeyoung@sogang.ac.kr
담당조교				이메일	

■ 수업평가 문항

◯ 실험·실습·실기 ◯ 외국어 강의 ◯ on - line 강의 ◯ TBL 강의 ◯ PBL 강의
◯ 토론식 수업(세미나 포함) 프로젝트 ◯ 실기(예체능) ◯ 기타(위 5가지 유형 이외)

2. 교재

구분	교재명	저자명	출판사	출판년도
주교재	학술정보의 탐색 및 활용	곽동철, 노영희	조은글터	2013
부교재	대학도서관 ; 이슈와 과제	정재영	공감인	2009
부교재	학문적 글쓰기의 이해	권재술, 손천택, 이성흠	교육과학사	2011
부교재				
비고				

3. 강의 일정 및 내용

주차	강의내용	특기사항(준비물, 기타)
1	수업 내용 소개, 동기 부여	
2	대학도서관 개론 : 대학도서관에 관한 기본적 이해	
3	대학도서관 각론 : 도서관 관련 각종 현안 및 이슈에 대한 이해	

4	도서관 및 도서관 서비스 이해 : 광운대학교도서관	* 전문사서(광운대)
5	정보활용법 이해 ; OPAC, 정보검색 방법 이해 : 광운대학교도서관	* 전문사서(광운대)
6	Internet, Web DB 활용방법 이해 : 광운대학교도서관	* 전문사서(광운대) * 학과별 각종 정보 (Web DB포함) 및 활용방법 조사
7	중간고사	* 광운대학교도서관의 문제점 및 개선방법 제안
8	주제별 정보검색 방법의 이해	
9	학문적 글쓰기의 이해: 연구주제 정하기 / 정보 탐색 전략 수립	* 특강(오세훈박사)
10	정보 소재 파악 및 접근 방법 이해	* 연구주제의 목차 및 연구방법 정하기
11	정보의 효과적인 평가 및 분석	* 서론 및 참고문헌 찾기
12	통합정리 방법 이해 : 정보의 체계적 정리	* 예상 결론 포함 연구계획서 작성하기
13	정보 윤리 및 저작권 이해 :	* 특강(김종철 박사)
14	연구 커뮤니케이션	
15	기말고사 : 연구조사 결과발표, 정보활용 결과 보고서 제출	*
16		
기타	* 15~16주 보강·기말고사 항목 안내 - 학기 중 결강이 있을 경우에는 15주차에 보강을 실시하고, 16주차에 기말고사 시행. - 학기 중 결강이 없을 경우에는 15주차에 기말고사 시행 가능. - 학기 중 결강은 없으나 추가 강의를 할 경우에는 15주차에 추가 강의를 실시하고 16주차에 기말고사 시행.	

【부록 8】

연구주제 정하기

조	주 제
1	도서관 이용자 분석
2	장애인 서비스
3	공간의 변화 : Information Commons, Learning Commons, Maker Spaces
4	주제전문서비스 & 주제전문사서
5	정보활용교육(Information Literacy Education)
6	참고서비스(Reference Service)
7	대학도서관의 지역사회 개방
8	학교도서관 및 공공도서관과의 협력
9	대학도서관 마케팅
10	상호대차
11	(공동)보존서고
12	전자정보(Web DB, E-Journal etc) 문제
13	인터넷자원의 평가 방법과 평가요소
14	장서개발정책

※ 단계별로 정보검색

1. 도서관 OPAC 검색
2. Web DB
   - 국내 : DBPia, KISS, 관련 단체 및 협회, 연구소, 세미나 및 워크숍자료, 인터넷자원, 회색문헌
   - 국외 : google – 협회, 단체, 연구자료 관련 주제 DB
3. 단행본/학위논문/저널 아티클/회의 및 발표자료/인터넷 자원

1. 대학도서관 이용자 분석
   - 이용자분석 방법, 이용자분석을 통한 서비스 개선방안
   - 이용자들의 요구분석 및 경향

2. 특수이용자(장애인 등) 서비스 방안
   - 필요성
   - 현재의 문제점 및 해결방안

3. 공간 (Information Commons, Maker Spaces 외)의 변화
   - 대학도서관 공간의 구성
   - 공간의 변화 및 이용활성화를 위한 신축 및 리모델링 방안

4. 주제전문서비스/주제전문사서
   - 주제전문서비스의 필요성
   - 주제전문서비스 제공현황 및 효과적인 방안
   - 변화의 방향

5. 정보활용교육(Information Literacy Education)
   - 정보활용교육의 필요성
   - 내용 구성 및 효과적인 방안

6. 참고서비스의 방안 및 CDRS(Collaborative Digital Reference Service)
   - 국내·외 CDRS 서비스 현황 분석
   - 효과적인 서비스 방안

7. 지역사회개방 및 협력방안
   - 지역사회개방의 필요성
   - 문제점 및 해결방안

8. 학교 및 공공도서관과의 협력
   - 협력의 필요성
   - 문제점 및 협력방안

9. 대학도서관의 마케팅
   - 마케팅(홍보)의 필요성
   - 효과적인 마케팅 방안
     * 독서프로그램, 각종 행사, 전시, 공연, 각종 이벤트
   - 마케팅 분석

10. 상호대차
   - 상호대차의 필요성
   - 현황 및 문제점 분석
   - 국내 상호대차 모형

11. (공동)보존서고
   - 필요성
   - 모형 및 방안 제시

12. 전자정보(Web DB, E-Journal etc) 문제
   - 장서구성의 변화 및 이용자 성향

- 전자자료의 증가에 따른 문제점(도서관 관점)

13. 장서개발정책
    - 장서폐기
    - 도서분실
    - 도서 및 Web DB

【부록 9】

학문적 글쓰기를 위한 각주 및 참고문헌 기입 (예)

Ⅰ. 일반사항 및 논문의 체제

1. 이 규정은 논문의 투고에 관한 사항을 규정함을 목적으로 한다.

2. 이 학회지에 수록될 논문의 투고자격은 본 학회의 정회원에 한하며, 그 이외의 경우에는 편집위원회의 동의를 얻어야 한다. 다만, 비회원이라도 특별기고의 경우에는 본 학회 편집위원회(이하 위원회라 한다)에서 심의하여 수록여부를 결정할 수 있다.

3. 이 학회지에 투고하는 논문의 주제는 관련분야로 한정한다.
4. 투고편수는 단일 명의일 때는 1인당 1편으로 제한한다. 다만 주저자(책임저자)가 아닌 경우에는 2편까지 투고할 수 있다.

5. 본 학회지에 논문을 투고하는 자는 「연구윤리규정」을 준수해야 한다. 또한 논문 투고자의 연구 부정행위 등이 발견되는 경우에는 이 학회의 연구윤리규정에 따라 필요한 징계조치를 할 수 있다. 아울러 투고는 미공간(未公刊) 자료에 한하며, 석사학위논문(학위논문 제출 전후 모두 포함)은 투고할 수 없다.

6. 원고의 분량은 도표 및 참고문헌을 포함하여 인쇄된 면수 20쪽(A4용지 기준으로 40자 33줄)을 기본량으로 하며, 최대 30쪽을 초과할 수 없다. 기본량을 초과할 때는 저자가 초과 면수에 대한 게재료를 부담하여야 한다.

7. 원고의 본문은 국문 또는 영문으로 표기하는 것을 원칙으로 한다.

8. 원고는 제목, 성명, 목차, 국문초록, 국문 주제어(Keyword), 영문초록, 영문 주제어(Keyword) 본문, 참고문헌 순으로 작성하고, 국문초록과 영문초록은 지시형 초록으로 간단하게 작성한다.

9. 원고의 논제, 저자명, 소속기관명은 국문과 영문으로 병기하여야 한다.

10. 원고를 제출할 때는 소정의 논문 게재료 및 심사료, 미납 회비, 미납 초과게재료를 납부하여야 한다.

11. 원고는 워드프로세서(HWP 또는 MS Word)로 작성하여 제출한다.

12. 그림에 관한 번호, 제목, 설명문은 그림 하단에, 표에 대한 번호, 제목, 설명문은 표 상단에 명시한다.

13. 그림과 표의 번호는 <그림 1>, <표 1>, 또는 <Fig. 1>, <Tab. 1>과 같이 기입한다.

14. 단위와 고유명사는 원어로 쓰고 수량은 C.G.S. 단위를 쓰는 것을 원칙으로 한다.

15. 국문 참고문헌은 영문으로 바꾸어 참고문헌 맨 끝에 첨부한다.

16. 저자는 반드시 KCI 문헌 유사도 검사 서비스를 실시한 후, 논문을 투고한다.

Ⅱ. 주(註)의 기술요소와 형식

<일반 원칙>

1) 인용주는 내주 형태로 표기하는 것을 원칙으로 하고, 설명주는 각주 형태로 표기한다.
2) 주는 (저자명 발행년, 인용면) 형태로 표기한다.
3) 저자명이 없거나 확인되지 않는 자료는 (제목 발행년, 인용면) 형태로 표기한다.
4) 국문 저자명은 성명을 모두 기재하고 서양 인명은 성(surname, family name, last name)만 기재한다.
5) 저자명은 3인까지는 모두 기재하고, 4인 이상의 경우 '외'나 'et al.' 을 사용하여 표기한다.

1. 저자

1) 단일 또는 2~3인 공저

(김남석 1989)

(박준식, 이애란 2000)

(장덕현, 이연옥, 강은영 2014)

(Adler and Adams 2001)

(Palmer, Smith, and Creswell 2004)

2) 4인 이상 공저

(오동근 외 2010)

(Moore et al. 2011)

3) 단체명 저자

(한국도서관협회 2003)

(U. S. Office of Education 2005)

2. 동일 저자의 복합 인용

(이제환 2005; 2007)

(David 2003; 2010)

3. 동일 저자의 동일 발행년

(변우열 2013a)

(변우열 2013b)

(Witty 2011a)

(Witty 2011b)

4. 인용 면수 표기

(이경호 2004, 203)

(Carter 2010, 43 - 46)

(김종성 2014, 45; 송기호 2013, 48 - 49)

(Bonk 2011, 444; Heinich 2009, 89; Bates 2014a, 321 - 322)

5. 저자 미상 또는 무저자명

(嶺南 烈女傳 1905)

(The Mother Goose 1910)

6. 법률

(학교도서관진흥법 2013)

(Health Care System Act 1999)

7. 인터뷰 자료

(양주동 1985)

(Gordimer 1991)

Ⅲ. 참고문헌의 기술요소와 형식

<일반 원칙>

1) 단행본의 경우 저자명. 연도. 『서명』. 출판지: 출판사의 형식으로 표기한다.
2) 학위논문, 연구보고서, 경전, 사전, 백과사전, 정부간행물 등은 단행본의 기술 형식을 따른다.
3) 학술논문이나 기사의 경우 저자명. 연도. 논문제목. 『간행물명』, 권(호): 게재면수 형식으로 기술한다.
4) 국문 단행본 서명이나 연속간행물명은 『 』를 이용하여 표기하고, 영문 단행본 서명이나 연속간행물명은 이탤릭체로 표기한다.
5) 저자명은 3인까지는 모두 기재하고, 4인 이상의 경우 '외'나 'et al.' 을 사용하여 표기한다.
6) 국문 저자명은 완전명(full name)을 모두 기재하고, 서양 저자명은 성(surname; family name; last name), 이름(first name, middle name) 순으로 기재한다.

7) 서양 저자명의 경우 주저자(제 1저자)만 성(surname; family name; last name), 이름(first name, middle name) 순으로 기재하고, 두 번째 이하 저자는 이름(first name, middle name), 성(surname; family name; last name) 순으로 기재하되, 성 이외의 이름(first name, middle name)은 두 문자(이니셜)만 기재해도 된다.
8) 논문이나 기사의 제목은 국문이나 한문의 경우 그냥 기재하고, 서양 언어의 경우 " "를 사용하여 기재한다.

1. 단행본

1) 단일 또는 2~3인 공저

오동근. 2001.『DDC 연구』. 대구: 태일사.

김형오, 노희순. 2011.『정보탐색과 정보활용』. 서울: 한국정보관리협회

Edgar, Ronald. 2011. *The Audio Record and Visual Technology*. Littleton: Libraries Unlimited. Inc.

Cater, Mary D. and Wallace J. Bonk. 2010. *Traditions of Classification*. Chicago: American Library Association.

2) 4인 이상 공저

오동근 외. 2010.『국제표준서지기술법』. 대구: 태일사.

Heinich, R. et al. 1996. *Instructional Media and the New Technology for Learning*. New York: Macmillian.

3) 저자와 편자, 역자

김철현, 안길수 공편. 2014.『독서치료와 도서관서비스』. 대구: 미래출판.

Jobs, Steve. 2012.『정보 혁명』. 박민구 옮김. 서울: 태종사.

Kevin, Bacon S. ed. 2011. *Building Library Collection*. New York:

Macmillian.

Hong, Gildong. 1996. *The Nature of Public Library*. Translated by Michael S. Stephen and Jake P. Solomon. Chicago: ALA.

4) 저자 미상 또는 무저자명

『嶺南 烈女傳』 1905. 대구: 嶺南書館.

The Mother Goose. 1910. London: New World.

5) 판 표시

한국도서관협회. 2013.『한국 도서관 기준』. 개정 4판. 서울: 한국도서관협회.

Lee, Jongman. 2014. *The History and Future of Public Libraries in Korea*. 3rd ed. New York: Korean Press.

2. 학술지 논문

김정현. 2014. 한국십진분류법 제6판 관광학 분야의 분류체계 수정 전개 방안.『한국도서관·정보학회지』, 45(1): 103－123.

Chinn, Moore. D., Writer K. Fairlie and Bince D. Glen. 2011. "University Libraries Collection Development Policy Statement." *Journal of the American Society for Information Science*, 53(8): 765－780.

3. 대중잡지, 신문

커피와 바나나의 역설. 2014.『한겨레』. 6월 21일.

"American Spy Policy Changed." 2013. *Time Magazine*. July 6.

4. 학위논문

변회균. 2014.『학교도서관 사서의 SNS 활용과 업무성과의 영향요인 연구』. 박사학위 논문. 경기대학교 대학원 문헌정보학과.

이지석. 2013.『공공도서관 어린이 사서의 직무 스트레스 요인에 관한 연구』. 석사학위논문, 계명대학교 교육대학원 사서교육전공.

Kang, Eungi. 2012. *Current Situation of Collection Development in Public Libraries*. Ph. D. diss., Indiana University, U. S.

Michael, Scofield F. 2005. *The Images of Public Librarians in 20th Century*. M. A. thesis. Cambridge University, U. K.

5. 학술대회 발표논문

우윤희. 2014. 어린이서비스를 위한 도서관 홈페이지 운영 현황.『2014 한국도서관·정보학회 학술세미나』. 2014년 5월 29~30일. 광주: 전남대학교, 23 - 45.

Yang, Kiduk and Lokman I. Meho. 2006. "Citation Analysis: A Comparison of Google Scholar, Scopus, and Web of Science." *Proceedings of the 69th Annual Meeting of the American Society for Information Science and Technology*, 43: 185 - 199.

6. 연구보고서 및 특허자료

한국출판문화진흥원. 2011.『독서실태와 출판 발전 방안에 관한 연구』. 서울 : 동연구원, 2011 - 04.

American Education Research Foundation. 2011. *Predicting Individual Differences in School Anxiety in Early Adolescence*. ERIC Document Reproduction Service No. ED 310 884.

U. S. Patent No. 5,228,119 (figures 27.6 through 27.11 herein)

7. 법률

『학교도서관진흥법』. 2013. 법률 제116905호.

Health Care System Act. 1999. 42 U. S. C. No.9401.

8. 전자문헌

김태성. 2002. 중국사 뒷 이야기. 실천문학사 홈페이지 <http://www.barobook.com/book/book_detail.asp?bok_seq=14604&pat> [인용 2005. 3. 24].

김현수. 2006. 가해자와 피해자. 『조선일보』. 2월 4일. <http//www.choseun.com/editorials/news/200602/200602001345.html> [인용 2007. 3. 6].

Hirons, Jean W., Regina B. Reynolds and Guenter P. Franzmeier. 2014. *Establishing a Benchmark to Determine Record*. <http://lcweb.loc.org/acq/conser/corc/> [cited 2003. 1. 23].

CORC Home Page. <http://www.oclc.org/oclc/corc/> [cited 2013. 3. 4].

한국도서관협회 홈페이지 <http://www.korla.or.kr/> [인용 2014. 4. 5].

9. 인터뷰 자료

김두홍. 1998. 5. 8, 부산, [인터뷰].

양주동. 1985. 12. 20, [전화인터뷰].

Gordimer, N. 1991, October 10, Boston, [Interview].

<한국도서관·정보학회 학술지 제출 형식임>

【부록 10】

수강생에 의한 수업 평가 결과

번호	질의항목	구분	평가점수	분산	표준편차
1	수업 자료가 수업 내용에 적절하였다.	만족도	(4.63)	.5536	.744
		중요도	(4.75)	.2143	.4629
2	수업은 강의계획서에 근거하여 진행되었다.	만족도	(4.63)	.5536	.744
		중요도	(4.5)	.5714	.7559
3	수업 내용과 관련한 질문에 대해 적절한 답변과 지도가 이루어졌다.	만족도	(4.63)	.2679	.5175
		중요도	(4.75)	.2143	.4629
4	수업방법은 학생들의 관심을 유발하였고 수업내용에 적합하였다.	만족도	(4.63)	.5536	.744
		중요도	(4.63)	.5536	.744
5	강의방식과 강의내용, 강의규모에 알맞은 학습활동이 이루어졌다.	만족도	(4.75)	.5	.7071
		중요도	(4.75)	.5	.7071
6	결강(보강없는 휴강)이나 단축강의 등과 같은 수업손실 없이 수업이 진행되었다.	만족도	(4.75)	.5	.7071
		중요도	(4.75)	.5	.7071
7	성적평가요소(필기고사, 실기고사, 보고서, 과제물, 출석)가 명확하게 제시, 이행되었다.	만족도	(4.5)	.5714	.7559
		중요도	(4.5)	.5714	.7559
8	해당분야의 이해와 지식 향상에 도움이 되었다.	만족도	(4.75)	.2143	.4629
		중요도	(4.75)	.2143	.4629
9	이 과목의 모든 것을 고려	만족도	(4.63)	.2679	.5175

	하여 전반적으로 만족스러웠다.				
		중요도	(4.75)	.2143	.4629
10	담당교수가 전문성을 가지고 열정적으로 수업을 진행하였다.	만족도	(4.88)	.125	.3536
		중요도	(4.88)	.125	.3536
11	이 과목을 수강하는 동안 일주일에 평균적으로 투자한 시간은?	만족도	(3.88)	1.8393	1.3562
		중요도	(4)	1.1429	1.069
12	이 과목의 학습내용을 실제로 활용하는데 자신감이 생겼다.	만족도	(4.5)	.8571	.9258
		중요도	(4.38)	.8393	.9161
선택문항	담당교수는 토론능력과 비판적 사고력이 향상될 수 있도록 적절히 지도해주었다.	만족도	(4.88)	.125	.3536
		중요도	(4.88)	.125	.3536

배울수 있었던게 많았음
정말 인생의 도움이 되는 수업이었습니다. 재미있었습니다!!
강의도 열심히 해주시고 과제도 하나하나 다 보시면서 문제점을 체크해 주실 만큼 수업에 열정이 많으셨다.
안녕하세요!!! 중간에 수업 2번 빠진거 죄송합니다...수업이 더 중요한 거 알지만 저희만 기다리는 아이들 때문에 안 갈수가 없었어요. 일 학기 동안 재미있게 수업 들었습니다. 다음에 개인적으로 연락드릴게요 ^-^

【부록 11】

'학술정보활용법' 수업 교안

[1교시] 수업안내

수업 내용

1 대학도서관의 이해

- ❖ 대학도서관의 기능과 역할
- ❖ 대학도서관의 문제점 및 개선방안

2 도서관 및 도서관 정보자원의 효과적인 활용

- ❖ 정보탐색 전략
- ❖ 정보원의 선택과 활용방안

3 학문적 글쓰기

- ❖ 리포트 및 논문 작성 방법
- ❖ 글의 구조 계획 및 **Review**

대학도서관이란?

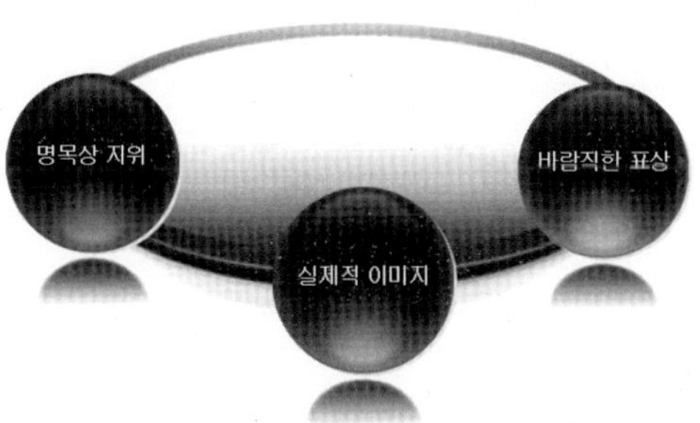

대학의 심장, 긍정적 또는 부정적 의미의 박물관, 유기체로서의 도서관(학술정보관)
Digital, Ubiquitous……

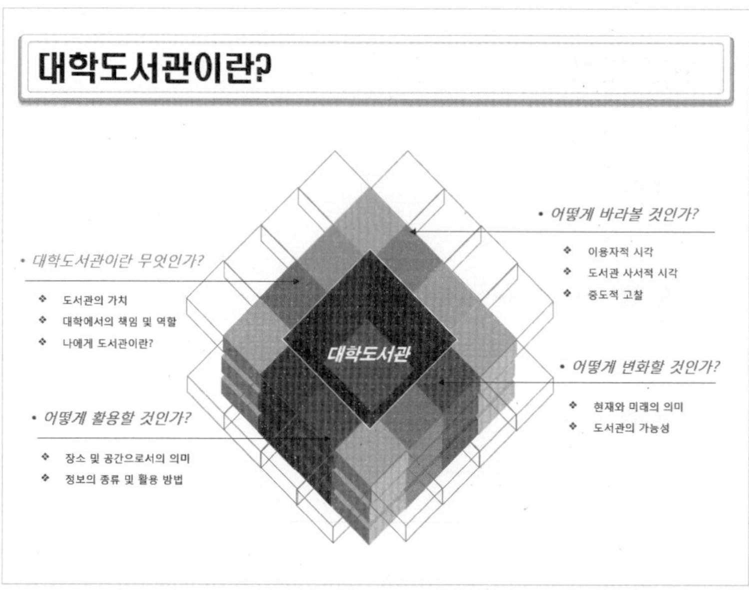

Information Literacy–기초

1 연구(과제. 논문)를 어떻게 시작할 것인가?

- ❖ 과제 또는 연구주제를 명확히 이해하고 정의하기
- ❖ 과제의 명료화 – 키워드 추출
- ❖ 연구주제의 축소 및 확대

2 연구(과제. 논문)를 위한 해결 전략 구상

- ❖ 탐색전략 세우기
- ❖ 정보원 파악

3 정보의 선택 및 평가

- ❖ 국내.외 정보 탐색
- ❖ 수집된 정보에 대한 적합성, 최신성 평가
- ❖ 정보의 체계적 조직화

4 정보의 활용 및 전달

- ❖ 학문적 글쓰기의 이해
- ❖ 정보의 인용 및 주체화
- ❖ 정보를 활용한 효과적인 커뮤니케이션

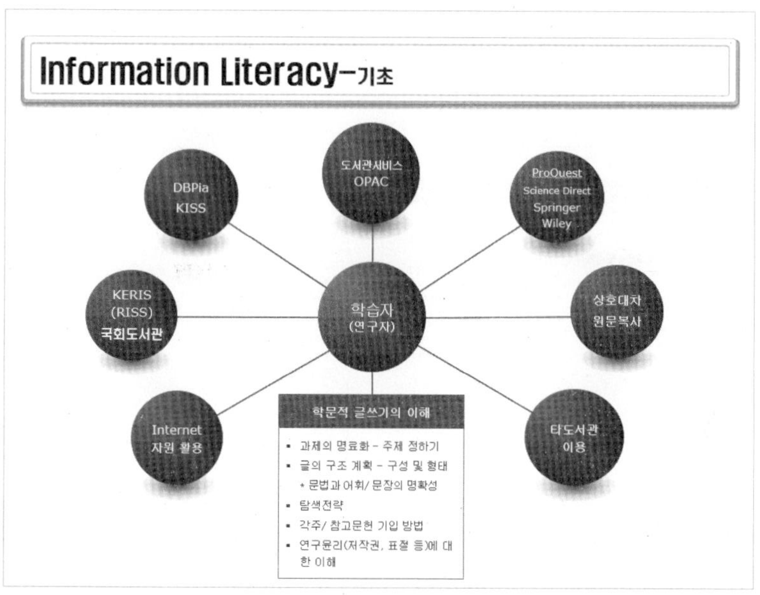

우리니라 전국 도시관의 수는?

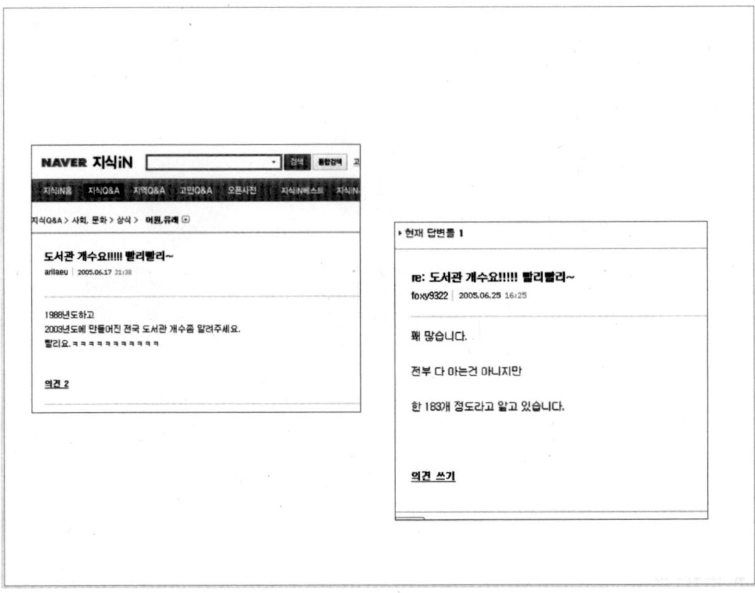
NAVER 지식iN
검색
통합검색
지식iN홈
지식Q&A
지역Q&A
고민Q&A
오픈사전
지식iN베스트
지식Q&A > 사회, 문화 > 상식 > 어원,유래
도서관 개수요!!!!! 빨리빨리~
ariaeu 2005.06.17 21:38
1988년도하고
2003년도에 만들어진 전국 도서관 개수좀 알려주세요.
빨리요.ㅋㅋㅋㅋㅋㅋㅋㅋㅋㅋㅋ
의견 2
현재 답변툴 1
re: 도서관 개수요!!!!! 빨리빨리~
foxy9322 2005.06.25 16:25
꽤 많습니다.
전부 다 아는건 아니지만
한 183개 정도라고 알고 있습니다.
의견 쓰기

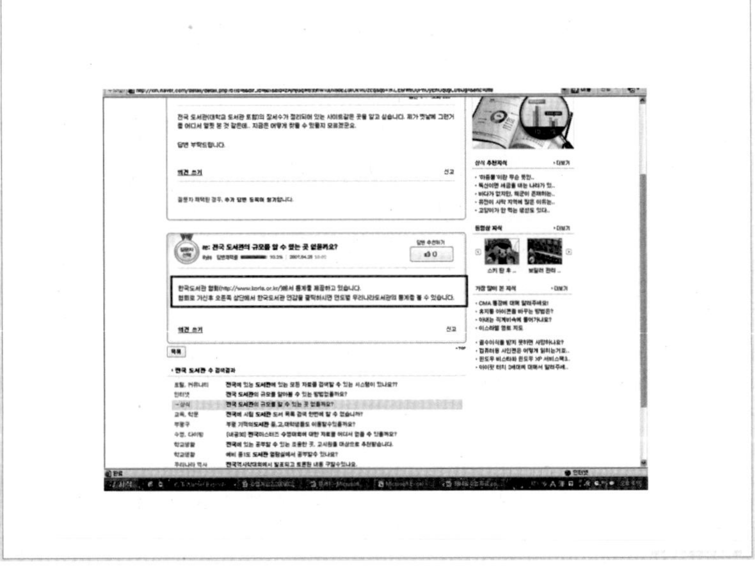
답변 부탁드립니다.
의견 쓰기
신고
re: 전국 도서관의 규모를 알 수 있는 곳 없을까요?
한국도서관 협회(http://www.korla.or.kr/)에서 통계를 제공하고 있습니다.
협회로 가신후 오른쪽 상단에서 한국도서관 연감을 클릭하시면 연도별 우리나라도서관의 통계를 볼 수 있습니다.
의견 쓰기
신고
목록
전국 도서관 수 검색결과
전국에 있는 도서관에 있는 모든 자료를 검색할 수 있는 시스템이 있나요??
전국 도서관의 규모를 알 수 있는 곳 없을까요?

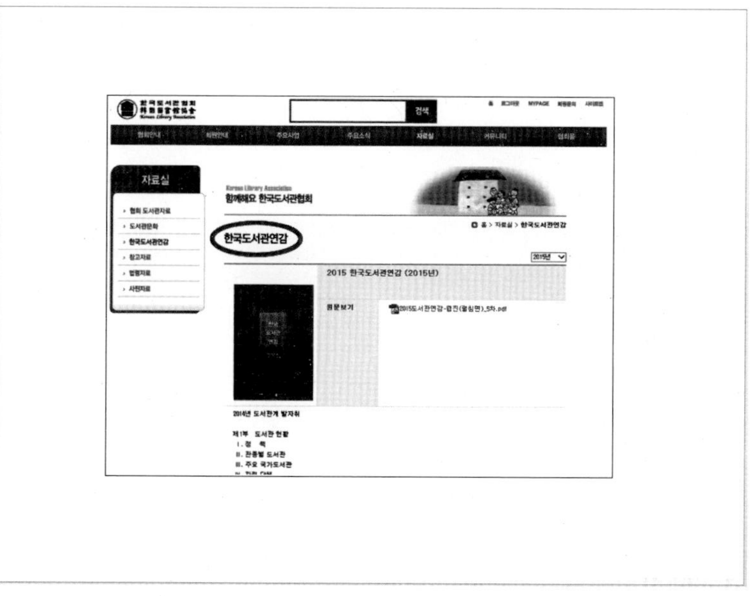
검색
자료실
함께해요 한국도서관협회
한국도서관연감
2015 한국도서관연감 (2015년)
2014년 도서관계 발자취
제1부 도서관 현황
I. 정 책
II. 관종별 도서관
III. 주요 국가도서관

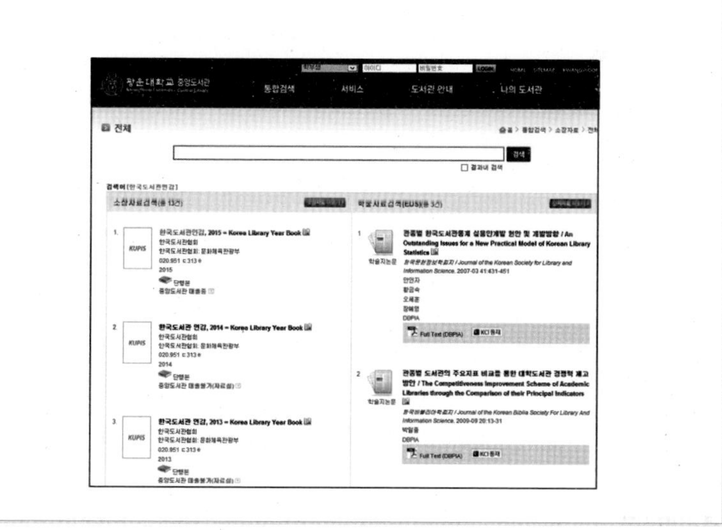
광운대학교 중앙도서관
통합검색
서비스
도서관 안내
나의 도서관
전체
검색
한국도서관연감, 2015 = Korea Library Year Book
한국도서관 연감, 2014 = Korea Library Year Book
한국도서관 연감, 2013 = Korea Library Year Book

구분	관종	도서관수	직원수	좌석수	연간 증가책수	장서수	연간 이용책수	연간 이용자수	예산 (2014 결산)
2015년	합 계	12,885	15,755	1,406,128	12,610,318	410,801,228	299,567,835	435,891,926	1,211,690,661
2014년 12월 31일 현재	국가도서관	5	646	3,204	694,090	12,180,802	4,314,336	1,295,980	124,605,437
	공공도서관	930	7,630	340,952	7,484,248	89,615,800	137,975,967	194,571,747	732,512,359
	대학도서관	455	2,358	443,345	4,431,980	143,535,906	16,932,124	162,647,006	240,982,940
	학교도서관	11,495	5,121	618,627		165,468,720	140,345,408	77,377,193	113,589,925

2015년 현재
전국도서관수
12,885

수업 진행 방법

1 대학도서관에 대한 이해

- ❖ 대학도서관 개론
- ❖ 도서관 전문사서 특강 – 광운대 도서관의 서비스 및 정보자원 활용방안

2 과제

- ❖ 학과별 정보자원 검색 – 단행본 제외
- ❖ 광운대 도서관 및 이용자의 문제점 및 개선방안(A4 2장 이내)
- ❖ 관심 주제(배포 예정)에 대한 학문적 글쓰기- 제목, 목차, 서론, 참고문헌 – 토론식 수업진행

3 특강

- ❖ 도서관 전문사서 특강 – 광운대 도서관의 서비스 및 정보자원 활용방안
- ❖ '저작권' 전문가 특강 – 저작권에 관한 이해

수업 진행 방법

4 평가

- ❖ 출결여부
- ❖ 수업 참여 정도
- ❖ 과제 제출 및 발표

수업 진행 방법

교재 및 도움

- 곽동철, 노영희 공저, 학술정보의 탐색 및 활용, 조은글터, 2013.
- 정재영, 대학도서관 : 이슈와 과제, 공감인, 2009.
- 광운대학교 도서관 및 전문사서
- 전문가의 특강

과제. 1

도서관은 대학의 [   ] (이)다.

나에게 도서관은 [   ] (이)다.

대학에 도서관이 없다면 [   ] (이)다.

도서관은 [   ] (하)는 곳이다.

도서관의 사서는 [   ] (이)다.

미래 도서관은 [   ] (이)다.

[2교시] 대학도서관의 이해(1)

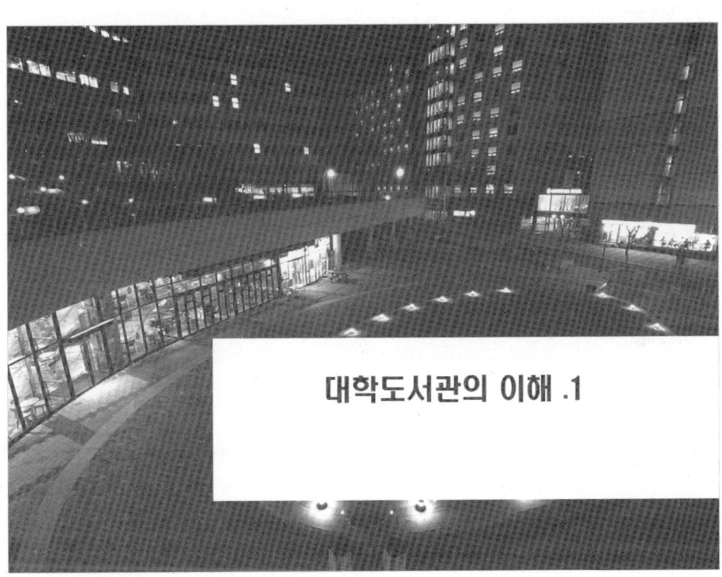

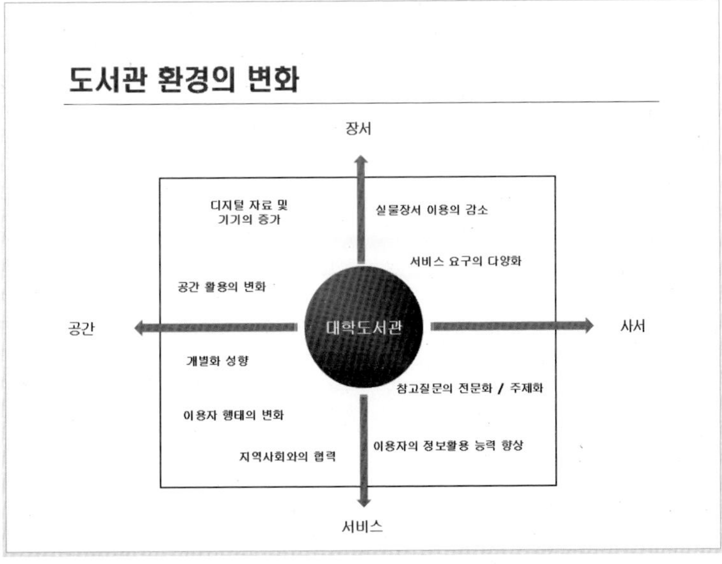

공간

- 성기주, "대학도서관 이용자의 대 도서관 요구 유형 분석."-

이용자 요구사항 분석	
희망도서 신청	16.8%
자료정리 지연, 청구기호 오류 등	6.6%
정보서비스, 정보검색	11.4%
홈페이지 관련, PC 고장 등	11.7%
도서관 환경 및 열람실 관련	**53.5%**

- 도서관 이용자 만족 및 불만족 유형 조사 , S대학도서관 -

도서관 불만 사항 조사	
장서 부족	10%
환경 및 시설 낙후	**48%**
대출권수 및 기간	4%
도서 정리 지체	8%
기 타	30%

공간

대학도서관 이용자 및 대출책수 변화추이

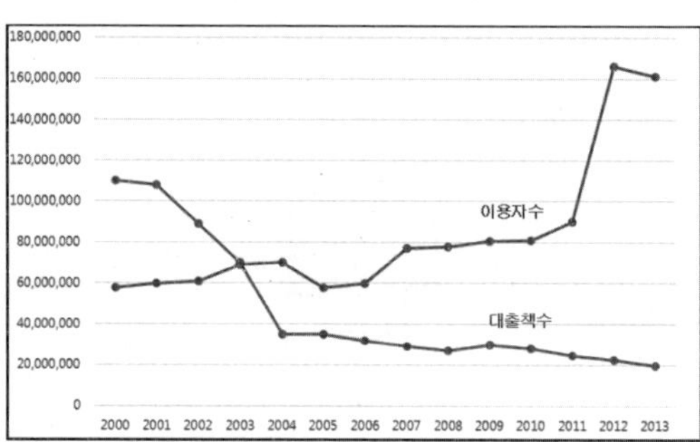

- 한국도서관연감 2000-2013, 한국도서관협회 -

공간

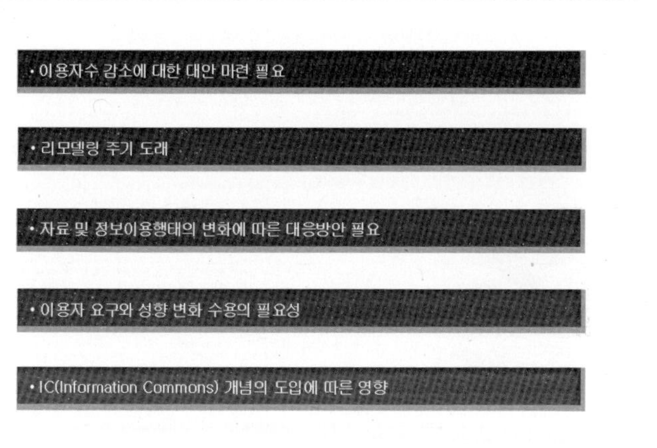

신축

	도서관명	면적(㎡)	층 수	예산	신축년도
1	서울대학교도서관	24,000	지하1층, 지상7층	690억	2015년 02월
2	호서대학교도서관	13,884	지하2층, 지상6층	310억	2015년 02월
3	목포해양대학교도서관	4,810	지하1층, 지상3층	100억	2015년 01월
4	전주대학교도서관	9,600	지하2층, 지상4층	340억	2011년 03월
5	성결대학교학술정보관	13,167	지하1층, 지상6층	220억	2010년 09월
6	명지대학교도서관	27,800	지하3층, 지상4층	450억	2010년 03월
7	성균관대학교학술정보관	23,800	지하2층, 지상7층	550억	2009년 03월
8	연세대학교학술정보원	33,428	지하1층, 지상6층	620억	2008년 05월
9	동서대학교민석도서관	14,345	지하2층, 지상6층	300억	2007년 09월
10	고려대학교도서관	23,382	지하1층, 지상5층	440억	2005년 05월
11	한성대학교학술정보관	11,814	지상6층	108억	2003년 10월
12	인하대학교정석학술정보관	25,185	지하2층, 지상6층	450억	2003년 09월
13	경성대학교도서관	11,384	15층 중 4~9층 사용		2003년 09월
14	조선대학교도서관	18,408	지상7층	180억	2003년 04월
15	포항공대정석학술정보관	24,420	지하1층, 지상6층	496억	2003년 04월
16	동국대학교도서관	14,500	지하4층, 지상4층	160억	2003년 01월

증축 및 리모델링

	도서관명	면적(㎡)	리모델링 층수	예산	년 도
1	숙명여자대학교도서관	2,040	지하1층, 지상5, 6층	20억	2015년 02월
2	국민대학교성곡도서관	13,870	지하2층, 지상5층	49억	2014년 02월
3	계명대학교동산도서관	21,612	지하2층, 지상7층	120억	2014년 02월
4	이화여자대학교동산도서관	7,174	지하1층, 지상1층		2013년 04월
5	가천대학교전자정보도서관	2,600	지하1층, 지상2층	24억	2010년 08월
6	중앙대학교도서관	14,000	지하1층, 지상4층	150억	2009년 09월
7	영남대학교도서관	24,003	지하1층, 지상6층	200억	2005년 02월
8	숙명여자대학교도서관	15,650	지상6층	80억	2004년 11월
9	대구가톨릭대학교도서관	17,340	지하1층, 지상5층	100억	2004년 05월
10	광주교육대학교도서관	5,620	지하1층, 지상3층	25억	2003년 02월

공간

[조선일보] 책 버리는 대학 - 도서관 공간 갈수록 부족, 전자책 늘어

2014/10/06

서강대 중앙도서관인 '로욜라 도서관'은 9월 30일부터 사흘간 장서 9954권을 폐기했다. 퇴출된 책들은 '구입한 지 10년이 넘고 지난 5년간 대출 횟수 5회 미만이면서 같은 책 3권 이상'인 언어·사회과학·이공 분야 도서였다. 나온 지 50년 된 영어판 '레닌' 평전 등 철 지난 사회주의 서적, 1999년판 '21세기 신경향 일본어' 등 중국어 인기에 밀린 제2외국어 책, 불과 10여년 만에 '석기시대 유물'로 전락한 공학 전공서가 많았다.

첫 장과 밑바닥에 붉은색 '폐기' 스탬프가 찍힌 책들은 우선 원하는 재학생과 교직원에게 1인당 최대 50권씩 무상으로 주어졌다. 사흘간 수백명이 헌책 더미를 뒤져 2000여권을 챙겨갔다.

1999년 영국에서 간행된 마르크스 선집 등 10권을 챙긴 천동환(24·영미영문학과 4학년)씨는 "소장하고 싶던 책들을 얻었다"고 했다. 2000여권은 몇몇 고교 도서관에 기증됐다. 끝내 새 주인을 못 찾은 4000여권은 소각 단계로 넘겨졌다. 도서관 측은 "과거엔 폐지 업체 등에 넘겼는데 재활용은 안 되고 시중에 유통돼 말썽이 난 일이 있어 요즘은 소각하고 있다"고 말했다.

책이 재산인 대학 도서관들이 장서를 버릴 수밖에 없을 만큼 도서관들은 포화 상태다. 1974년 우리나라 최초 완전 개가제 도서관으로 개관한 로욜라 도서관은 현재 124만여권을 소장하고 있다. 2관, 3관까지 생겼지만 서가의 90%까지 찬 상태라 매년 들어오는 새 책 3만~5만여권을 감당할 수 없다고 한다. 도서관 수서 정리팀 김희원 과장은 "꽂힌 책 위에 가로로 책을 쌓고 자투리 공간도 다 서가로 만들었지만 더 이상 틈이 없어 3~4년 전부터 매년 5000권 이상을 소각하거나 무상으로 나눠주고 있다"고 말했다.

한국교육학술정보원에 따르면 지난해 전국 각 대학 도서관은 평균 3000여권을 버렸다. 다 합치면 총 67만1653권이다. 서울 남산도서관 소장 도서(47만6244권)의 1.4배나 되는 규모다. 462만여권을 소장한 서울대가 9359권을 폐기했고, 213만여권을 보유한 연세대는 1만6704권을 처분했다. 이화여대(1만3828권)·경희대(1만8374권)도 1만권 이상을 버렸다.

한 대학 도서관 관계자는 "도서관 신·증축이 쉽지 않은 상황에서 책을 쌓아만 두면 효율적인 도서 이용이 어렵고 건물 안전도 위협할 수 있다"고 말했다. 일부 교수는 "신성한 책을 내다 버린다"며 반발하지만 대학 도서관들은 "대안이 없다"고 말한다.

책을 덜 읽는 세태, 전자책 보급 확대도 대학 도서관들에 영향을 주고 있다. 연세대 도서관 관계자는 "아무리 오래돼도 대출 빈도가 높은 책은 버릴 수가 없다"고 말했다. 하지만 두 자릿수였던 전국 대학 재학생 1명당 대출 권수는 2012년 9.4권으로 한 자릿수로 내려온 뒤 지난해에는 8.1권으로 더욱 줄었다.

대학 도서관 예산에서 e-book(전자책)과 전자 저널 등 전자 자료 구입비는 2011년 단행본 구입 예산을 추월했고, 지난해엔 전체 자료 구입비의 60.1%를 차지했다. 보관이 어려운 단행본에 집착할 이유가 점점 사라지고 있는 것이다.

공간 ; 좋은 도서관의 11가지 특징

주요특성	내 용
1. 기능성	기능을 잘하며, 보기 좋고, 지속 가능함
2. 적응의 용이성	유연한 공간, 쉽게 사용의 변화가 가능함
3. 접근의 편리성	초대하는 공간, 이용이 쉽고 자율성을 촉진하는 사회적 공간
4. 다양성	다양한 미디어와 학습공간의 선택이 가능한 장소
5. 상호작용성	사용자와 서비스 간의 접촉을 촉진하는 잘 조직된 공간
6. 유도성	동기화하고 영감을 불러일으키는 인간적 공간
7. 환경 적합성	사용자, 도서, 컴퓨터에 적합한 조건 제공
8. 안전성	사람, 컬렉션, 데이터 및 건물의 안전성
9. 효율성	공간, 스태프, 운영비의 경제성
10. 기술력	사용자와 직원을 위한 유연한 공간
11. 놀라움 요소('wow' factor)	마음을 끌어 당기는 영감적 공간

참조 : Andrew McDonald, "The top ten qualities of good library space", in Korean Latimer and Hellen Niegaard ed., IFLA Library Building Guidelines : Developments & Reflections, Munich : KG Saur, 2007, p.14.

공간 ; 도서관 건축 동향

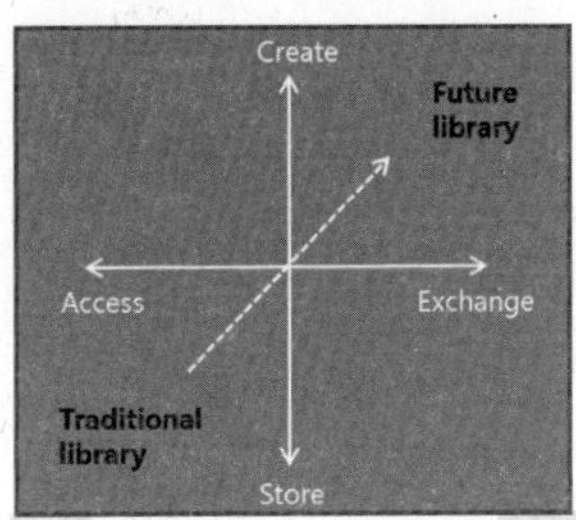

공간 패러다임의 변화

- 인쇄매체 중심 -> 전자 매체
- 소유중심 -> 접근 중심
- 장소 및 장서 중심 -> 차별화된 서비스 제공
- 개별화된 시설 -> 복합문화시설
- 학습/열람기능 -> 협업 및 생산 기능

공간 ; 도서관 건축 동향

❖ 개인별 공간 및 협력형 학습공간의 확대
- carrel, group study room, seminar room, gallery, 휴게실 등

❖ 한 자리에서 모든 미디어에 접근 가능

❖ 서비스의 통합

❖ 공간의 유연성 확보
- 붙박이가구, 고정형 공간 최소화
- 복도와 방간의 구분 없앰

❖ 자연채광의 활용

❖ 대학(도시)의 거실 및 만남의 장소로서의 역할

공간 – 색상

공간 – 가구

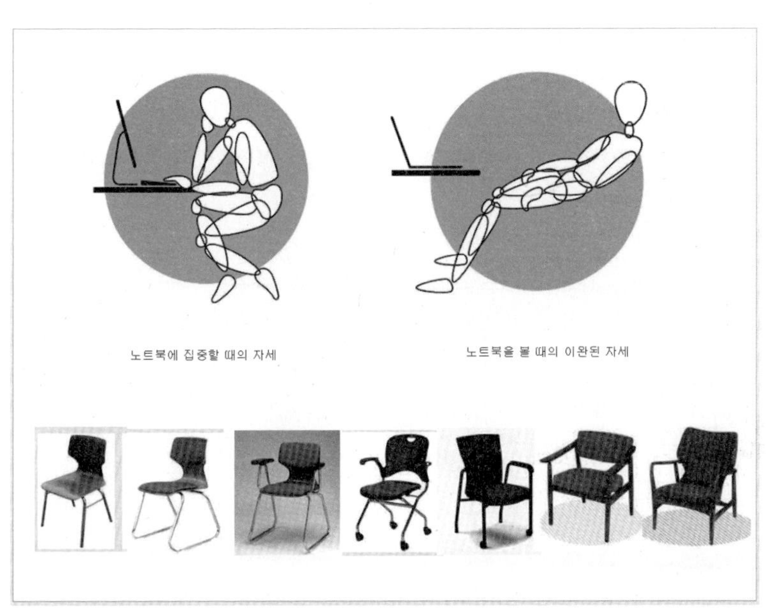
노트북에 집중할 때의 자세
노트북을 볼 때의 이완된 자세

공간 - 구조

공간 - 조망

공간 - 외벽

공간 - 열람석

F15

공간 – 외부공간의 활용(Delft Technical Univ. Lib. Netherlands)

공간 – 외부공간의 활용(Delft Technical Univ. Lib. Netherlands)

공간 - 외부공간의 활용

공간 - 상징

공간 – 상징(Biscay statutory Lib. Bilbao, Spain)

공간

과거		미래
• 지식의 신전 • 위계적 디자인과 동선 • 침묵의 원칙 • 장서 중심 • 관리자 편의	현재	• 도시(대학)의 거실 • 오픈 플랜 디자인과 동선 • 상호존중의 문화 • 포괄적 경험과 인식으로 구성되는 지식의 공간 지향 • 이용자(고객) 중심

공간

The next great library debate may be over Space.
And it's a debate with different aspects for each type of library.
Herewith, a few notes on one side of that debate; the diversity of spaces required in tomorrow's libraries and the power of libraries as places

- Walt Crawford 'Library Space ; the next frontier?'

We asked a student why he used the library.
He replied that when he "got serious" that was the only place he wanted to be.
....
Rather than hide resources, the library Should bring them to the user, creating a one-stop shopping experience.

- G. T. Freeman 'The Library as Place: Changes in Learning Patterns, Collections, Technology, and Use'- Library as Place: Rethinking Roles, Rethinking Spaces, CLIR-

공간 ; Information Commons

- 통합도서관 이용자 서비스 모델(Integrated Library Public Service Model)로 북미의 대학도서관을 중심으로 1990년대 초반에 등장
- 텍스트 기반의 인터넷에서 GUI와 하이퍼링크 기반인 웹으로 인해 전자자원에 대한 풍부한 접근이 가능해 지면서 ALA에 가입된 수백 개의 도서관으로 확산되었고, 이후 고객 서비스의 효과적인 전달을 위해 계속적인 진화를 거듭해옴.
- 특히, 2000년 이후 **도서관 건물 이용률이 저하되고 참고질문의 수와 대출 권수가 감소되고 있는 현상의 해결책으로 제시되어** 대학도서관뿐만 아니라 공공도서관으로 확산되고 있음.
- 정보, 정보기술, 문화적 인프라를 기초로 학습 및 교육과 연계하는 Learning Commons의 개념으로 진화 중
- 이용자가 정보를 습득하는 공간에서 직접 생산, 창조하는 공간으로 변화

공간 ; Information Commons

요소(Factors)

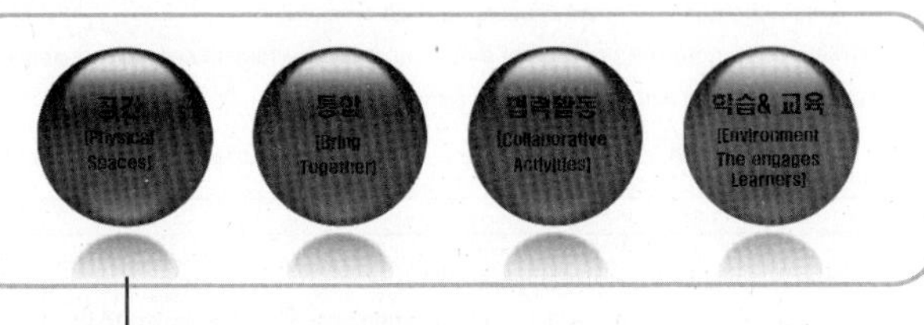

- Open(개방)
- Convenience(편리함)
- Self(스스로, 개인화)
- Culture(문화)
- Amenity(쾌적함)

공간 ; Information Commons

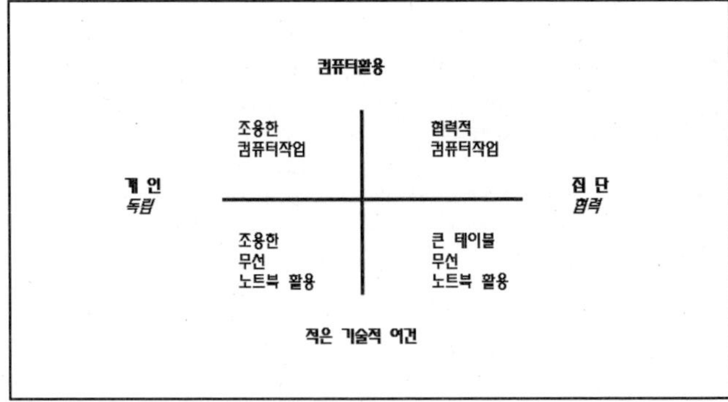

The Philology Library of the Free Univ., Belin

Humboldt University Library, Berlin

Ohio State University Library, USA

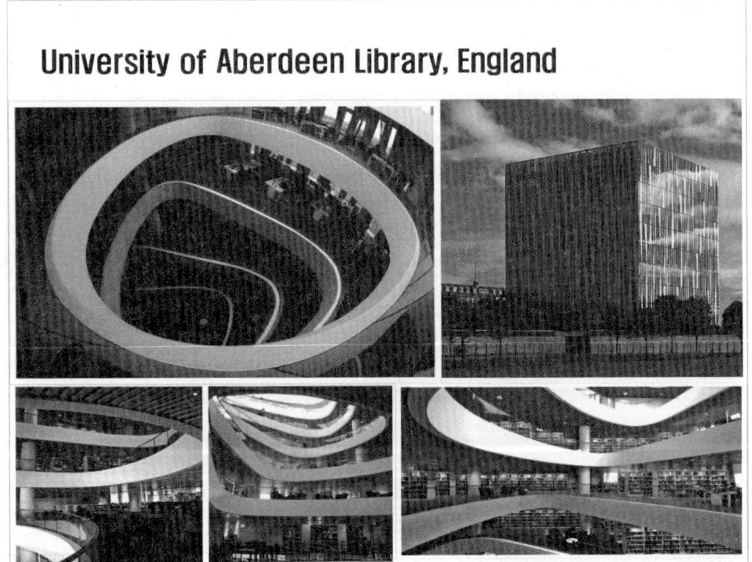
University of Aberdeen Library, England

Tama Art University Library, Japan

Delft Technical Univ. Library, Netherlands

Odegaard Library, Univ. of Washington, USA

S대학교 학술정보관
현대적 건물 및 공간구성
커뮤니케이션의 활성화
최신형 학습공간 제공

C대학교 도서관

S대학교 학술정보관

Y대학교 학술정보원
* 학술정보관의 서비스와
첨단 Ubiquitous 기술을
접목한 U-서비스 개발
⑥ 감성디자인과 디지털 퍼니처

S대학교 도서관

M대학교 도서관
• 디지털 허브 지향
• U-Library 구현

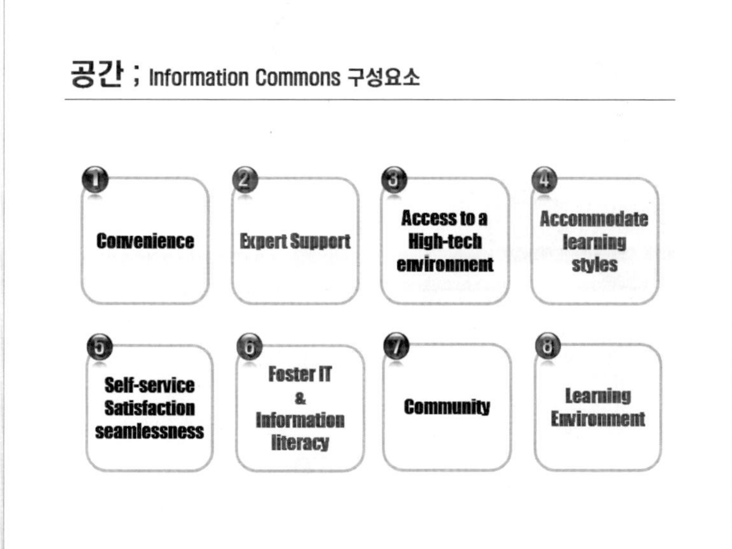
공간 ; Information Commons 구성요소
1 Convenience
2 Expert Support
3 Access to a High-tech environment
4 Accommodate learning styles
5 Self-service Satisfaction seamlessness
6 Foster IT & Information literacy
7 Community
8 Learning Environment

공간

Physically displayed content brings multiple meaningful dimensions and extrapolations to our spaces, and its removal would no doubt make the
Space feel barren, as if void the space of life itself
……
A Library's space is different from that of a warehouse, as it has values, a philosophy, a spirit, and a soul.

- Planning our Future libraries : Blueprints for 2025, pp.31-37 -

Students prefer libraries that look and feel traditional rather than Modern, and that students indicated that they would be inclined to use traditional libraries more often than their current libraries.

- The Future of University Libraries: 2012 Midwinter Report -

공간

대학도서관 관련 이슈의 흐름

1 유행의 추구에 앞서 본질을 돌아 보아야 할 시기

도서관의 정체성과 존립의 의미
사서 역할의 재정립 필요

2 도서관의 특성에 대한 이해가 우선될 필요

공공도서관 : 복합문화공간
대학도서관 : 복합학습공간

3 공간에 대한 변화 이후 예측

사서의 역할 변화와 역량 이슈 가능성
도서관 서비스 변화에 대한 요구

4 대학도서관의 역할

공간에 대한 변화에 대한 관심과 함께 정보, 서비스, 인적자원의 연계 및 융합에 관심 필요

[3교시] 대학도서관의 이해(2)

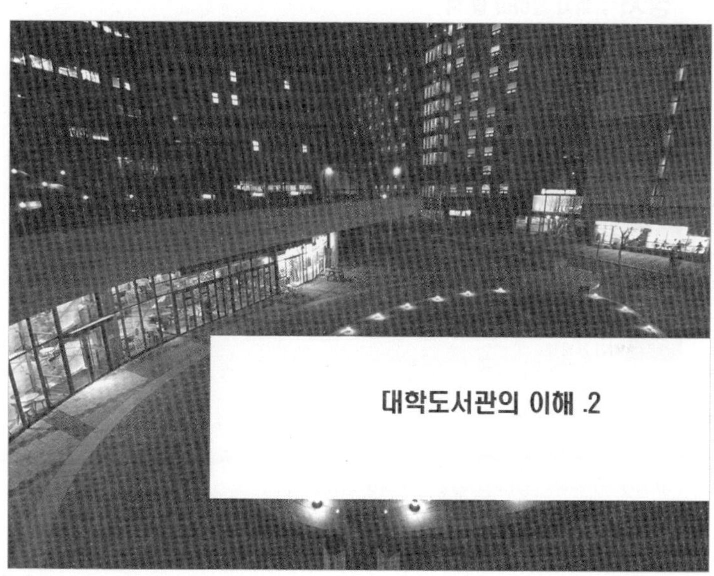

장서 ; 읽지 말아야 할 책

1. 축약본
2. 처세술 관련 책
3. 힐링을 주제로 하는 책
4. 짧은 분량을 감추기 위한 사족이 많은 책
5. 자기 개발서
6. 상상력을 저하시키는 책

장서 ; 이슈. 1

인터넷서점 '화제의 책' 알고보니 그냥 광고

[뉴시스] 입력 2012.11.12 14:27

인터넷 서점 명	서적소개 코너명	광고단가
예스24	기대 신간	2,500,000원
	주목 신간	1,000,000원
인터파크	급상승 베스트	1,200,000원
	핫 클릭	700,000원
교보문고	IT'S BEST	1,000,000원
	리뷰 많은 책	700,000원
알라딘	추천 기대작	750,000원
	화제의 책	1,500,000원
	주목 신간	750,000원
	화제의 베스트 도서	500,000원

【서울=뉴시스】 박주연 기자 = 예스24·인터파크·교보문고·알라딘 등 대형 온라인 서점들이 출판사로부터 돈을 받고 '추천 기대작', '화제의 책' 등 서적 추천 코너에 책을 홍보해주다 공정거래위원회에 적발됐다.

공정위는 12일 보도자료를 내고 "대형 온라인 서점의 전자상거래법 위반 행위를 점검해 기만적 방법으로 소비자를 유인한 예스24 등 4개 대형 온라인 서점에게 시정 명령과 과태료 2500만원을 부과했다"며 이같이 밝혔다.

인터파크는 1000만원, 예스24와 알라딘, 교보문고는 각각 500만원의 과태료를 부과받았다.

지난해 이들 서점이 책 소개 코너로 벌어들인 광고비는 9167억원에 달했다.

공정위에 따르면 예스24는 건당 광고비 250만원을 받고 '기대 신간'에, 100만원을 받고 '주목신간'에 책 소개를 실어 지난해 3552억원의 돈을 벌어들였다.

인터파크 역시 건당 120만원에 '급상승 베스트', 70만원에 '핫 클릭'에 책 소개를 실으며 지난해 2486억원의 돈을 벌었다.

[사설] 인터넷 서점들의 속임수 책 광고

[중앙일보] 입력 2012.11.14 00:01

인터넷 서점 예스24의 홈페이지 화면에 떠 있는 '기대 신간' 코너에 책을 소개하려면 광고비 250만원을 내야 했다. 알라딘의 '화제의 책'에 책을 올리려면 150만원이 들었다. 그러나 소비자들은 광고라는 사실을 몰랐다. 전문가 추천이거나 최신 독서 트렌드를 반영한 것으로 믿고 책을 구매해 왔다. 다른 상품도 아니고 마음의 양식이라는 책을 갖고 장난치다니, 너무 심했다.

공정거래위가 전자상거래소비자보호법(전상법) 위반 행위를 적발해 과태료를 매긴 인터넷 서점에는 예스24·알라딘 외에 인터파크·교보문고도 포함됐다. 이들이 '주목 신간' '급상승 베스트' '리뷰 많은 책' '화제의 베스트 도서' 등의 문구를 동원함으로써 '기만적인 방법을 사용해 소비자를 유인'했다는 것이다. 사실상 사기·속임수를 썼다는 얘기다.

그러나 출판계는 공정위의 제재로 다시 도마에 올랐을 뿐이지 출판 유통시장에서의 각종 탈법·불법 행위는 어제오늘의 일이 아니라는 시각이다. 대형 오프라인 서점의 매대 거래 행위는 일상화됐고, 잊을 만하면 사재기 의혹이 불거지는 판이다. 당장 인터넷 서점에 들어가 보더라도 공정위가 적발한 10개 코너는 사라졌지만 '오늘의 책' 'MD 추천 서적' 등 솔깃한 문구로 독자를 유혹하는 코너가 많다. 이런 책들은 돈 거래가 없었는지 의심이 드는 게 당연하다.

돈을 받고 특정 서적을 부각시키면 지적 사명감을 발휘해 양서를 만들어낸 수많은 군소·전문 출판사들은 설 땅이 없어진다. 출판 생태계가 파괴되는 것이다. 독서문화의 편중·왜곡 현상도 심해진다. 안 그래도 성인 10명 중 4명은 1년에 책을 한 권도 읽지 않는 우리나라다. 낮은 독서율이 출판 유통업자가 출판사 위에서 갑(甲)으로 군림하게 만들고, 소비자는 봉으로 전락하는 악순환이다. 일반 독자들도 안목을 더 기를 필요가 있지만, 무엇보다 인터넷 서점들부터 각성하기 바란다.

장서 ; 이슈. 1

나는 한번이라도 뜨거웠을까

★★★★☆ 8.47 | 네티즌리뷰 69건

베벌리 나이두 저 | 고은옥 역 | 내인생의책 | 2011.04.09

페이지 216 | ISBN ? 9788991813793 | 도서관 소장 정보 국립중앙도서관

판형 A5, 148*210mm

정가 13,000원

리뷰쓰기 책펌하기 ★북마크 | 미투 | 보내기

★ 2010 국제독서협회가 뽑은 '주목할 만한 책'

★ 2009 미국도서관협회가 뽑은 '편집자 추천도서'와 역사소설분야 톱 10'

★ 2009 뉴욕공공도서관이 뽑은 '읽기와 나눔을 위한 도서 100'

★ 2009 시카고공공도서관이 뽑은 '베스트 오브 베스트 북'

장서 ; 이슈. 2

주요 대학도서관의 전자자료구입비율(%) 변화추이

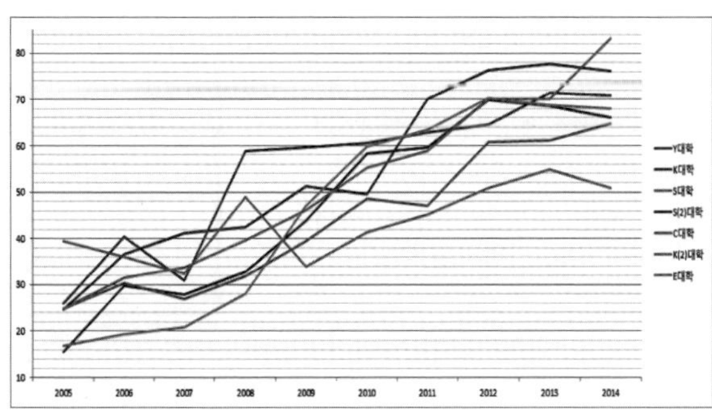

장서 ; 이슈. 2

S대학도서관의 최근 6년간 자료구입비 변화추이

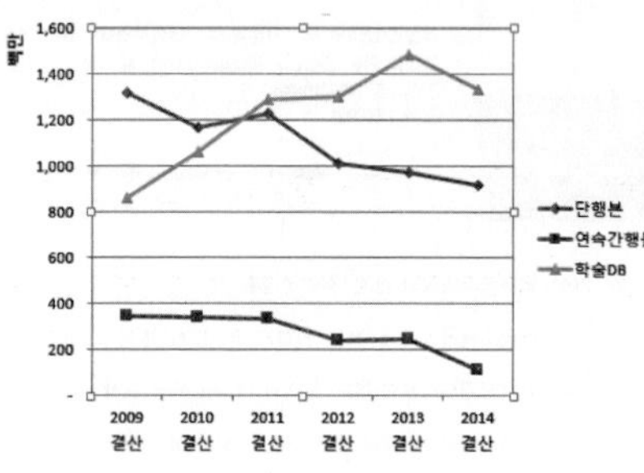

장서 ; 이슈. 3

[단독] 대학도서관 장서 북미권大 절반도 안돼

경쟁력 지표 분석해보니
'1위' 서울대도 평균 못미쳐… 정부·대학 푸대접 탓 뒷전으로
교육부 전담직원 하나도 없어… 향후 5년간 800억 지원 발표

2010년 기준 박사학위 수여 대학 도서관의 연평균 자료 구입비. 미국 59억 9600만원: 한국 12억8000만원

지난해 국내대학 재학생 1인당 연간 자료구입비. 4년제 사립 A대(4329원·전북 소재), B대(4654원·경남 *).

'대학의 심장'이라 불리는 우리나라 대학도서관의 현주소다. 교수 등 연구자와 학생들의 교육·연구활동을 지원하는 도서관이 제 역할하는 곳이 드물다. 대학의 심장이 아니라 맹장으로 전락한 곳이 수두룩하다. 정부의 무관심과 대학의 인색한 재정투자 탓이다.

북미연구도서관협회(ARL) 대학과 국내 상위 20위권 대학 도서관의 주요 관련지표 평균치 비교 (단위:책, 원, 건)

	재학생 1인당 소장도서 수	재학생 1인당 자료 구입비	도서관 간 상호대차 자료제공 건수
ARL 대학도서관	142	38만4000	3만9333
국내 상위20 대학도서관	76	16만8000	1576

자료: 한국교육학술정보원

🔍 미혼男女 "충격발언" 미혼전 이건 꼭 한다!
🔍 모텔가서 떡실신? 미쁜미친 " 사연공개 "

◆위기의 대학도서관

지방의 A사립대는 지난해 세계 학술시장을 주도하는 출판사 중 하나인 미국계 엡스코의 '엡스코호스트 전자책(EBSCOhost eBook) DB' 구독을 중단했다. 해외 주요 출판사들이 최근 3년간 펴낸 학문 관련 전자책 2만5000여종을 담은 데다 양질의 콘텐츠 제공으로 연구자들의 이용 만족도가 높다. 그럼에도 구독을 중단한 것은 구독료(연간 705만원) 부담 때문이다. 한국교육학술정보원(KERIS·케리스)에 따르면, 국내 121개 대학 중 96개교(79%)가 구독료 부담 때문에 이 DB 구독을 기피했다.

책없는 대학도서관… 열람실만 넓은 '독서실'

美 대학과 장서량 비교 땐 서울대 36위 경북대 103위 수준

좋아요 0 +1 0 목록 메일 인쇄 글씨크기 URL단축

국내 주요 대학 도서관의 소장 도서 규모가 북미권 주요 대학 도서관의 최하위권 수준에 불과한 것으로 나타났다. 1996년 대학 설치 기준에서 도서관 장서에 대한 기준이 사라지면서 대학의 장서 확보에 대한 예산 투자가 줄어든 것이 결정적인 원인으로 분석된다.

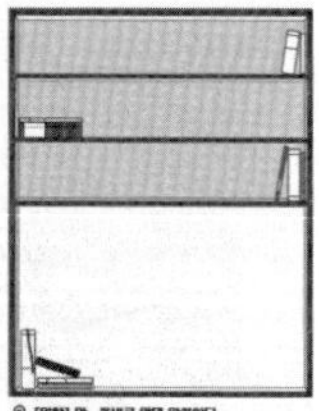

🔍 [의학] 암.. 올바로 알면 완치한다.
🔍 라식 or 라섹 할 때 중요한건? [의]

20일 서울신문이 한국교육학술정보원(KERIS)의 '대학 도서관 통계 분석'과 'ARL(북미연구도서관협회) 연간 통계'(2011년 기준)를 비교 분석한 결과에 따르면 지난해 3월 기준으로 서울대, 경북대 등 국내 도서 보유 상위 20위 대학 도서관의 평균 소장 도서 수는 173만 320권이었다. 2009년 191만여권보다 오히려 줄었다. 반면 ARL 소속 대학 도서관 장서 수 평균은 452만 8262권으로 국내 대학 도서관 평균의 2.6배에 이른다. 국내 상위 20개 대학 도서관의 평균 소장 도서는 ARL 회원 도서관 중 꼴찌인 캐나다 캘프대의 189만 8348권에도 미치지 못한다.

장서 ; 이슈. 3

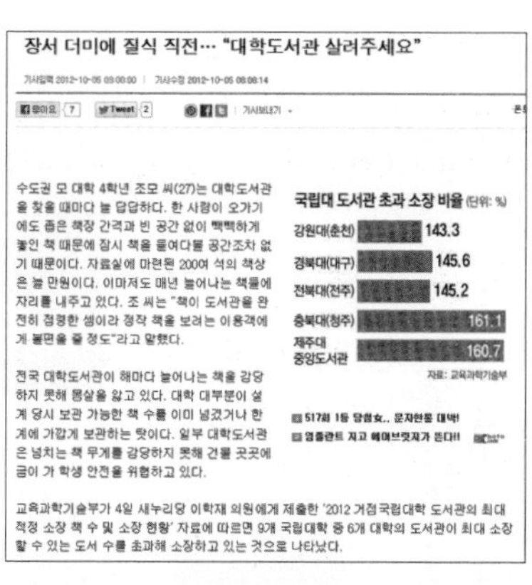

장서 더미에 질식 직전… "대학도서관 살려주세요"

기사입력 2012-10-05 03:00:00 | 기사수정 2012-10-05 08:08:14

수도권 모 대학 4학년 조모 씨(27)는 대학도서관을 찾을 때마다 늘 답답하다. 한 사람이 오가기에도 좁은 책장 간격과 빈 공간 없이 빽빽하게 놓인 책 때문에 잠시 책을 들여다볼 공간조차 없기 때문이다. 자료실에 마련된 200여 석의 책상은 늘 만원이다. 이마저도 매년 늘어나는 책들에 자리를 내주고 있다. 조 씨는 "책이 도서관을 완전히 점령한 셈이라 정작 책을 보려는 이용객에게 불편을 줄 정도"라고 말했다.

전국 대학도서관이 해마다 늘어나는 책을 감당하지 못해 몸살을 앓고 있다. 대학 대부분이 설계 당시 보관 가능한 책 수를 이미 넘겼거나 한계에 가깝게 보관하는 탓이다. 일부 대학도서관은 넘치는 책 무게를 감당하지 못해 건물 곳곳에 금이 가 학생 안전을 위협하고 있다.

국립대 도서관 초과 소장 비율 (단위: %)

강원대(춘천)	143.3
경북대(대구)	145.6
전북대(전주)	145.2
충북대(청주)	161.1
제주대 중앙도서관	160.7

자료: 교육과학기술부

교육과학기술부가 4일 새누리당 이학재 의원에게 제출한 '2012 거점국립대학 도서관의 최대 적정 소장 책 수 및 소장 현황' 자료에 따르면 9개 국립대학 중 6개 대학의 도서관이 최대 소장할 수 있는 도서 수를 초과해 소장하고 있는 것으로 나타났다.

장서 ; 이슈. 4

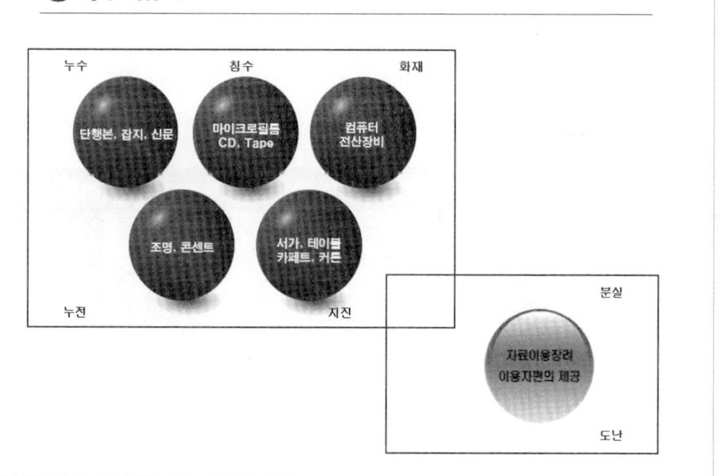

장서 ; 이슈. 5 – 지적자유 (검열)

자살토끼 (The Book of Bunny Suicides / Andy Riley, 2008)

이 책의 주인공인 토끼는 기발하고 엽기적인 아이디어로 자살을 시도하는데 대부분의 사람들의 경우 가볍게 웃고 즐길 정도이지만 미국 Origon주 ,central Linn고등학교에서 도서관 장서를 대출하여 집에 가져간 학생의 어머니인 Anderson이 어린 아이가 읽기에 적절하지 않다고 주장하며 교장에게 학교도서관에서 그 책을 제적할 것을 요구

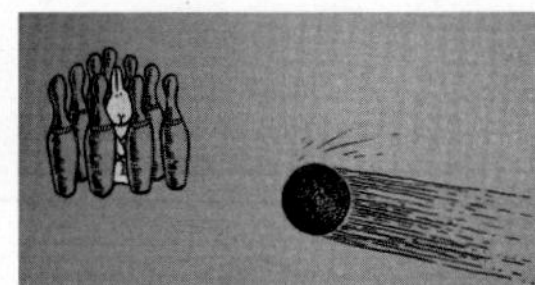

장서 ; 이슈. 5 – 지적자유 (검열)

And Tango Makes Three / Justin Richardson & Peter Parnell / 2005)

Central Park의 동물원에 사는 펭귄가족의 이야기로서 여러 차례 수상 경력이 있는 도서.

Roy와 silo라는 수컷 펭귄 두 마리가 짝을 이루어 살다가 사육사가 놓아둔 알을 품어 새끼 펭귄 Tango가 태어나게 되는 이야기.

작가들은 이 책을 통해 가족애의 중요성, 그리고 다른 이들의 생각과 삶의 방식에 대해 이해하는 마음을 전하고자 하였으나 이 책이 학교도서관에 비치되자 이 책을 통해 아이들에게 동성애를 자연스러운 것으로 받아들이게 되고, 이 책이 동성애를 조장한다고 주장하며 도서관에 금지하도록 요구

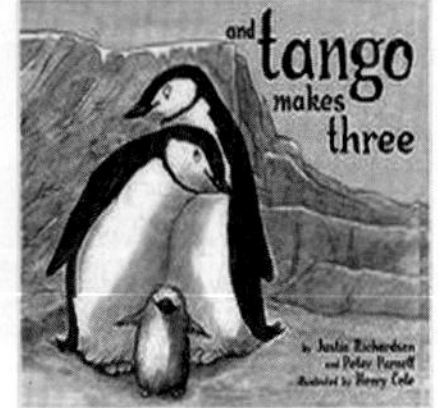

장서 ; 이슈. 5 – 지적자유 (검열)

❖ 도서관인 윤리선언 (KLA)

6. [자료] 도서관인은 지식자원을 선택, 조직, 보존하여 자유롭게 이용케 하는 최종책임자로서 이를 저해하는 어떠한 간섭도 배제한다.

가. 도서관인은 민족의 문화유산과 사회적 기억을 지키는 책임을 진다.

나. 도서관인은 지식자원을 선택함에 있어서 일체의 편견이나 간섭 또는 유혹으로부터 자유로워야 한다.

다. 도서관인은 지식자원을 조직함에 있어서 표준화를 지향한다.

라. 도서관인은 이용자와 관련된 개인정보를 보호하며 그 공개를 강요 받지 아니한다

❖ Statement on Libraries & Intellectual Freedom, IFLA

Libraries shall acquire, organize and disseminate freely and oppose any form of censorship

❖ American Library Association Code of Ethics

We uphold the principles of intellectual freedom and resist all efforts to censor library resources

장서 ; 이슈. 6

경희대학교도서관 연도별 대출 현황

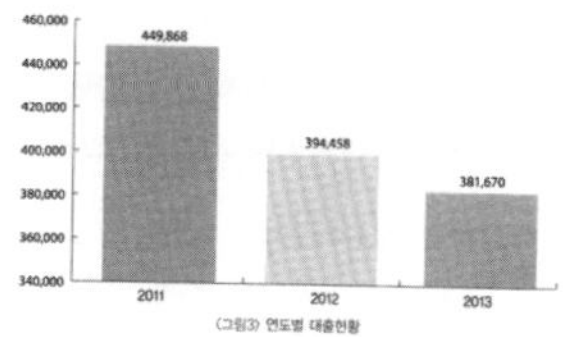

(그림3) 연도별 대출현황

Library Report(중앙도서관 연차보고서) 2013, 경희대학교 중앙도서관, 2014

대학도서관 연도별 대출 현황 변화 추이

	2011년	2012년	2013년
동아대	274,766	194,310	156,467
서강대	254,408	234,357	216,577
영남대	537,283	337,973	304,684
이화여대	746,926	468,659	445,260
조선대	163,390	142,771	123,907

회원교 편람(2011-2103), 한국사립대학교도서관협의회.

장서 ; 이슈. 6

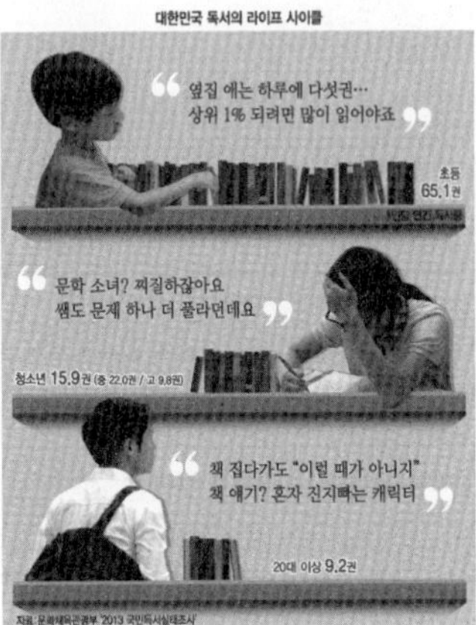

장서 ; 이슈. 6

대학 도서관 "책 좀 빌려 가세요"

대학생 독서량 현저히 낮아 다독왕에게 태블릿PC까지 각종 상품증정 이벤트 씁쓸

2013년 07월 18일 (목) 지면보기 | 4면 임춘혁 시민기자 ajh8888@kihoilbo.co.kr

'우수 대여자, 다양한 상품 증정.' 수도권 한 대학 도서관 앞 게시판에 붙은 안내문이다.

그냥 보기에는 책을 일정 권수 이상 읽는 학생에게 다양한 상품을 증정하는 이벤트로 보이지만 사실 불편한 진실을 담고 있다. 현저히 낮은 대학생들의 독서량을 끌어올리기 위해 문화상품권을 지급하고, '다독왕'에게는 태블릿PC까지 상품으로 내걸고 독서를 독려하고 있다.

현재 이 대학 학생들 대부분의 독서량은 5권 내외로 시험공부와 과제 등의 이유로 관련 서적을 찾은 경우가 80%에 육박한다. 한 학기 동안 이들이 실질적으로 읽는 책은 1~2권, 그나마도 도서관 근처에도 오지 않는 학생들이 대부분이다.

이 대학에 다니는 권모(21)씨는 "과제 또는 시험기간에 관련 서적을 이용하려는 학생들 빼고는 열람실에서 책을 읽는 학생을 보기 힘들다"고 도서관 이용 실태를 전했다.

도서관 열람실 사서로 일하는 김모 씨도 "열람실에서 책을 읽거나 책을 대여하는 학생은 적은 편"이라며 "그나마도 대여한 책을 반납하지 않는 학생이 많다"고 안타까워했다.

대학만의 문제가 아니다. 경기도의 몇몇 고등학교 학생들의 경우 한 학급 30명을 기준으로 1년에 2권 이상 읽는 학생이 겨우 3명으로 약 10%에 불과했다.

이처럼 우리나라의 독서량이 매우 낮은 상황에서 대학의 이벤트를 무조건 나쁘다고 할 수 없는 현실이다.

대학 관계자는 "많은 학생들이 바쁜 일상에서 독서하기가 쉽지 않은 일이기는 하지만 독서량이 현저히 낮은 현실을 고려하면 여유를 갖고 지식을 쌓는 습관이 필요하다"고 말했다.

장서 ; 이슈. 6

메모리 장치 증정

다독왕, 열공왕 등 표창 수여

음료 쿠폰 증정

매일이 전쟁인데, 한가롭게 책은 무슨.

독서 따윈 개나 줘라.
필요한 건 영어능력과 스펙이다.

핑계대지 마라.
술 먹고, 게임할 시간은 있으면서.

책은 시간 날 때읽는 게 아니고,
시간을 내서 읽는 거다.

이벤트 때문에 책만 빌렸다가
안 읽고 반납하는 사람 많겠네.

등록금 할인해준다고 하면
도서관에 책이 없을 걸?

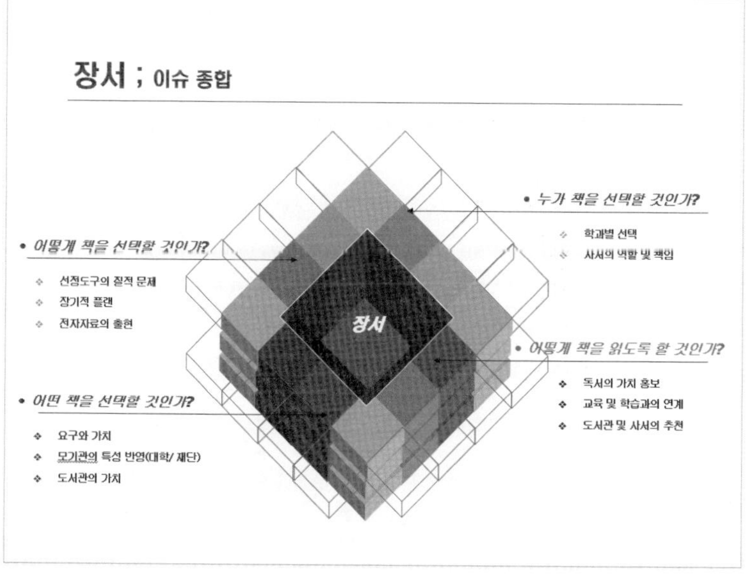

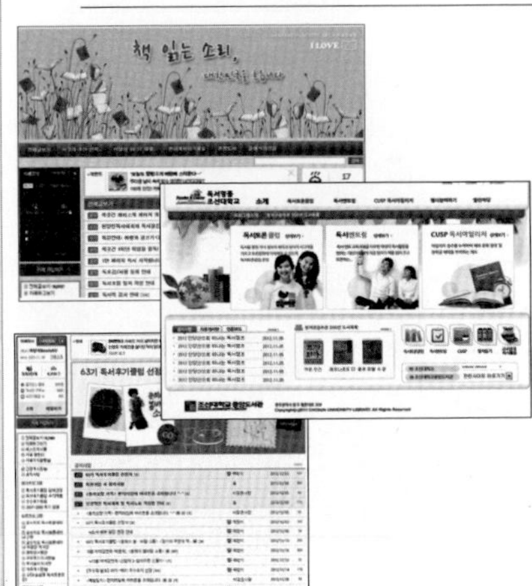

- ❖ 릴레이 책 편지 - 성균관대
- ❖ 독서후기클럽 - 숭실대
- ❖ 어린이 독서캠프 - 인제대
- ❖ 독서토론회 - 동서대
- ❖ 독서교실 - 동국대
- ❖ 독서클럽 - 한남대
- ❖ 독서토론클럽 운영 및 독서맨토링 - 조선대
- ❖ 온라인 북카페 운영 - 한양대
- ❖ 북 콘서트 - 대전대
- ❖ 천마독서장학금 운영 - 영남대

장서 ; 독서프로그램

항목	공공도서관	학교도서관	대학도서관
공유 프로그램 기획	●	●	●
학습 연계 프로그램 개발		●	
프로그램 진행 전체 관리	●		
인력지원 - 강사, 전문가 지원			●
인력지원 - 자원봉사자 지원			●
장소, 시설 지원	●	●	
자료 개발	●	●	
도서 선정	●	●	
이용자 의견 조사	●	●	
사서 계속교육			●
홍보, 마케팅	●	●	●
평가 도구 개발	●	●	●
평가 작업	●	●	
평가 결과 분석 및 향후 계획 수립	●	●	●

- 이지연 등, 학교, 공공, 대학도서관 연계를 통한 도서관 활성화 방안 연구, 교육인적자원부, 2006, p.156.

서비스 ; 정보활용교육

1	대학도서관 – 대학 내 교육적 역할 분담이 전략적으로 바람직하다고 판단됨
2	지역사회의 '정보활용교육' 제공을 위한 주체적 역할 가능
3	From instruction to teaching

Technology training is offered in nearly all(98.0%) public libraries, and nearly all offer education and learning programs(99.5%) and summer reading programs (98.4%). Almost 80% of libraries offer programs that aid patrons with job applications, interview skills, and resume development.

– The State of America's Libraries 2015, ALA, p.10 –

서비스 ; 정보활용교육

공공도서관의 이용자교육 실시 현황	도서관 수	비율(%)
정보활용능력, 도서관 이용 교육 모두 실시	280	36.9
정보활용능력 교육만 실시	4	0.5
도서관 이용 교육만 실시	330	43.5
실시하지 않음	145	19.1
합 계	759	100

• 이지연 등, 학교, 공공, 대학도서관 연계를 통한 도서관 활성화 방안 연구, 교육인적자원부, 2006, p.34.

이용자들이 가장 원하는 정보활용교육의 내용은 무엇입니까? (공공도서관)		
순번	문항	비율(%)
1	도서관 홈페이지 안내 및 자료이용방법	26.08
2	정보검색 및 활용방법	37.00
3	스마트폰 활용법	15.21
4	대상자별 이용자교육	6.52
5	전자책 활용방법	4.34
6	원하지 않음	4.34
7	무응답	6.52

• 박희진, 배경재, 정보활용교육 운영실태 및 개선방안 연구, 2012 한국도서관정보학회 동계학술발표대회자료집, p.180.

서비스 ; 정보활용교육

K대학 도서관 정보활용교육 제공 현황

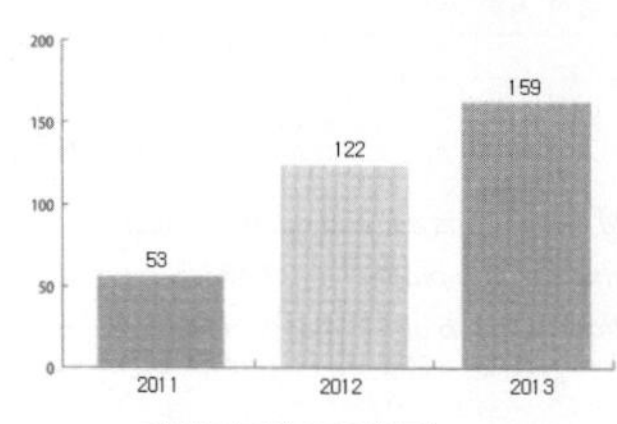

강의(수업) 연계 프로그램 운영

Library Report(중앙도서관 연차보고서) 2013, 경희대학교 중앙도서관, 2014, p.50-52.

Y대학 도서관 정보활용교육 제공 현황

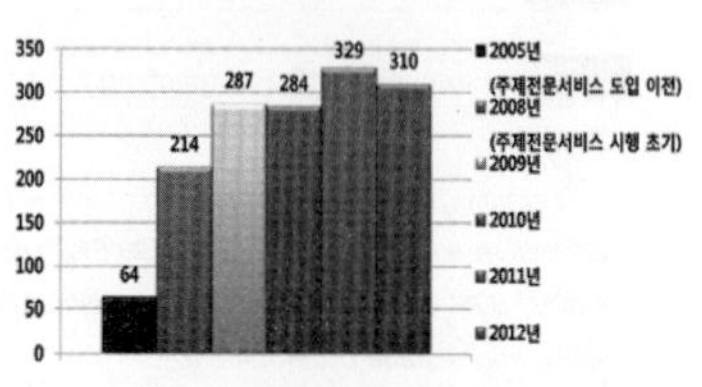

▪ 주제전문서비스와 정보활용교육의 연계

연세대학교 학술정보원 주제전문서비스 운영사례, 2013년도 대학도서관 실무자 세미나자료집, p.68.

인적자원 ; 사서

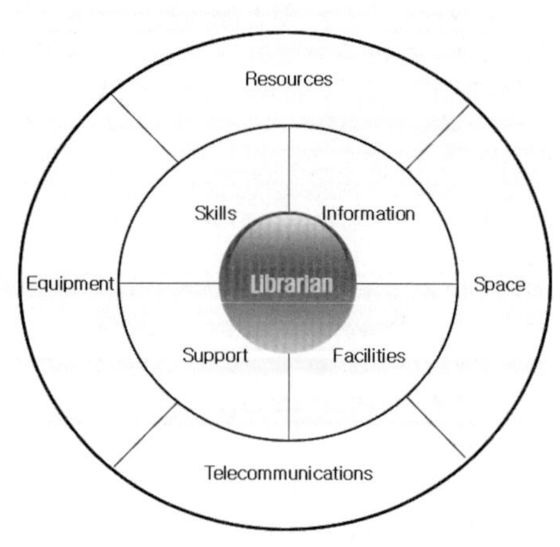

기타 : 문화 & SNS 마케팅

구 분	대학도서관 & 내용
전시회	서울대 '도서관 별을 만나다' 한신대 '미술 작가 초대전' 상명대 '북아트 전시회' 수원여대 '문화인물 전시회' 서강대 '정기 전시회 ' 이화여대 '바벨의 도서관 보르헤스전' 순천대 '재직 교수 저작물 전시회' 신라대 '만화로 여는 책의 세상 '
각종 공연 및 전시 (음악회/ 영화상영 등)	성균관대 '아픈 마음을 치유하는 영화 100편' 충남대 '정오의 도서관 음악회' 배재대 '작은 음악회' 충남대 '정오의 음악회 ' 한신대 '다큐멘터리 영화 감상제', '뮤직 콘서트' 대전대 '영화 & 팝콘데이' 인제대 '도서관 점심 콘서트 ' 사이음악회''

구 분	대학도서관 & 내용
이벤트/ 공모전	인제대 '독서감상문 공모전'. '세계 책의 날 기념 이벤트' 동서대 '독서 사진 포스터 공모전' 한국교대 '도서관 체험수기 공모전 ' 포항공대 '퀴즈 이벤트' 이화여대 '도서관 보물찾기' 숙명여대 '새내기, 도서관에 푹 빠지다' 대구가톨릭대 '도전 골든벨' 포스텍 '첫대출 이벤트' 순천향대 '도서관 사진공모전' 성균관대 '기증자료 무료배포행사' 계명대 '책과 함께하는 야생초 축제 ' 인제대 '세계 책의 날 기념 이벤트' 신라대 '신라톡 페스티발' 카이스트 '온라인 독서퀴즈 '범인을 잡아라 ' 울산과학기술대 'Library Skils Quiz'
기 타	경성대 '작가초청 강연회' 목원대 '시험기간 학생들에게 빵.우유 나눠주기 행사 한국기술교대 '작가 사인회' 서강대 ' 산타워너비' 성균관대 '책나눔행사' 한국기술교육대 ' 작가사인회' 인제대 '문화탐방' 한남대 ' 주한외교관초청강연회' 성균관대 '오거서프로젝트' 건국대 'A+ 떡나눔행사' 계명대 '고문헌 해제 교육 프로그램' 부산외대 '도서관 기적의 빵' 전주대 '야식이 불타는 밥' 한국성서대 '도서관 24시 -공부하고 야식먹고'

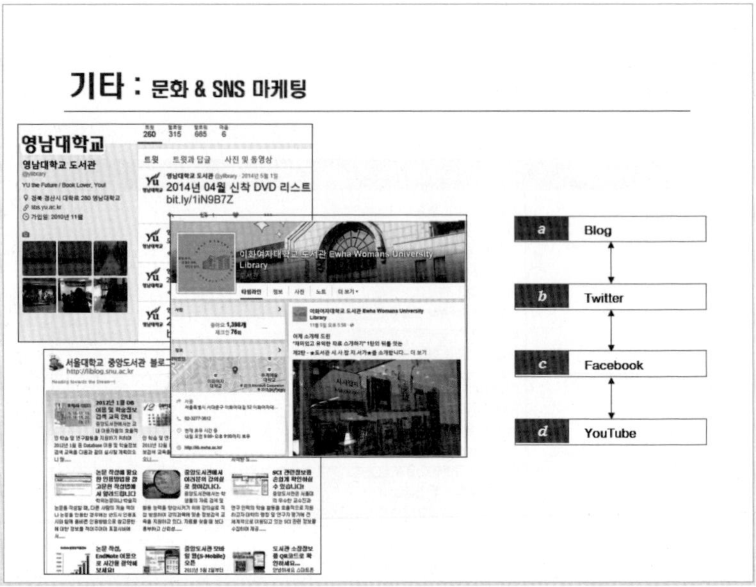

기타 : 문화 & SNS 마케팅

영남대학교

영남대학교 도서관

2014년 04월 신착 DVD 리스트
bit.ly/1iN9B7Z

이화여자대학교 도서관 Ewha Womans University Library

서울대학교 중앙도서관 블로그

a Blog

b Twitter

c Facebook

d YouTube

	Planning Our Future Libraries : BluePrints for 2025 (2014)	The Future of Univ. Libraries : 2012 Midwinter Report (2012)	Future Thinking for Academic Librarians : Higher Education in 2025 (2010)	Top 10 Assumptions for the Future of Academic Libraries & Librarians (2007)
서비스	- 네트워크와 가상공간을 이용한 서비스의 활성화 - 정보활용교육의 중요성 증대	- 도서관 자원, 서비스 교육과정과의 연계 필요 - 새로운 정보기술에 관한 교수 및 학생을 위한 교육 필요	- 가상공간을 이용한 정보제공 및 서비스의 증가 - 사이버 위협의 증가 - 정보활용교육의 중요성 증가	- 디지털 컬렉션, 디지털 아카이빙의 중요성 - 공정이용(Public Access)의 문제 대두 - Technology-related service - Technology-rich User environment
이용자	- User -> Member(회원) (문화 창조 및 공유를 통한 참여형 도서관) - 밀착형 상호작용 및 서비스 요구	- 교수와의 연계 - 이용자와의 친밀한 관계 형성	- 연구자와 실무자간의 격차 해소 - 수업 및 과정 이수 형태에 대한 요구 증가	- User -> Customer(고객) & consumer - 이용자(교수/학생)의 정보 및 서비스 요구 및 기대치 증가 - 개인정보보호/ 지적 자유에 대한 요구
물리적 공간	- 심리적, 상징적 가치 - '이야기가 있는 공간'으로의 디자인 필요	- Collaboration & partnership - convergence - 이용자들은 현대적이 아닌 전통적 형태의 도서관 공간을 더 선호	- 장애인을 위한 설계	- 쾌적한 시설(high-quality facilities)에 대한 요구 증가
인적자원 (사서)	- 물리적 공간에 갇혀 이용자에게 서비스를 제공하는 것은 사서의 역량을 제한 - 정보활용교육 등 교육자로서의 역할 필요	- 변화와 혁신을 위한 창조적 리더십 필요 - 계속 교육 / 전문성 개발/ 능력과 역할의 변화 지향 - 새로운 서비스 및 기술의 습득, 교수와의 협력 등을 위한 시간 제공	- 미디어장서의 수집, 보존, 접근 제공능력 중요	- 다양한 학문분야 교수들과의 협력 중요 - 지적재산권 문제 대두에 따른 사서의 역할 필요
전략	- 도서관에 맞는 독자적 운영시스템 구상 - 직원 변화시킬 경영전략 필요 - 안정적 자금확보방안 필요 - 도서관간 협력을 통한 상생 필요	- 대학당국과 도서관의 관계 중요 - 예산은 도서관 생존의 문제와 직결 - 의욕적이고 재능 있는 사서의 확보 및 동기부여 - 재정개선, 도서관 협력자 창출, 혁신 조성 - 예산축소에 대한 관리자와 직원간 커뮤니케이션 중요	- 예산상황의 악화 - 도서관의 전통적 문화 쇠퇴	- 조직의 목적과 미션에 대한 도서관의 기여도 평가 - 예산의 지속적 유지 및 확보방안 중요

도서관 5법칙 : 랑가나단

1	모든 도서는 이용을 위한 것이다.(Books are for use)
2	도서는 만인을 위한 것이다.(Books are for all : or Every reader are for use)
3	도서를 그것을 필요로 하는 독자에게 제공하라.(Every book its reader)
4	도서관 이용자의 시간을 절약하라.(Save the time of the reader)
5	도서관은 성장하는 유기체이다.(A Library is a growing organism)

대학도서관 & 사서란?

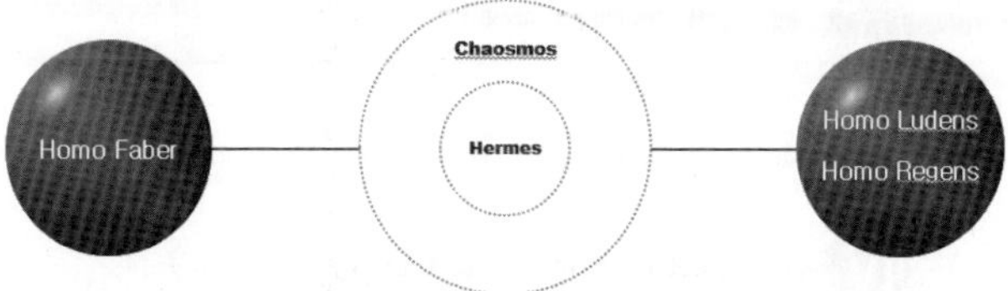

[4교시] 도서관활용법(1)

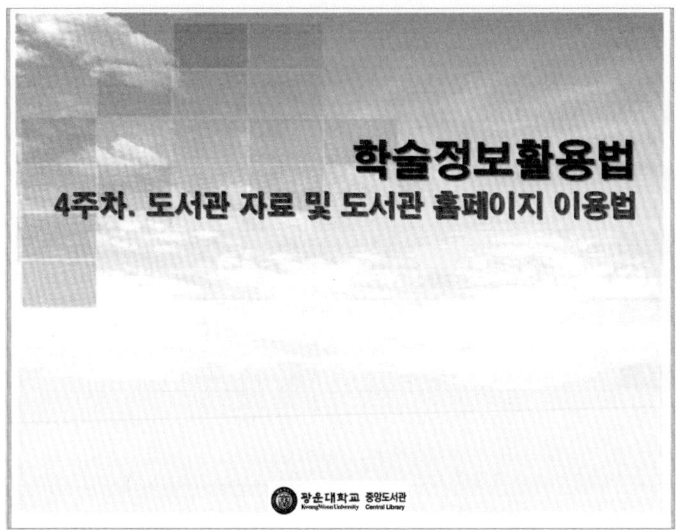
학술정보활용법
4주차. 도서관 자료 및 도서관 홈페이지 이용법
광운대학교 중앙도서관

CONTENTS
I 도서관 이용안내
II 도서관 자료의 유형
III 도서관 소장자료 검색법
IV 도서관에 없는 자료 이용법
V 도서관의 다양한 서비스
광운대학교 중앙도서관

도서관 협력 수업의 목적
전자
저널
WebDB
도서관
자료
이용
과제
실제
해결
원활한 학술정보활용 가능
광운대학교 중앙도서관
KwangWoon University Central Library

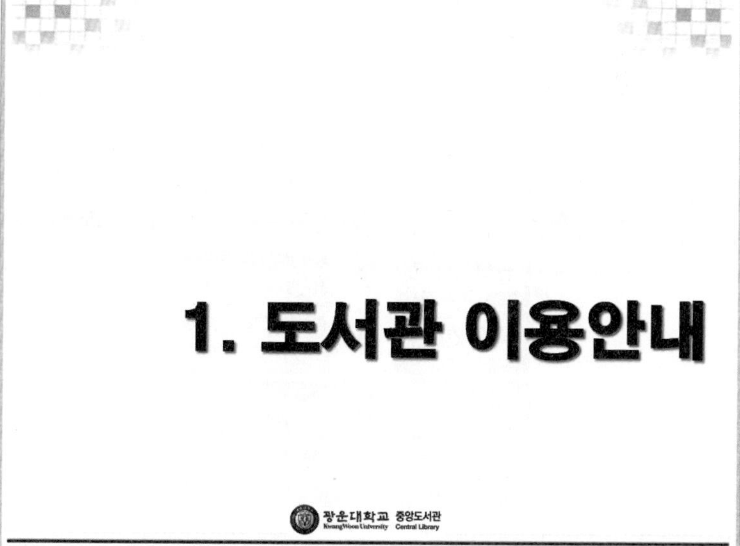
1. 도서관 이용안내
광운대학교 중앙도서관
KwangWoon University Central Library

도서관 층별 안내
9층 제3자유열람실(417석), 노트북 전용석
8층 제2자유열람실(418석)
7층 멀티미디어실, 참고열람실, 그룹스터디룸(3실)
6층 정기간행물실, 취업자료코너, 그룹스터디룸(3실)
5층 사회과학자료실(정치, 경제, 법학, 경영, 교육 등)
4층 자연과학자료실(컴퓨터,공학, 화학, 물리 등)
3층 중앙도서관장실, 행정사무실, 자료정리실, 전산실
2층 인문과학자료실(문학, 역사, 어학, 철학, 종교 등)
1층 안내데스크, 제1자유열람실(220석), 인터넷카페, 신문열람대

도서관 실별 운영시간
2층 인문과학자료실
4층 자연과학자료실
5층 사회과학자료실
6층 정기간행물실
7층 참 고 열 람 실
7층 멀티미디어자료실
학기중
평 일 : 09:00 – 20:30
토요일 : 09:00 – 12:00
방학중
평 일 : 09:00 – 17:30
토요일 : 운영 안함
1층 안 내 데 스 크
학기중
평 일 : 09:00 – 17:30
1층 카페 KUPIS
연 중
09:00 – 20:30
1층 제1자유열람실
연 중
24시간 개방
8.9층 제2,3자유열람실
연 중
05:00 – 23:00
광운대학교 중앙도서관

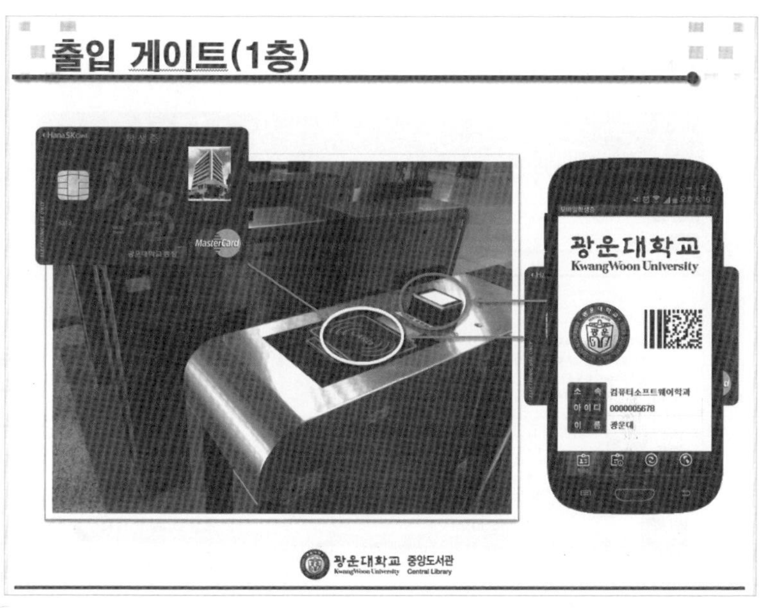
출입 게이트(1층)
광운대학교
KwangWoon University
광운대학교 중앙도서관
KwangWoon University Central Library

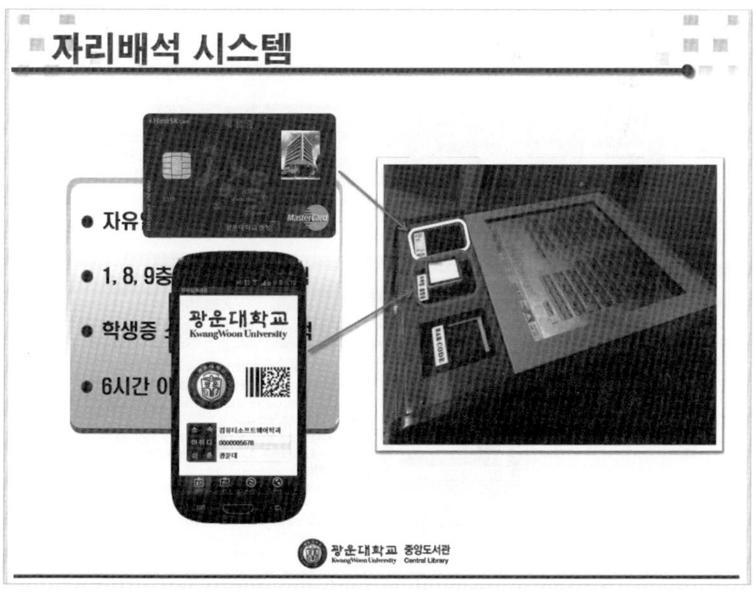
자리배석 시스템
광운대학교
KwangWoon University
BAR CODE
광운대학교 중앙도서관
KwangWoon University Central Library

모바일 출입증 발급
광운대학교 중앙도서관
통합검색
서비스
도서관 안내
나의 도서관
KUPIS
검색
공지사항
팝업존
중앙도서관 홈페이지
새단장 오픈!
신착도서
인기도서
E-Book
나의 도서관
자주 찾는 서비스
원문복사신청 · 타대학 도서대출 신청
열람좌석 현황
집현실 이용신청
영화상영실·계단강의실 이용신청
모바일 출입증 발급
독자 서평
도서관 이용교육

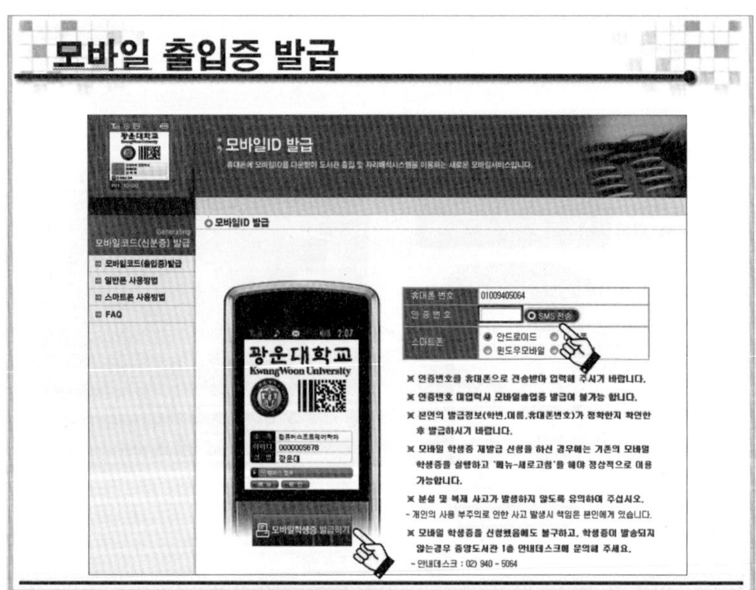
모바일 출입증 발급
모바일ID 발급
모바일코드(신분증) 발급
모바일코드(출입증)발급
일반폰 사용방법
스마트폰 사용방법
FAQ
모바일ID 발급
광운대학교
KwangWoon University
모바일학생증 발급하기
휴대폰 번호
01009405064
인증번호
SMS 전송
스마트폰
안드로이드
윈도우모바일
※ 인증번호를 휴대폰으로 전송받아 입력해 주시기 바랍니다.
※ 인증번호 미입력시 모바일출입증 발급이 불가능 합니다.
※ 본인의 발급정보(학번,이름,휴대폰번호)가 정확한지 확인한 후 발급하시기 바랍니다.
※ 모바일 학생증 재발급 신청을 하신 경우에는 기존의 모바일 학생증을 삭제하고 '메뉴-새로고침'을 해야 정상적으로 이용 가능합니다.
※ 분실 및 복제 사고가 발생하지 않도록 유의하여 주십시오.
- 개인의 사용 부주의로 인한 사고 발생시 책임은 본인에게 있습니다.
※ 모바일 학생증을 신청했음에도 불구하고, 학생증이 발송되지 않는경우 중앙도서관 1층 안내데스크에 문의해 주세요.
- 안내데스크 : 02) 940 - 5064

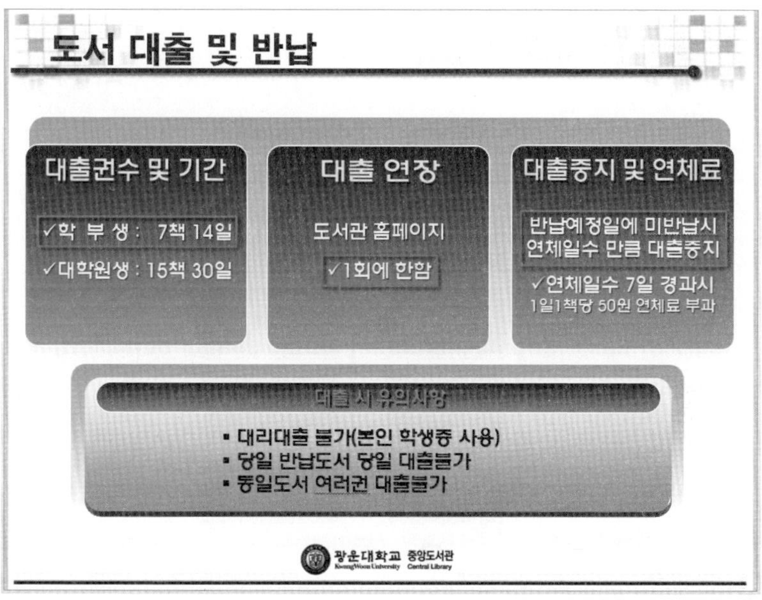
도서 대출 및 반납
대출권수 및 기간
✓학 부 생 : 7책 14일
✓대학원생 : 15책 30일
대출 연장
도서관 홈페이지
✓1회에 한함
대출중지 및 연체료
반납예정일에 미반납시
연체일수 만큼 대출중지
✓연체일수 7일 경과시
1일1책당 50원 연체료 부과
대출 시 유의사항
▪ 대리대출 불가(본인 학생증 사용)
▪ 당일 반납도서 당일 대출불가
▪ 동일도서 여러권 대출불가
광운대학교 중앙도서관
KwangWoon University Central Library

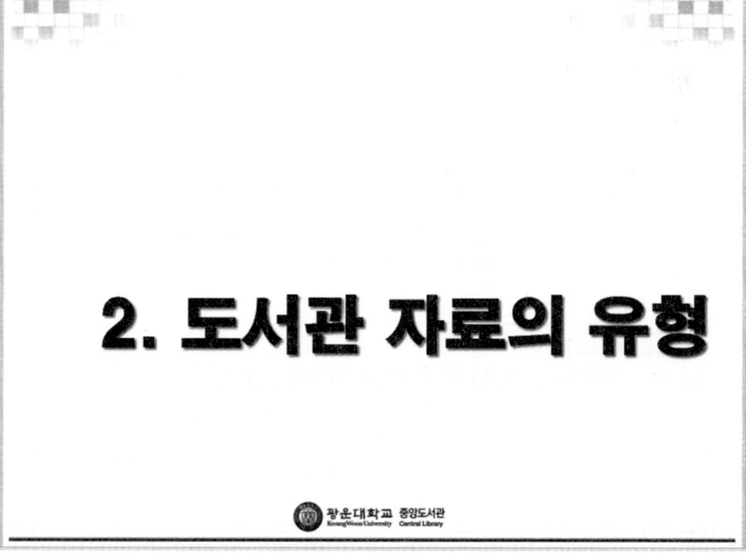
2. 도서관 자료의 유형
광운대학교 중앙도서관
KwangWoon University Central Library

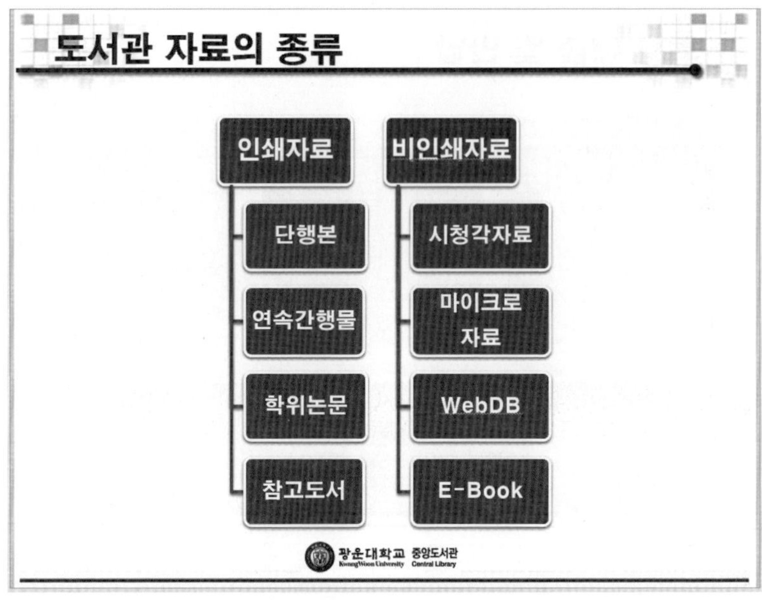
도서관 자료의 종류
인쇄자료
단행본
연속간행물
학위논문
참고도서
비인쇄자료
시청각자료
마이크로 자료
WebDB
E-Book
광운대학교 중앙도서관
KwangWoon University Central Library

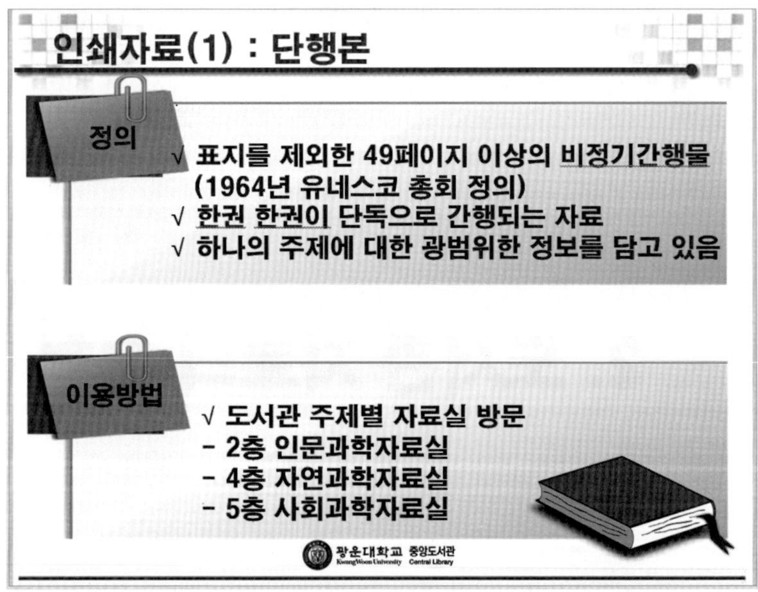
인쇄자료(1) : 단행본
정의
√ 표지를 제외한 49페이지 이상의 비정기간행물 (1964년 유네스코 총회 정의)
√ 한권 한권이 단독으로 간행되는 자료
√ 하나의 주제에 대한 광범위한 정보를 담고 있음
이용방법
√ 도서관 주제별 자료실 방문
- 2층 인문과학자료실
- 4층 자연과학자료실
- 5층 사회과학자료실
광운대학교 중앙도서관
KwangWoon University Central Library

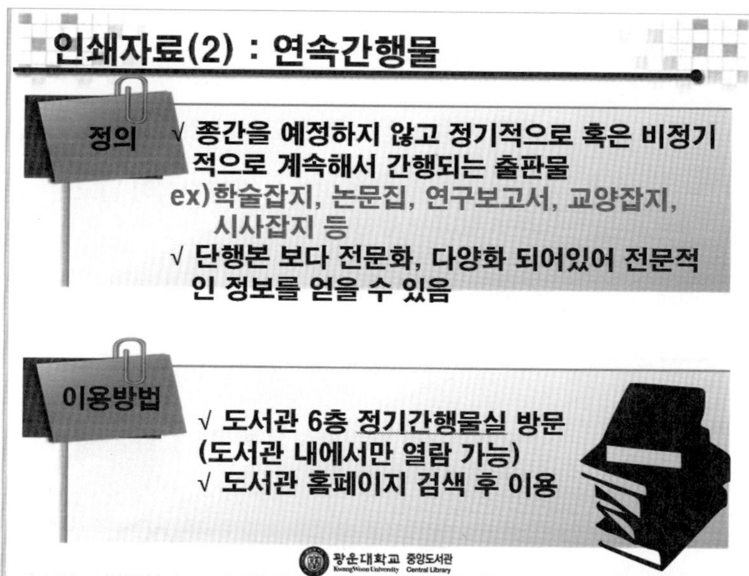
인쇄자료(2) : 연속간행물
정의
√ 종간을 예정하지 않고 정기적으로 혹은 비정기적으로 계속해서 간행되는 출판물
ex)학술잡지, 논문집, 연구보고서, 교양잡지, 시사잡지 등
√ 단행본 보다 전문화, 다양화 되어있어 전문적인 정보를 얻을 수 있음
이용방법
√ 도서관 6층 정기간행물실 방문
(도서관 내에서만 열람 가능)
√ 도서관 홈페이지 검색 후 이용
광운대학교 중앙도서관

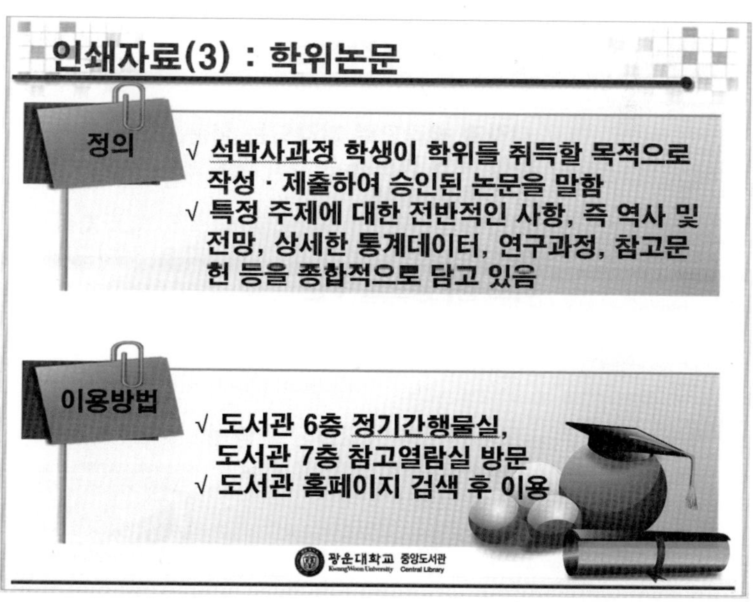
인쇄자료(3) : 학위논문
정의
√ 석박사과정 학생이 학위를 취득할 목적으로 작성 · 제출하여 승인된 논문을 말함
√ 특정 주제에 대한 전반적인 사항, 즉 역사 및 전망, 상세한 통계데이터, 연구과정, 참고문헌 등을 종합적으로 담고 있음
이용방법
√ 도서관 6층 정기간행물실,
도서관 7층 참고열람실 방문
√ 도서관 홈페이지 검색 후 이용
광운대학교 중앙도서관

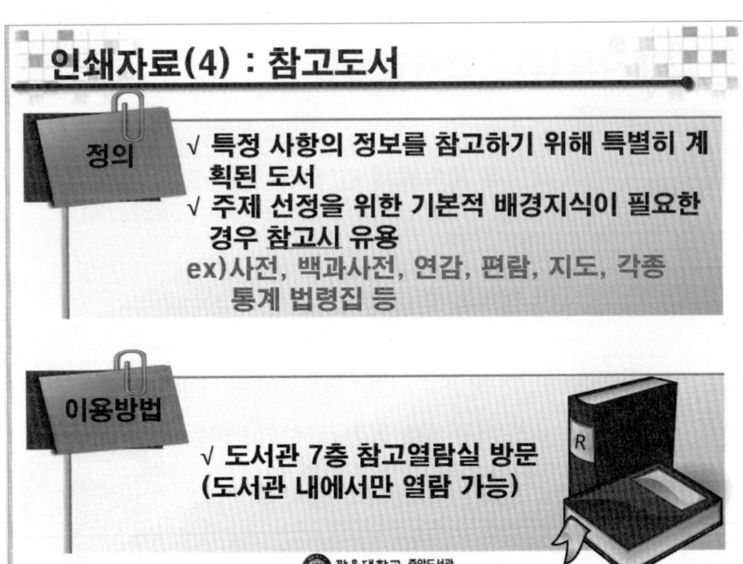
인쇄자료(4) : 참고도서
정의
√ 특정 사항의 정보를 참고하기 위해 특별히 계획된 도서
√ 주제 선정을 위한 기본적 배경지식이 필요한 경우 참고시 유용
ex)사전, 백과사전, 연감, 편람, 지도, 각종 통계 법령집 등
이용방법
√ 도서관 7층 참고열람실 방문
(도서관 내에서만 열람 가능)
R
광운대학교 중앙도서관

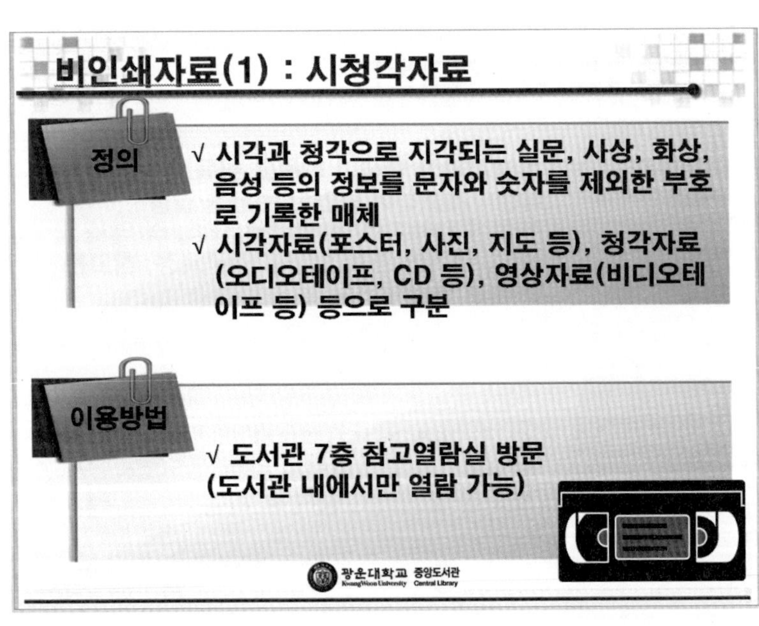
비인쇄자료(1) : 시청각자료
정의
√ 시각과 청각으로 지각되는 실문, 사상, 화상, 음성 등의 정보를 문자와 숫자를 제외한 부호로 기록한 매체
√ 시각자료(포스터, 사진, 지도 등), 청각자료(오디오테이프, CD 등), 영상자료(비디오테이프 등) 등으로 구분
이용방법
√ 도서관 7층 참고열람실 방문
(도서관 내에서만 열람 가능)
광운대학교 중앙도서관

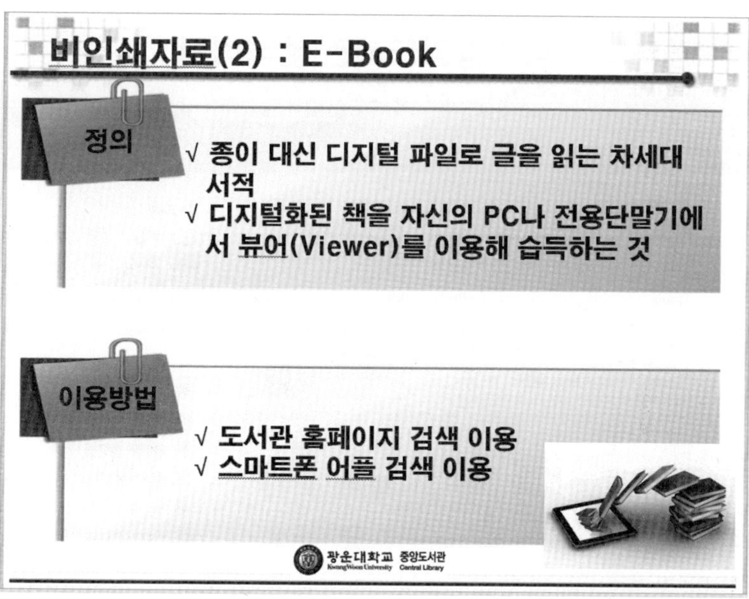

3. 도서관 소장자료 검색법

광운대학교 중앙도서관
KwangWoon University Central Library

검색의 시작 : 중앙도서관 홈페이지
http://kupis.kw.ac.kr
광운대학교 중앙도서관
통합검색
서비스
도서관 안내
나의 도서관
KUPIS
검색어를 입력하세요. (소장자료+전자정보)
검색
나의 도서관
공지사항
팝업존
북코스모스 도서요약서비스
하루 30분! 하루 1권!
언제어디서나 신간도서가
내 손안에!
자주 찾는 서비스
원문복사신청 · 타대학 도서대출 신청
열람좌석 현황
집현실 이용신청
영화상영실 · 계단강의실 이용신청
모바일 출입증 발급
독자 서평
도서관 이용교육
신착도서
인기도서

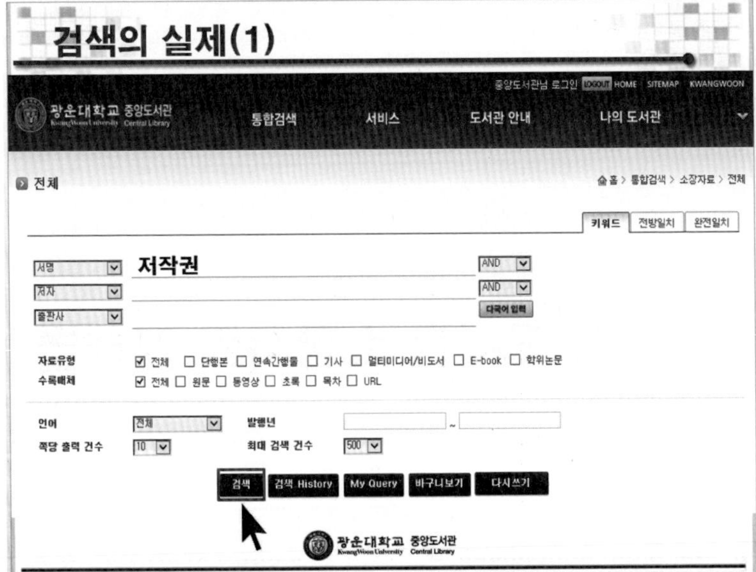
검색의 실제(1)
광운대학교 중앙도서관
통합검색
서비스
도서관 안내
나의 도서관
전체
키워드
전방일치
완전일치
서명
저작권
저자
출판사
AND
다국어 입력
자료유형
수록매체
언어
발행년
쪽당 출력 건수
최대 검색 건수
검색
검색 History
My Query
바구니보기
다시쓰기

검색의 실제(2)
검색어[키워드 / 전체:저작권]
총 205건 중 205건 출력
1/21 페이지
열거형
테이블형
출판년
정렬
10
조회
검색결과제한
자료유형
단행본 (196)
학위논문 (5)
연간물 (2)
eBook (1)
컴퓨터파일 (1)
저자
저작권심의조정위원회 (31)
한국저작권위원회 (19)
한국 (14)
김기태 (12)
문화체육관광부 (10)
더보기(20)
출판사
저작권심의조정위원회 (27)
커뮤니케이션북스 (17)
한국저작권위원회 (17)
문화체육관광부 (8)
박영사 (6)
더보기(20)
발행년도
2015 (11)
2014 (15)
2013 (11)
2012 (11)
2011 (13)
더보기(20)
언어
한국어 (186)
1. 뉴스저작권
류종현
커뮤니케이션북스
346.0482 ㄹ134ㄴ
2015
단행본
중앙도서관 대출가능
2. 특허법과 저작권법의 조화를 통한 창조적 소프트웨어 기업 보호방안 연구
특허청
Jinhan M&B
346.048 ㅌ369ㅌ
2015
단행본
중앙도서관 대출가능
3. 저작권법 = Copyright law 제3판
이해완
박영사
346.0482 ㅇ939ㅈ3
2015
단행본
중앙도서관 대출가능
4. (판례가 풀어 해설한) 지적재산권법전
로앤비즈. 편집부
로앤비즈
346.04803 ㄹ124ㅈ
2015
단행본
중앙도서관 대출가능

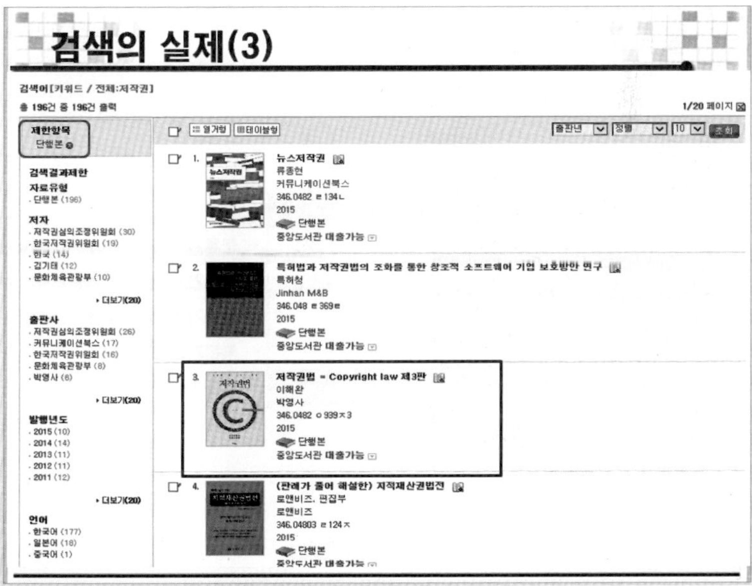
검색의 실제(3)
검색어[키워드 / 전체:저작권]
총 196건 중 196건 출력
1/20 페이지
제한항목
단행본
열거형
테이블형
출판년
정렬
10
조회
검색결과제한
자료유형
단행본 (196)
저자
저작권심의조정위원회 (30)
한국저작권위원회 (19)
한국 (14)
김기태 (12)
문화체육관광부 (10)
더보기(20)
출판사
저작권심의조정위원회 (26)
커뮤니케이션북스 (17)
한국저작권위원회 (16)
문화체육관광부 (8)
박영사 (6)
더보기(20)
발행년도
2015 (10)
2014 (14)
2013 (11)
2012 (11)
2011 (12)
더보기(20)
언어
한국어 (177)
일본어 (18)
중국어 (1)
1. 뉴스저작권
류종현
커뮤니케이션북스
346.0482 ㄹ134ㄴ
2015
단행본
중앙도서관 대출가능
2. 특허법과 저작권법의 조화를 통한 창조적 소프트웨어 기업 보호방안 연구
특허청
Jinhan M&B
346.048 ㅌ369ㅌ
2015
단행본
중앙도서관 대출가능
3. 저작권법 = Copyright law 제3판
이해완
박영사
346.0482 ㅇ939ㅈ3
2015
단행본
중앙도서관 대출가능
4. (판례가 풀어 해설한) 지적재산권법전
로앤비즈. 편집부
로앤비즈
346.04803 ㄹ124ㅈ
2015
단행본

검색의 실제(4)
상세정보
홈 > 검색상세정보
Export to Refworks
MARC보기
선택목록저장
바구니넣기
바구니보기
저작권법 = Copyright law 제3판
자료유형 단행본
개인저자 이해완
서명/저자사항 저작권법 = Copyright law / 이해완 저.
판사항 제3판.
발행사항 서울: 박영사, 2015.
형태사항 xlvii, 1350 p.: 삽도; 27 cm.
ISBN 9791130327495
서지주기 색인수록
정보 더보기(Naver)
소장정보
서가에 없는 도서 신고
대출자료배달신청
No. 등록번호 청구기호 자료실/서가 도서상태 반납예정일 예약 서비스 매체정보
1 710755 346.0482 ㅇ939ㅈ3 5층 사회/일반 대출가능
2 710756 346.0482 ㅇ939ㅈ3 c.2 5층 사회/일반 대출가능

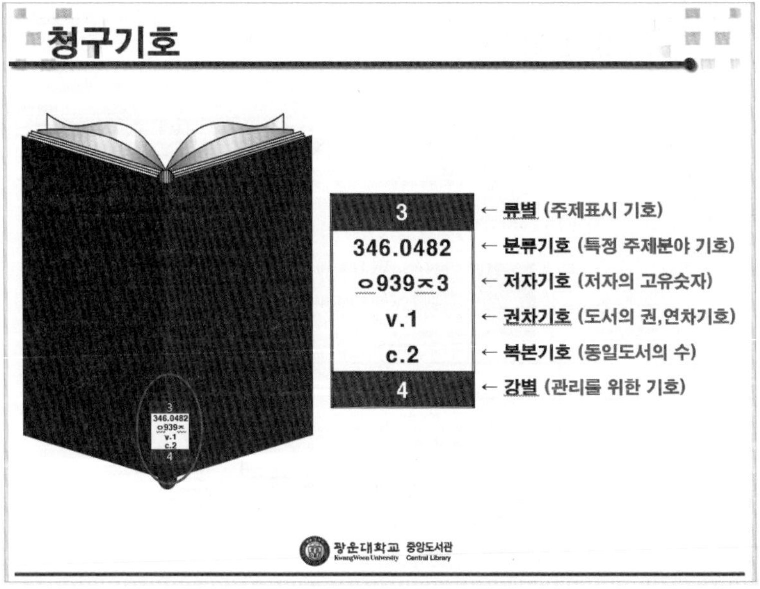
청구기호
3 ← 류별 (주제표시 기호)
346.0482 ← 분류기호 (특정 주제분야 기호)
ㅇ939ㅈ3 ← 저자기호 (저자의 고유숫자)
v.1 ← 권차기호 (도서의 권,연차기호)
c.2 ← 복본기호 (동일도서의 수)
4 ← 강별 (관리를 위한 기호)
광운대학교 중앙도서관
KwangWoon University Central Library

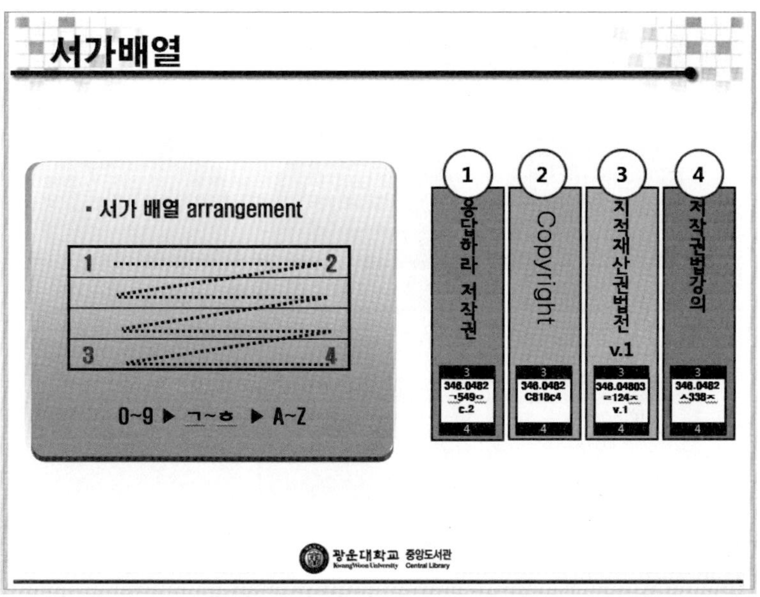
서가배열
▪ 서가 배열 arrangement
1
2
3
4
0~9 ▶ ㄱ~ㅎ ▶ A~Z
1
응답하라 저작권
3
346.0482
ㄱ549ㅇ
c.2
4
2
Copyright
3
346.0482
C818c4
4
3
지적재산권법전
v.1
3
346.04803
ㄹ124ㅈ
v.1
4
4
저작권법강의
3
346.0482
ㅅ338ㅈ
4
광운대학교 중앙도서관
KwangWoon University Central Library

주제분류 : DDC(듀이십진분류법)
000 총 류
100 철 학
200 종 교
300 사회과학
400 어 학
500 순수과학
600 응용과학
700 예 술
800 문 학
900 역 사
DDC
(듀이십진분류법)
주제에 따라
번호를 부여하여
표시하는 방법
광운대학교 중앙도서관
KwangWoon University Central Library

도서관 내 이용도서

구분	내용	이용장소
지정도서	한학기동안 강의에 사용될 주·부교재 등	2층 인문과학자료실
참고도서	특정사항에 정보를 참고하기 위한 도서 청구기호 'R'	7층 참고자료실
정기간행물	일정한 주기를 가지고 간행되는 도서 청구기호 'P'	6층 정기간행물실
취업도서	취업관련 도서 청구기호 'E'	6층 정기간행물실
비도서자료	DVD, CD, 비디오테이프 등	7층 멀티미디어실
베스트셀러	도서 중 인기가 많은 베스트셀러 도서	2층 인문과학자료실

광운대학교 중앙도서관
KwangWoon University Central Library

4. 도서관에 없는 자료 이용방법

희망도서 신청(1)

√ 도서관에 원하는 자료가 없을 경우, 이용자가 직접 원하는 자료를 신청할 수 있는 서비스

√ 도서 구입 기준에 따라 재학생 1인당 한달에 최대 10권 신청가능

√ 도서 선정 기준에 따라 미간행, 서지불명, 선정 부결, 품절/절판시 구입 불가

√ 희망도서 구입제한은 도서 구입시 특정 주제 및 개인에게 편중되는 현상을 지양하고, 더 나아가 다양하고, 합리적인 장서를 구성하기 위함

희망도서 신청(2)
광운대학교 중앙도서관
통합검색
서비스
도서관 안내
나의 도서관
KUPIS
검색
공지사항
팝업존
모바일 홈페이지 OPEN!
나의 도서관
자주 찾는 서비스
원문복사신청 · 타대학 도서대출 신청
열람좌석 현황
집현실 이용신청
영화상영실 · 계단강의실 이용신청
모바일 출입증 발급
독자 서평
도서관 이용교육
신착도서
인기도서
E-Book

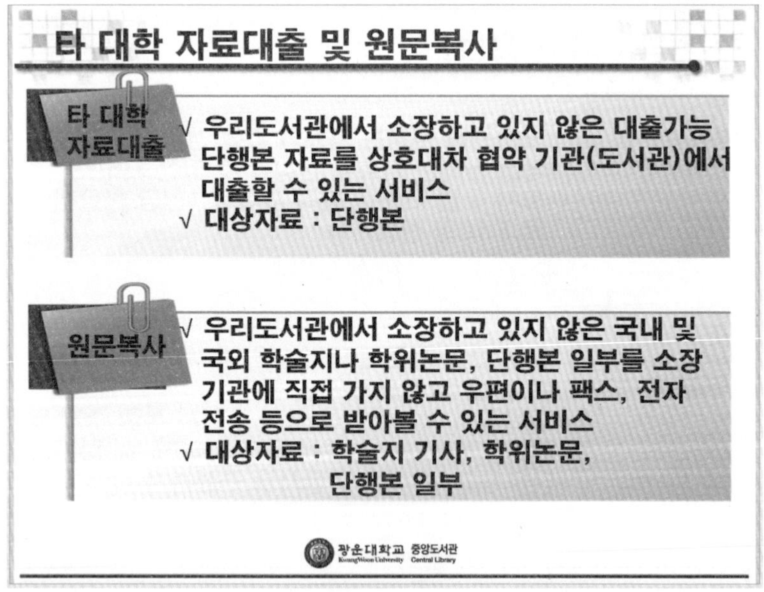

타 대학 자료대출 및 원문복사
타 대학 자료대출
√ 우리도서관에서 소장하고 있지 않은 대출가능 단행본 자료를 상호대차 협약 기관(도서관)에서 대출할 수 있는 서비스
√ 대상자료 : 단행본
원문복사
√ 우리도서관에서 소장하고 있지 않은 국내 및 국외 학술지나 학위논문, 단행본 일부를 소장 기관에 직접 가지 않고 우편이나 팩스, 전자 전송 등으로 받아볼 수 있는 서비스
√ 대상자료 : 학술지 기사, 학위논문, 단행본 일부
광운대학교 중앙도서관
KwangWoon University Central Library

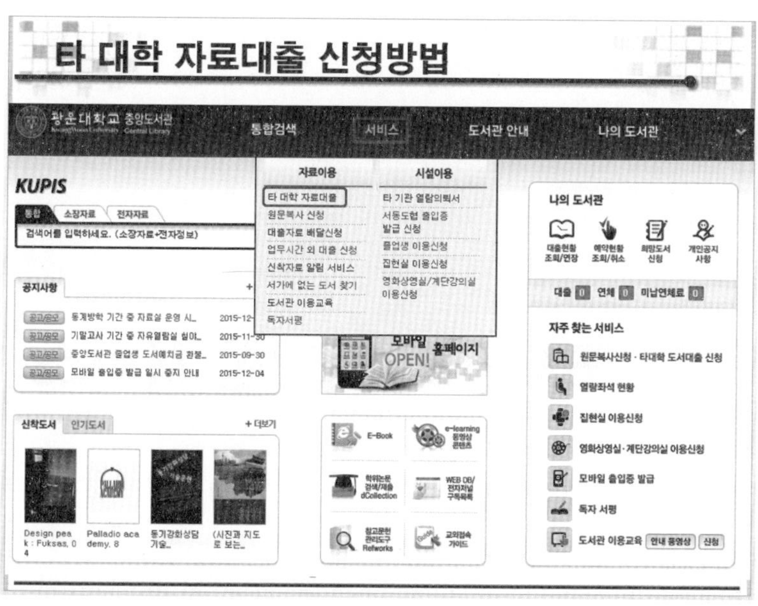
타 대학 자료대출 신청방법
광운대학교 중앙도서관
통합검색
서비스
도서관 안내
나의 도서관
자료이용
시설이용
타 대학 자료대출
원문복사 신청
대출자료 배달신청
업무시간 외 대출 신청
신착자료 알림 서비스
서가에 없는 도서 찾기
도서관 이용교육
독자서평
타 기관 열람의뢰서
서동도협 출입증
발급 신청
졸업생 이용신청
집현실 이용신청
영화상영실/계단강의실
이용신청
KUPIS
통합
소장자료
전자자료
검색어를 입력하세요. (소장자료+전자정보)
공지사항
신착도서
인기도서
모바일 홈페이지
OPEN!
E-Book
나의 도서관
자주 찾는 서비스
원문복사신청 · 타대학 도서대출 신청
열람좌석 현황
집현실 이용신청
영화상영실 · 계단강의실 이용신청
모바일 출입증 발급
독자 서평
도서관 이용교육

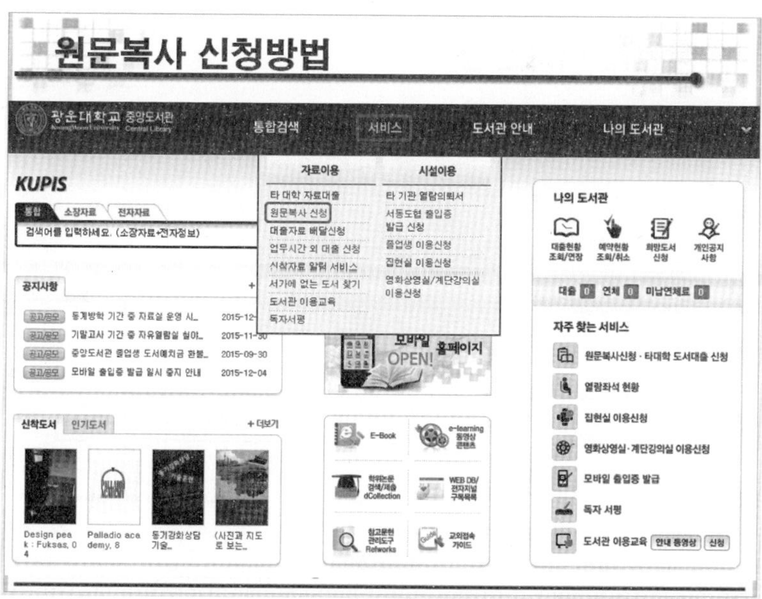
원문복사 신청방법
광운대학교 중앙도서관
통합검색
서비스
도서관 안내
나의 도서관
자료이용
시설이용
타 대학 자료대출
원문복사 신청
대출자료 배달신청
업무시간 외 대출 신청
신착자료 알림 서비스
서가에 없는 도서 찾기
도서관 이용교육
독자서평
타 기관 열람의뢰서
서동도협 출입증
발급 신청
졸업생 이용신청
집현실 이용신청
영화상영실/계단강의실
이용신청
KUPIS
통합
소장자료
전자자료
검색어를 입력하세요. (소장자료+전자정보)
공지사항
신착도서
인기도서
모바일 홈페이지
OPEN!
E-Book
나의 도서관
자주 찾는 서비스
원문복사신청 · 타대학 도서대출 신청
열람좌석 현황
집현실 이용신청
영화상영실 · 계단강의실 이용신청
모바일 출입증 발급
독자 서평
도서관 이용교육

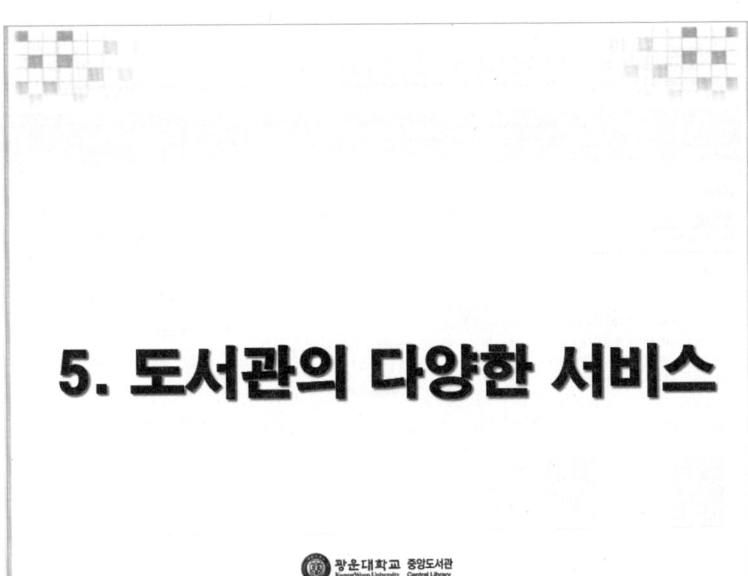
5. 도서관의 다양한 서비스
광운대학교 중앙도서관
KwangWoon University Central Library

집현실 이용신청
광운대님 로그인 LOGOUT HOME SITEMAP KWANGWOON
광운대학교 중앙도서관
Central Library
통합검색
서비스
도서관 안내
나의 도서관
집현실 이용신청
홈 > 서비스 > 시설이용 > 집현실 이용신청 > 신청
이용안내 신청 신청현황
집현 1실 집현 2실 집현 3실 집현 4실 집현 5실 집현 6실
집현 3실 날자 조회
09 월
일 월 화 수 목 금 토
1 2 예약 : 3 3 예약 : 5 4 예약 : 6 5 예약 : 5 6 예약 : 2 7
8 9 예약 : 4 10 예약 : 6 11 예약 : 4 12 예약 : 6 13 예약 : 4 14
15 16 예약 : 5 17 예약 : 3 18 19 20 21
22 23 예약 : 4 24 예약 : 4 25 예약 : 1 26 27 예약 : 2 28
29 30
선택 이용시설 이용시간 상태 예약자
집현 3실 09 : 00 ~ 10 : 30 예약가능
집현 3실 10 : 30 ~ 12 : 00 예약가능
집현 3실 12 : 00 ~ 13 : 30 예약가능
집현 3실 13 : 30 ~ 15 : 00 예약가능
집현 3실 15 : 00 ~ 16 : 30 예약가능
집현 3실 16 : 30 ~ 18 : 00 예약불가 광운대
집현 3실 18 : 00 ~ 19 : 30 예약가능
집현 3실 19 : 30 ~ 21 : 00 예약가능
최대 신청 건수 : 1, 현재신청 건수 : 1, 예약 가능일 2013-09-28까지
신청 가능한 최대 건수를 초과 하였습니다. 마지막 이용시간은 19:30~20:30까지임
신청내역조회/취소

E-Book, 오디오북 이용안내
구분
e-Book명
주제분야 및 이용방법
매뉴얼
교보문고
yes24 전자도서관
누리미디어 북래일
국내 E-Book
국외 E-Book
WILEY e-Book
이용시 주의사항
반드시 도서관홈페이지에서 해당 E-Book, 오디오북 사이트를 한번 이상 이용해야 스마트폰 이용 가능

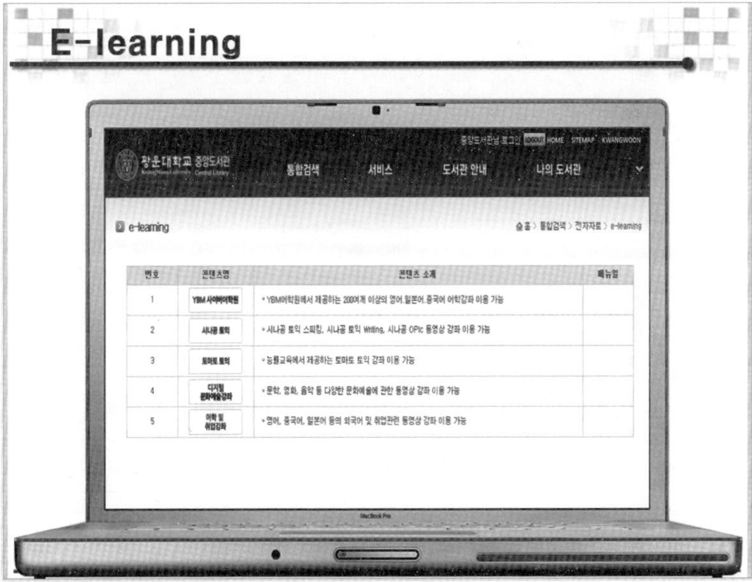
E-learning
광운대학교 중앙도서관
통합검색
서비스
도서관 안내
나의 도서관
e-learning
번호
콘텐츠명
콘텐츠 소개
매뉴얼
1
YBM 사이버어학원
• YBM어학원에서 제공하는 200여개 이상의 영어.일본어.중국어 어학강좌 이용 가능
2
시나공 토익
• 시나공 토익 스피킹, 시나공 토익 Writing, 시나공 OPIc 동영상 강좌 이용 가능
3
토마토 토익
• 능률교육에서 제공하는 토마토 토익 강좌 이용 가능
4
디지털 문화예술강좌
• 문학, 영화, 음악 등 다양한 문화예술에 관한 동영상 강좌 이용 가능
5
어학 및 취업강좌
• 영어, 중국어, 일본어 등의 외국어 및 취업관련 동영상 강좌 이용 가능

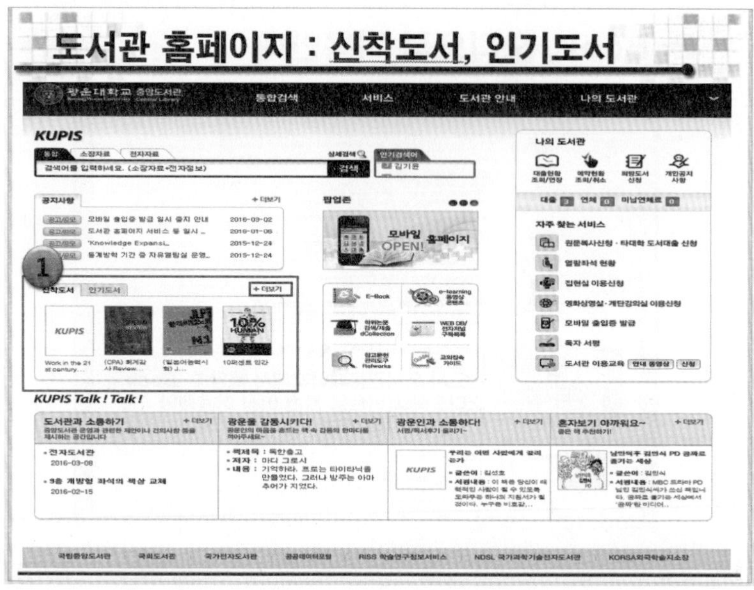
도서관 홈페이지 : 신착도서, 인기도서
통합검색
서비스
도서관 안내
나의 도서관
KUPIS
KUPIS Talk ! Talk !
1

도서관 홈페이지 : KUPIS Talk! Talk!
통합검색
서비스
도서관 안내
나의 도서관
KUPIS
2

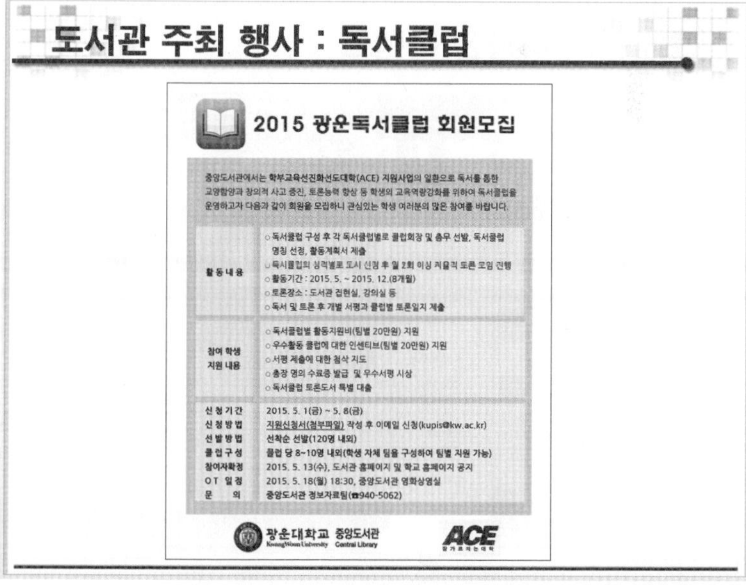

2015 광운독서클럽 회원모집

중앙도서관에서는 학부교육선진화선도대학(ACE) 지원사업의 일환으로 독서를 통한 교양함양과 창의적 사고 증진, 토론능력 향상 등 학생의 교육역량강화를 위하여 독서클럽을 운영하고자 다음과 같이 회원을 모집하니 관심있는 학생 여러분의 많은 참여를 바랍니다.

활동내용	○ 독서클럽 구성 후 각 독서클럽별로 클럽회장 및 총무 선발, 독서클럽 명칭 선정, 활동계획서 제출 ○ 독서클럽의 성격별로 도서 선정 후 월 2회 이상 자율적 토론 모임 진행 ○ 활동기간 : 2015. 5. ~ 2015. 12.(8개월) ○ 토론장소 : 도서관 집현실, 강의실 등 ○ 독서 및 토론 후 개별 서평과 클럽별 토론일지 제출
참여 학생 지원 내용	○ 독서클럽별 활동지원비(팀별 20만원) 지원 ○ 우수활동 클럽에 대한 인센티브(팀별 20만원) 지원 ○ 서평 제출에 대한 첨삭 지도 ○ 총장 명의 수료증 발급 및 우수서평 시상 ○ 독서클럽 토론도서 특별 대출
신청기간	2015. 5. 1(금) ~ 5. 8(금)
신청방법	지원신청서(첨부파일) 작성 후 이메일 신청(kupis@kw.ac.kr)
선발방법	선착순 선발(120명 내외)
클럽구성	클럽 당 8~10명 내외(학생 자체 팀을 구성하여 팀별 지원 가능)
참여자확정	2015. 5. 13(수), 도서관 홈페이지 및 학교 홈페이지 공지
OT 일정	2015. 5. 18(월) 18:30, 중앙도서관 영화상영실
문의	중앙도서관 정보자료팀(☎940-5062)

광운대학교 중앙도서관 KwangWoon University Central Library

ACE

도서관 주최 행사 : 우수이용자 시상식

1. 목 적 : 대출 실적이 우수한 학생을 시상하여 독서를 장려함.
2. 대 상 및 기간

구 분	내 용
대 상	2015년도 11월 2일 현재 재학중인 학부생, 대학원생 (외국인 포함)
기 간	2015. 03. 01 ~ 2015. 10. 31 (8개월)

3. 우수이용자 선정 방법

가. 전산 시스템의 기록 기준

나. 도서관 내부 산정기준표에 의한 다득점 순(대출점수+서평점수 합산)으로 선정

구분	점 수	비 고
도서 대출 사항	• 대출 1책당 점수 부여 • 문학/비문학 점수 부여 • 주제별(000~900) 다양성 가산점 부여 • 대출도서 권당 1일 이상 대출시 유효점수 부과 (복수의 도서 대출시 권당 1일 이상 대출해야 함) • 10월 31일 까지 반납된 도서만 점수 부과 (대출중인 도서는 점수 없음)	• 저자 및 제목이 같은 전집류는 1종으로 취급 예) 조정래의 "태백산맥" 1~ 10권은 1종으로 간주 • 당일 대출/반납, 재대출은 점수 없음 • 비도서 자료는 제외 • 재대출은 점수 없음 • 연체 도서 1일 1책당 감점 • 도서 분실 1책당 감점
서평 사항	• 1편 이상 서평 쓰기 → KUPIS Talk! Talk! (도서관홈페이지) • 분량 : A4 반장(200자원고지 4~5매) 이상 ~ A4 1장(200자원고지 8~10매) 이하 • 평가 기준 : 최고 100점 - 서평 8편 : 기본점수 80점 - 9편 이상 ~ 12편 이하 : 15점 - 13편 이상 : 20점	• 선정기준 제외사항 - 1편당 분량이 안될 경우 - 내용에 표절이 포함될 경우 - 서평의 기본형식이 아닌 경우
제한	• 선정기간 동안 장기연체, 자료무단반출, 자료 훼손한 자는 대상에서 제외함 • 기 수상자(금상, 은상)는 1년 이후 심사 대상이 됨.	• 장기연체는 반납일로부터 30일 경과시로 함. • 연락 불통자는 제외함. • 외국인학생은 대출점수로만 산정.

4. 시 상

가. 수상자 발표 : 2015. 11. 17(화) 도서관 홈페이지

나. 일시 및 장소 : 2015. 12. 22(화) 중앙도서관장실

다. 시상 내역

구 분	인원수	상 품	비 고
금 상	2 명	상장 · 상패 및 문화상품권 20만원	학부 1명, 대학원 1명
은 상	4 명	상장 · 상패 및 문화상품권 10만원	학부 3명, 대학원 1명
동 상	8 명	상장 및 문화상품권 7만원	학부 6명, 대학원 2명
장려상	10 명	상장 및 문화상품권 5만원	학부 7명, 대학원 3명
외국인 학생상	5 명	상장 및 문화상품권 5만원	학부 3명, 대학원 2명

[5교시] 도서관활용법(2)

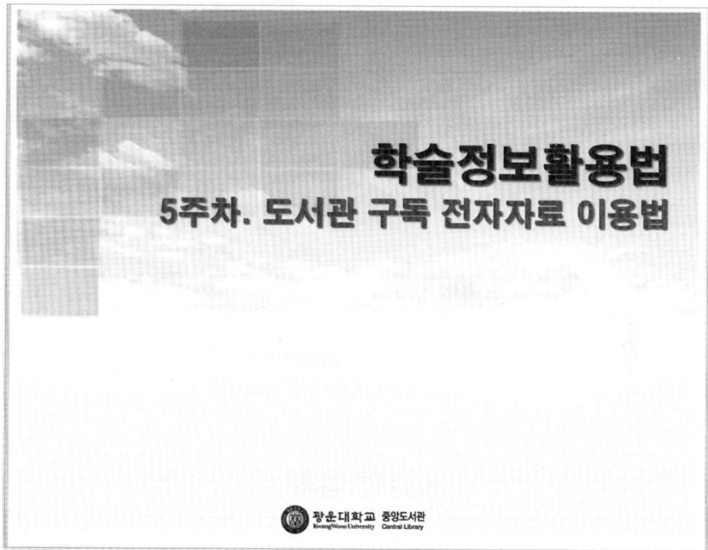

CONTENTS

I 전자저널과 WebDB란?

II 도서관에서 구독중인 전자자료

III 전자자료의 실제 이용

광운대학교 중앙도서관
KwangWoon University Central Library

1. 전자저널과 WEB DB란?
광운대학교 중앙도서관
KwangWoon University Central Library

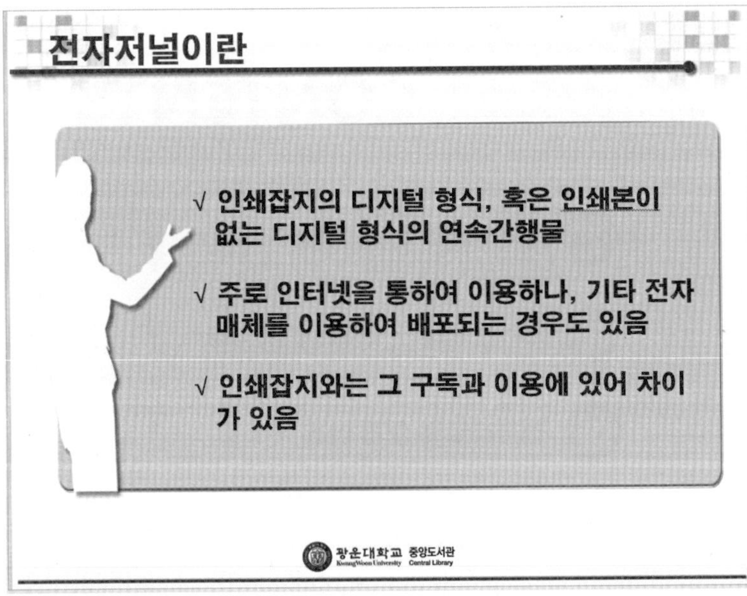
전자저널이란
√ 인쇄잡지의 디지털 형식, 혹은 인쇄본이 없는 디지털 형식의 연속간행물
√ 주로 인터넷을 통하여 이용하나, 기타 전자 매체를 이용하여 배포되는 경우도 있음
√ 인쇄잡지와는 그 구독과 이용에 있어 차이가 있음
광운대학교 중앙도서관
KwangWoon University Central Library

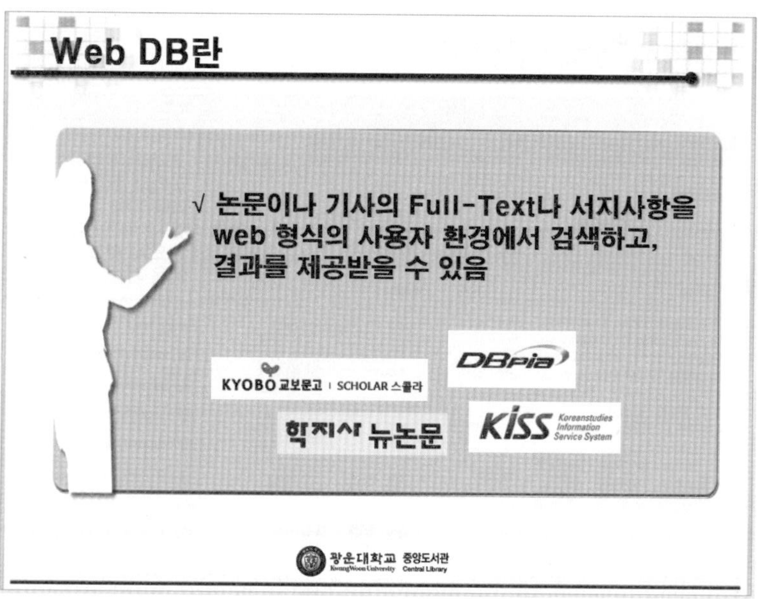
Web DB란
√ 논문이나 기사의 Full-Text나 서지사항을
web 형식의 사용자 환경에서 검색하고,
결과를 제공받을 수 있음
KYOBO 교보문고 SCHOLAR 스콜라
DBpia
학지사 뉴논문
KISS Koreanstudies Information Service System
광운대학교 중앙도서관
KwangWoon University Central Library

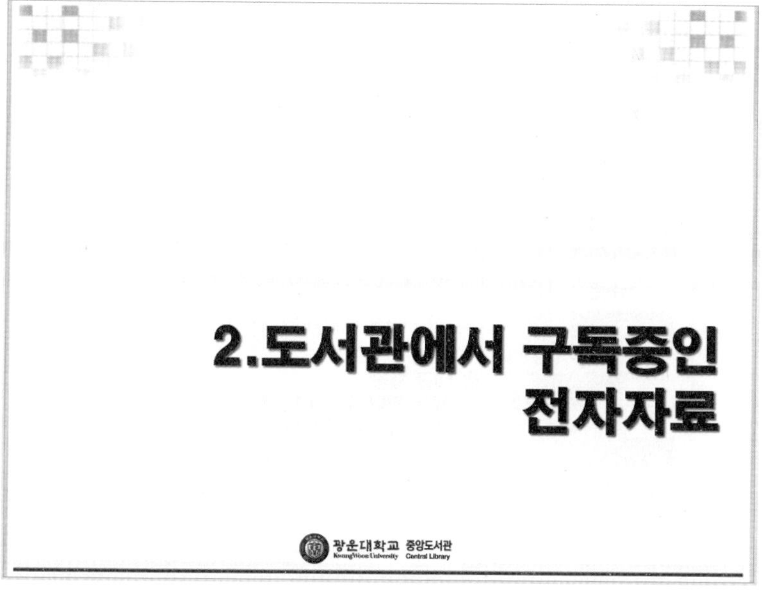
2.도서관에서 구독중인
전자자료
광운대학교 중앙도서관
KwangWoon University Central Library

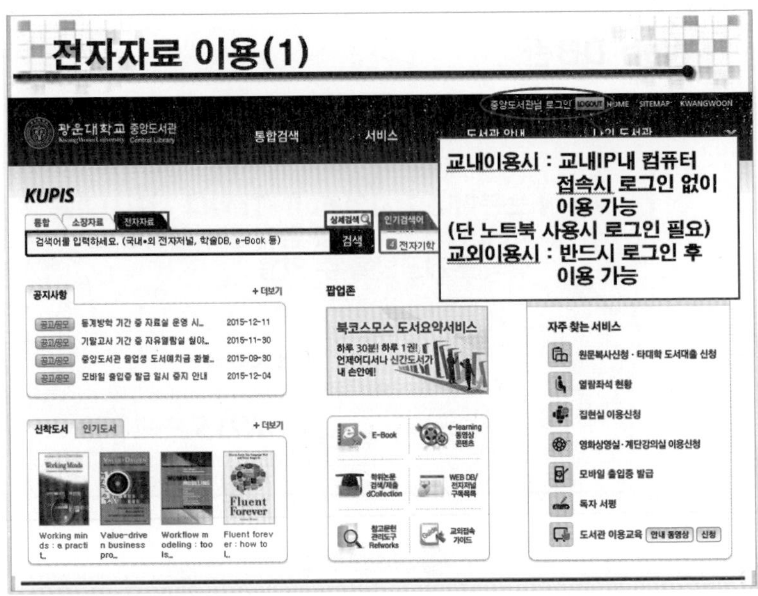

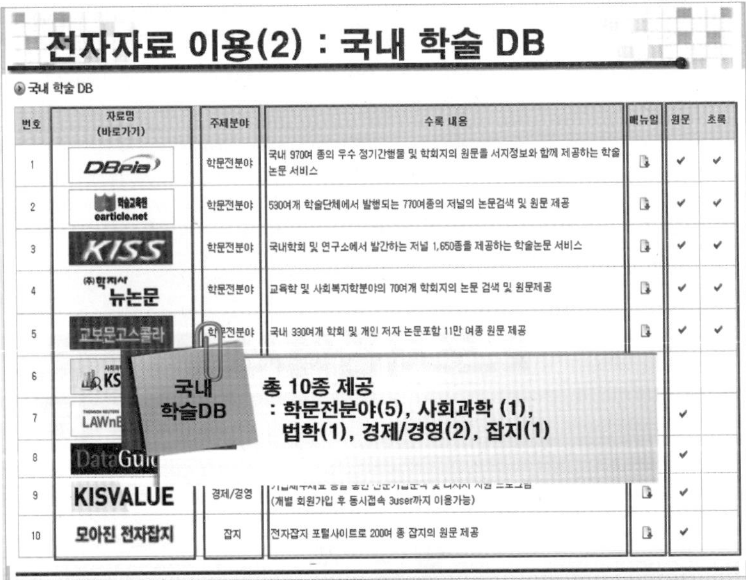

번호	자료명 (바로가기)	주제분야	수록 내용	매뉴얼	원문	초록
1	DBpia	학문전분야	국내 970여 종의 우수 정기간행물 및 학회지의 원문을 서지정보와 함께 제공하는 학술 논문 서비스		✔	✔
2	학술교육원 earticle.net	학문전분야	530여개 학술단체에서 발행되는 770여종의 저널의 논문검색 및 원문 제공		✔	✔
3	KISS	학문전분야	국내학회 및 연구소에서 발간하는 저널 1,650종를 제공하는 학술논문 서비스		✔	✔
4	(주)학지사 뉴논문	학문전분야	교육학 및 사회복지학분야의 700여개 학회지의 논문 검색 및 원문제공		✔	✔
5	교보문고스콜라	학문전분야	국내 330여개 학회 및 개인 저자 논문포함 11만 여종 원문 제공		✔	✔
6	KS					
7	LAWnB				✔	
8	DataGuide				✔	
9	KISVALUE	경제/경영	(개별 회원가입 후 동시접속 3user까지 이용가능)		✔	
10	모아진 전자잡지	잡지	전자잡지 포털사이트로 200여 종 잡지의 원문 제공		✔	

전자자료 이용(3) : 해외 학술 DB

해외 학술 DB

번호	자료명 (바로가기)	주제분야	수록 내용	매뉴얼	원문	초록
1	BRILL	학문전분야	Brill 출판사에서 출판하는 196종의 저널 제공		✔	✔
2	Journal Citation Reports®	학문전분야	11,000여종의 인용데이터를 기반으로 저널의 통계 정보를 제공하는 저널 평가 데이터베이스			
3	ProQuest	학문전분야	학문 전 분야의 주요 학술저널, 산업저널, 매거진 등 원문 7,600여 종의 데이터베이스		✔	✔
4	RefWorks	학문전분야	논문작성 시 인용/각주/참고문헌 자동 생성 서비스를 제공하며 논문작성 시 유용한 웹 기반 서지관리 서비스			
5	ScienceDirect	학문전분야	Elsevier 출판사에서 출판하는 2,500여종의 저널 제공		✔	✔
6	Spri				✔	✔
7	WILEY				✔	✔
8	CAMBRIDGE				✔	✔
9	SAGE journa				✔	✔
10	Academic Search Complete	경영	EBSCO host 서비스로 9,100여 종의 학문 전 분야 서지정보 및 원문 자료 제공		✔	✔

해외 학술DB

총 34종 제공
: 학문전분야(9), 경영학(4), 심리학(1)
사회학, 사회복지학 (1), 직업관련(1)
신문방송학(1), 공학(3), 과학(3), 화학(3)
물리학(3), 법학(1), 수학(2), 전기화학(1),
교육학(1)

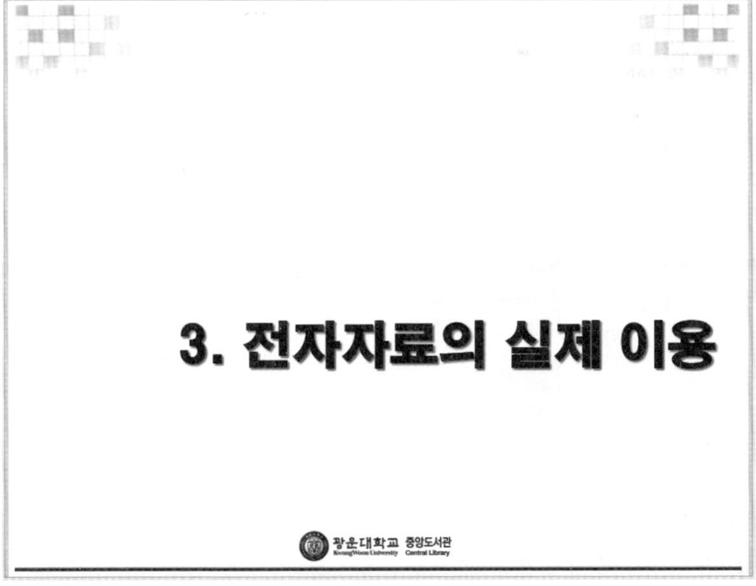

DBPia

광운대학교 회원으로 이용하고 있습니다. DBpia에서 제공하는 모든 논문을 무료로 이용하실 수 있습니다.

주제분류 : 주제항목하에 여러 세부주제항목 선택 가능

간행물 유형 : 전자저널, 전자책, 전자책 시리즈, 웹DB, 참고자료, 동영상강좌 선택 가능

발행기관 : DBPia에서 제공하는 자료의 제공처 목록

저자목록 : DBPia에서 식별한 저자의 등록논문 목록

인기자료 : 소속기관의 회원들이 이용한 인기자료 목록 열람 가능

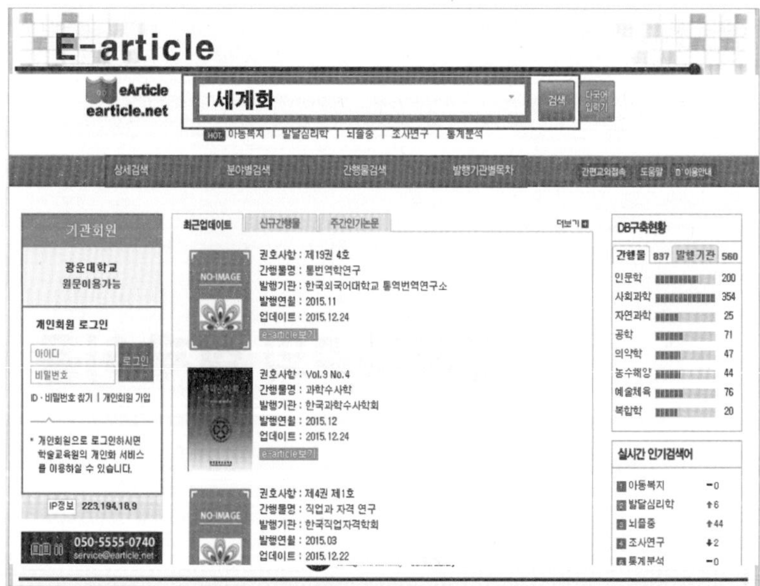

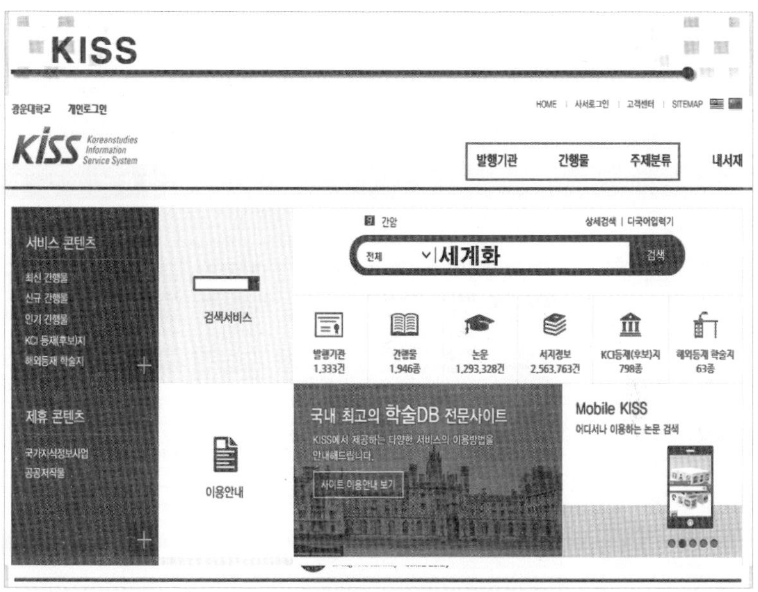
KISS
경운대학교 개인로그인
HOME | 사서로그인 | 고객센터 | SITEMAP
KISS Koreanstudies Information Service System
발행기관 간행물 주제분류 내서재
서비스 콘텐츠
최신 간행물
신규 간행물
인기 간행물
KCI 등재(후보)지
해외등재 학술지
제휴 콘텐츠
국가지식정보사업
공공저작물
검색서비스
이용안내
상세검색 | 다국어입력기
전체
세계화
검색
발행기관 1,333건
간행물 1,946종
논문 1,293,328건
서지정보 2,563,763건
KCI등재(후보)지 798종
해외등재 학술지 63종
국내 최고의 학술DB 전문사이트
KISS에서 제공하는 다양한 서비스의 이용방법을 안내해드립니다.
사이트 이용안내 보기
Mobile KISS
어디서나 이용하는 논문 검색

뉴논문
뉴논문 검색연구소
주간 이슈검색어 TOP 10
03월 05주차
2016.03.28 ~ 2016.04.03
1 강박장애 인지행...
02 생활과건강
03 경추 추간판
04 혈행개선
05 평생교육
06 델파이
07 자폐 의사소통
08 한국여가문화학회
09 영유아 교사의 자질...
10 Q방법론
03월 04주차
2016.03.21 ~ 2016.03.27
1 시간관리
02 융합교육
03 allergy
04 노령인구
05 두부외상
06 교육서비스산업
07 행위이론
08 교직 선택 동기
09 간호수행도
10 아동성학대 치료
03월 03주차
2016.03.14 ~ 2016.03.20
1 가공식품
02 감성공학
03 기록 평가
04 유보통합
05 행위이론
06 생활과건강
07 프로젝트
08 학습지속
09 정종길
10 프로젝트기반학습

교보문고 스콜라
광운대학교 님 로그아웃 고객센터 | 관리자 ENGLISH
KYOBO 교보문고 | SCHOLAR 스콜라
통합검색 세계화
상세검색 > 다국어입력 >
분야별 발행기관 간행물 개인저자 신규논문 인기논문
인기검색어 정지
서비스현황
발행기관 | 418 개
간행물 | 601 개
원문이용기관목록
개인논문구매
사이트이용안내
FAQ
Partner's System
교보문고 스콜라
개인저자 정산시스템
Individual Authors Accounting System
신규 간행물
+ more
한국방사선학회 논문지 pISSN 1976-0620 / ..
발행기관 : 한국방사선학회
간행물유형 : 학술저널
발행주기 : 연 7회간
발행년월 : 2015년 10월
주제분류 : 방사선과학
역사문화연구
발행기관 : 한국외국어대학교 역..
간행물유형 : 학술저널
발행주기 : 계간
발행년월 : 2015년 11월
주제분류 : 역사학
대한안과학회지
발행기관 : 대한안과학회
간행물유형 : 학술저널
발행주기 : 월간
발행년월 : 2015년 12월
주제분류 : 기타의약학
대한경영학회지
발행기관 : 대한경영학회
간행물유형 : 학술저널
발행주기 : 월간
발행년월 : 2015년 11월
주제분류 : 경영학

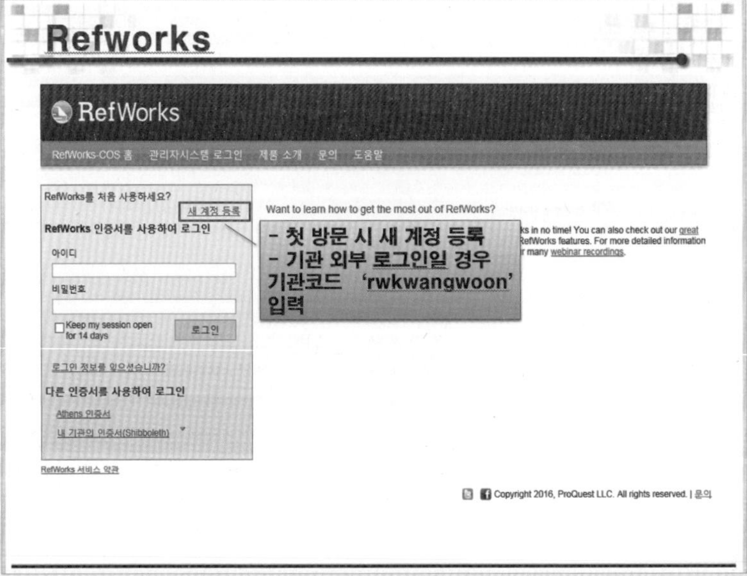
Refworks
RefWorks
RefWorks-COS 홈 관리자시스템 로그인 제품 소개 문의 도움말
RefWorks를 처음 사용하세요?
새 계정 등록
RefWorks 인증서를 사용하여 로그인
아이디
비밀번호
Keep my session open for 14 days
로그인
로그인 정보를 잊으셨습니까?
다른 인증서를 사용하여 로그인
Athens 인증서
내 기관의 인증서(Shibboleth)
RefWorks 서비스 약관
Want to learn how to get the most out of RefWorks?
- 첫 방문 시 새 계정 등록
- 기관 외부 로그인일 경우 기관코드 'rwkwangwoon' 입력
Copyright 2016, ProQuest LLC. All rights reserved. | 문의

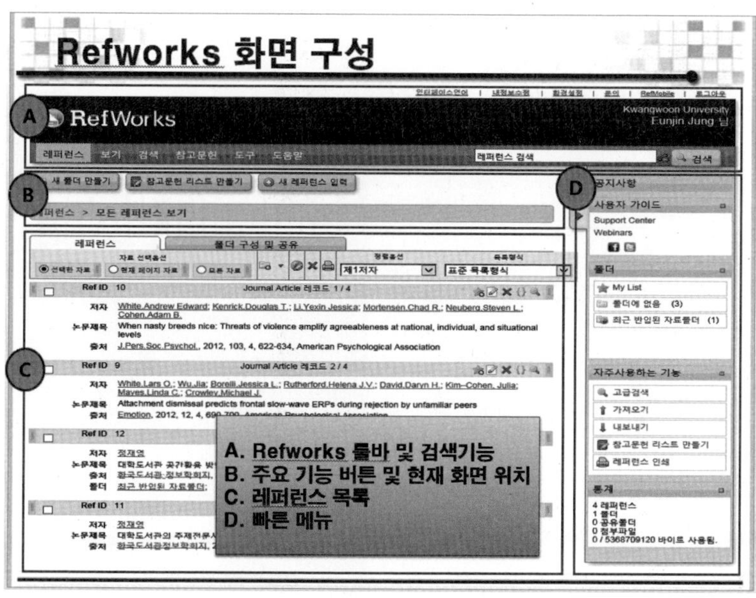
Refworks 화면 구성
RefWorks
Kwangwoon University
Eunjin Jung 님
A. Refworks 툴바 및 검색기능
B. 주요 기능 버튼 및 현재 화면 위치
C. 레퍼런스 목록
D. 빠른 메뉴

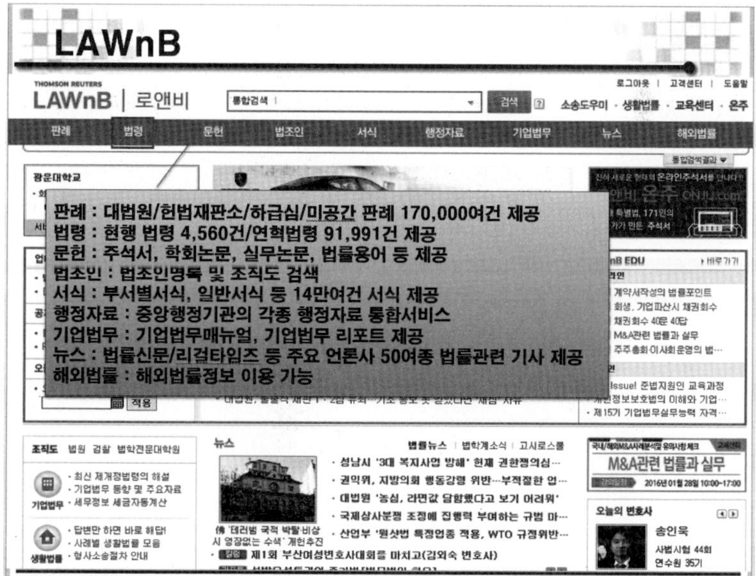
LAWnB
LAWnB | 로앤비
판례 : 대법원/헌법재판소/하급심/미공간 판례 170,000여건 제공
법령 : 현행 법령 4,560건/연혁법령 91,991건 제공
문헌 : 주석서, 학회논문, 실무논문, 법률용어 등 제공
법조인 : 법조인명독 및 조직도 검색
서식 : 부서별서식, 일반서식 등 14만여건 서식 제공
행정자료 : 중앙행정기관의 각종 행정자료 통합서비스
기업법무 : 기업법무매뉴얼, 기업법무 리포트 제공
뉴스 : 법률신문/리걸타임즈 등 주요 언론사 50여종 법률관련 기사 제공
해외법률 : 해외법률정보 이용 가능

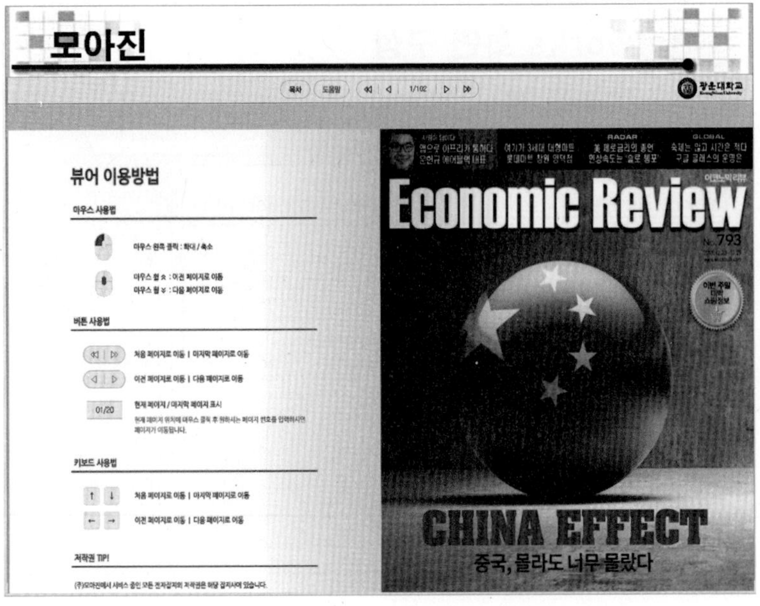
모아진
목차
도움말
1/102
광운대학교
뷰어 이용방법
마우스 사용법
마우스 왼쪽 클릭 : 확대 / 축소
마우스 휠 ⌃ : 이전 페이지로 이동
마우스 휠 ⌄ : 다음 페이지로 이동
버튼 사용법
처음 페이지로 이동 | 마지막 페이지로 이동
이전 페이지로 이동 | 다음 페이지로 이동
01/20
현재 페이지 / 마지막 페이지 표시
현재 페이지 위치에 마우스 클릭 후 원하시는 페이지 번호를 입력하시면 페이지가 이동됩니다.
키보드 사용법
처음 페이지로 이동 | 마지막 페이지로 이동
이전 페이지로 이동 | 다음 페이지로 이동
저작권 TIP!
(주)모아진에서 서비스 중인 모든 전자잡지의 저작권은 해당 잡지사에 있습니다.
RADAR
GLOBAL
Economic Review
No.793
CHINA EFFECT
중국, 몰라도 너무 몰랐다

[6교시] 도서관활용법(3)

1. 레포트 작성의 개요

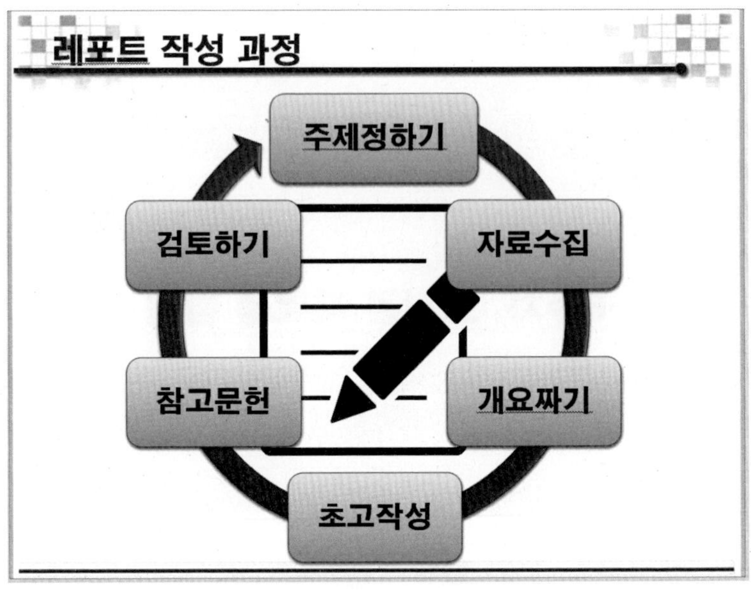
레포트 작성 과정
주제정하기
자료수집
개요짜기
초고작성
참고문헌
검토하기

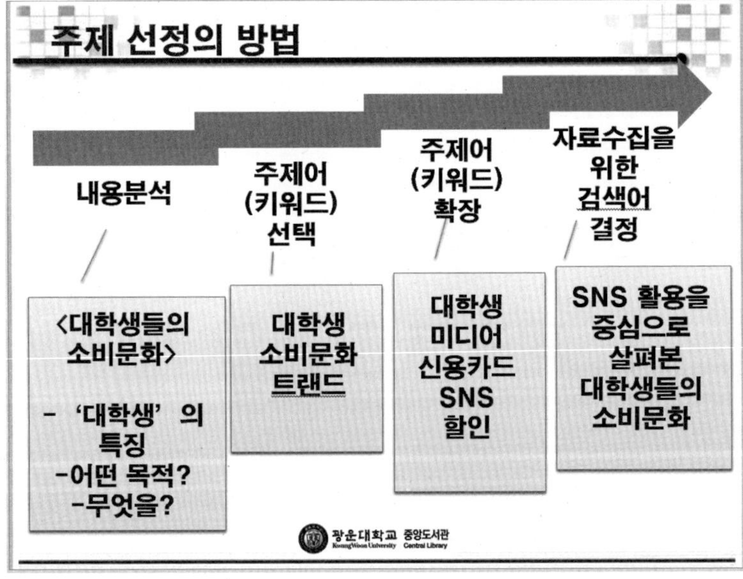
주제 선정의 방법
내용분석
주제어
(키워드)
선택
주제어
(키워드)
확장
자료수집을
위한
검색어
결정
<대학생들의
소비문화>
- '대학생' 의
특징
-어떤 목적?
-무엇을?
대학생
소비문화
트랜드
대학생
미디어
신용카드
SNS
할인
SNS 활용을
중심으로
살펴본
대학생들의
소비문화
광운대학교 중앙도서관

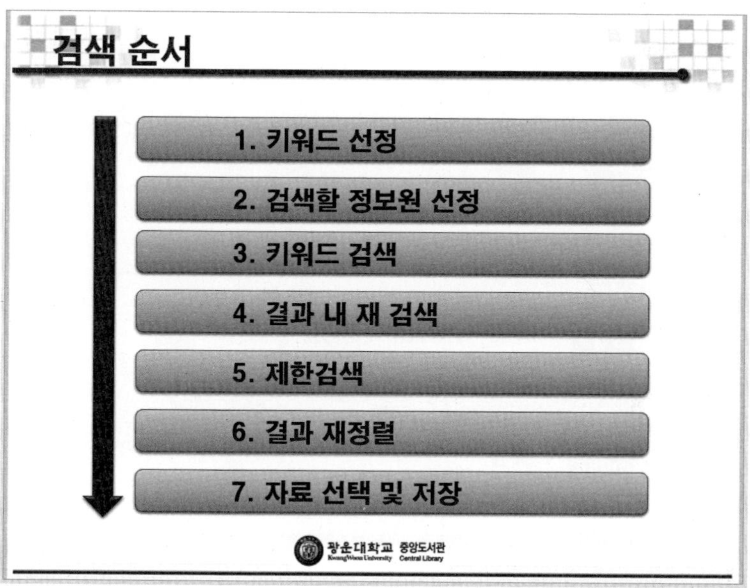
검색 순서
1. 키워드 선정
2. 검색할 정보원 선정
3. 키워드 검색
4. 결과 내 재 검색
5. 제한검색
6. 결과 재정렬
7. 자료 선택 및 저장
광운대학교 중앙도서관
KwangWoon University Central Library

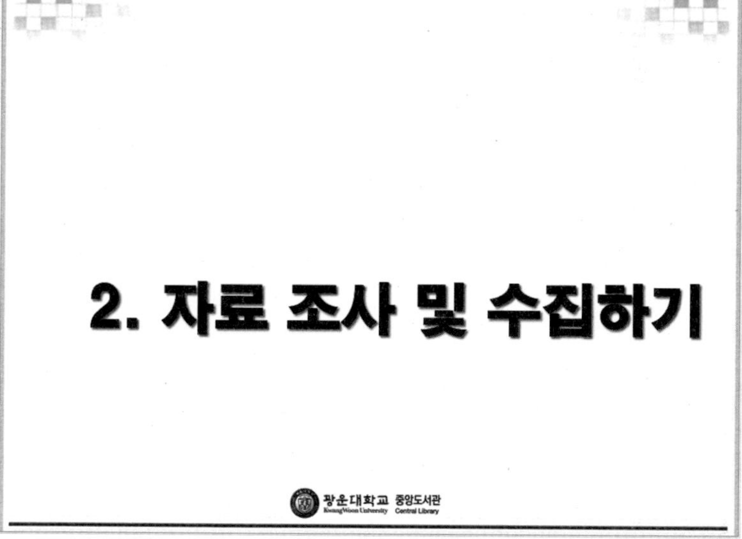
2. 자료 조사 및 수집하기
광운대학교 중앙도서관
KwangWoon University Central Library

도서관에서의 자료 검색 : 학술DB 직접 접속

국내 학술 DB

번호	자료명 (바로가기)	주제분야	수록 내용	매뉴얼	원문	초록
1	DBpia	학문전분야	국내 970여 종의 우수 정기간행물 및 학회지의 원문을 서지정보와 함께 제공하는 학술 논문 서비스	📄	✔	✔
2	학술교육원 earticle.net	학문전분야	530여개 학술단체에서 발행되는 770여종의 저널의 논문검색 및 원문 제공	📄	✔	✔
3	KISS	학문전분야	국내학회 및 연구소에서 발간하는 저널 1,650종을 제공하는 학술논문 서비스	📄	✔	✔
4	(주)학지사 뉴논문	학문전분야	교육학 및 사회복지학분야의 70여개 학회지의 논문 검색 및 원문제공	📄	✔	✔
5	교보문고스콜라	학문전분야	국내 330여개 학회 및 개인 저자 논문포함 11만 여종 원문 제공	📄	✔	✔
6	KSDC DB	사회과학	정부, 공공기관 및 연구소, 민간단체 등에서 제공하는 37,000여 건의 통계 및 조사 자료를 표준화하여 구축, 서비스하는 통합데이터베이스	📄		
7	LAWnB | 로앤비	법학	520여개 간행물 등 국내 및 일본의 법령, 판례 정보를 제공하는 데이터베이스	📄	✔	
8	DataGuide	경제/경영	국내외 기업재무, 주식, 채권, 경제·산업, 지분 데이터 등 제공, 엑셀 기반의 금융정보 제공 솔루션		✔	
9	KISVALUE	경제/경영	기업재무제표 등을 통한 전문기업분석 및 리서치 지원 프로그램 (개별 회원가입 후 동시접속 3user까지 이용가능)	📄	✔	
10	모아진 전자잡지	잡지	전자잡지 포털사이트로 200여 종 잡지의 원문 제공	📄	✔	

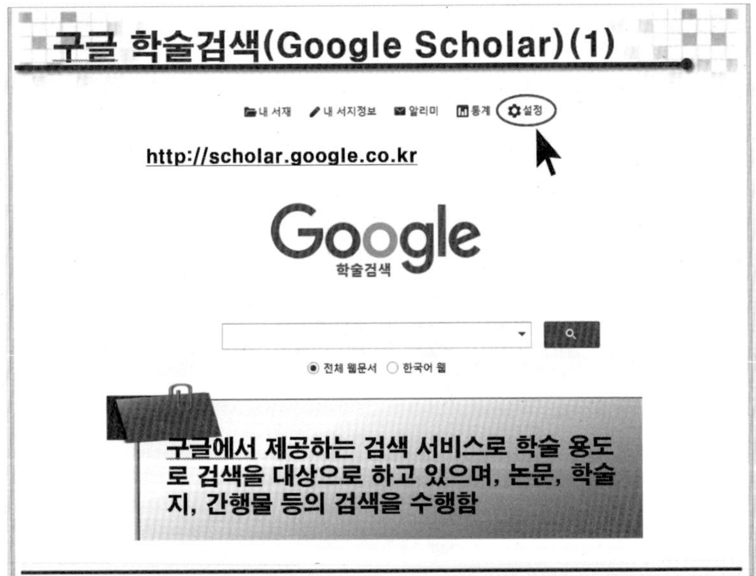

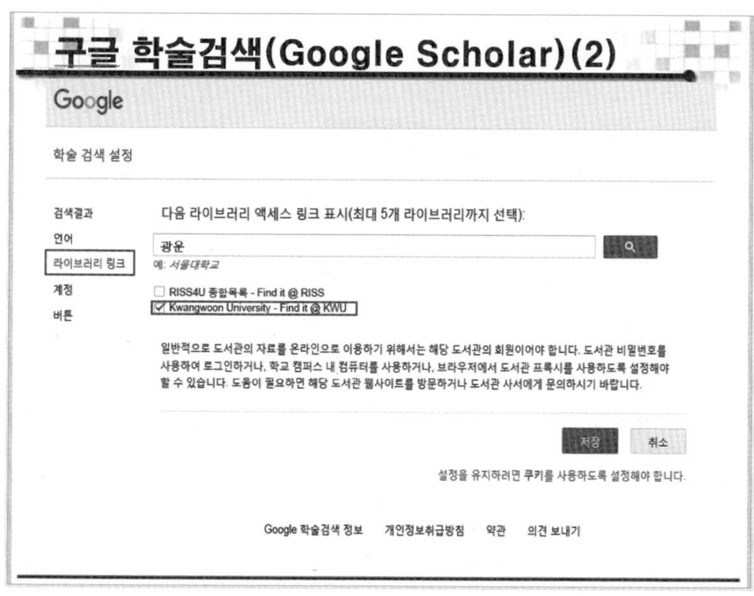

구글 학술검색(Google Scholar)(2)
Google
학술 검색 설정
검색결과
언어
라이브러리 링크
계정
버튼
다음 라이브러리 액세스 링크 표시(최대 5개 라이브러리까지 선택):
광운
예: 서울대학교
RISS4U 종합목록 - Find it @ RISS
Kwangwoon University - Find it @ KWU
일반적으로 도서관의 자료를 온라인으로 이용하기 위해서는 해당 도서관의 회원이어야 합니다. 도서관 비밀번호를 사용하여 로그인하거나, 학교 캠퍼스 내 컴퓨터를 사용하거나, 브라우저에서 도서관 프록시를 사용하도록 설정해야 할 수 있습니다. 도움이 필요하면 해당 도서관 웹사이트를 방문하거나 도서관 사서에게 문의하시기 바랍니다.
저장
취소
설정을 유지하려면 쿠키를 사용하도록 설정해야 합니다.
Google 학술검색 정보
개인정보취급방침
약관
의견 보내기

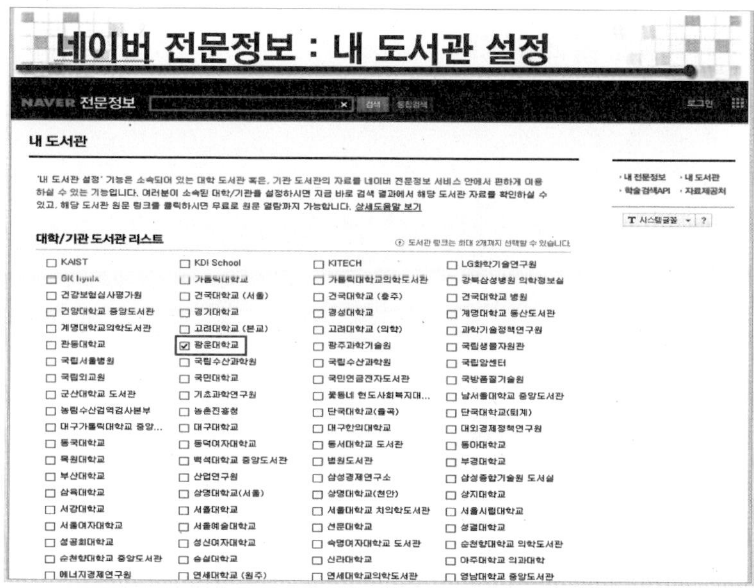

네이버 전문정보 : 내 도서관 설정
NAVER 전문정보
내 도서관
'내 도서관 설정' 기능은 소속되어 있는 대학 도서관 혹은, 기관 도서관의 자료를 네이버 전문정보 서비스 안에서 편하게 이용하실 수 있는 기능입니다. 여러분이 소속된 대학/기관을 설정하시면 지금 바로 검색 결과에서 해당 도서관 자료를 확인하실 수 있고, 해당 도서관 원문 링크를 클릭하시면 무료로 원문 열람까지 가능합니다. 상세도움말 보기
대학/기관 도서관 리스트
도서관 링크는 최대 2개까지 선택할 수 있습니다
KAIST
KDI School
KITECH
LG화학기술연구원
가톨릭대학교
가톨릭대학교의학도서관
강북삼성병원 의학정보실
건강보험심사평가원
건국대학교 (서울)
건국대학교 (충주)
건국대학교 병원
건양대학교 중앙도서관
경기대학교
경성대학교
계명대학교 동산도서관
계명대학교의학도서관
고려대학교 (본교)
고려대학교 (의학)
과학기술정책연구원
관동대학교
광운대학교
광주과학기술원
국립생물자원관
국립서울병원
국립수산과학원
국립수산과학원
국립암센터
국립외교원
국민대학교
국민연금전자도서관
국방품질기술원
군산대학교 도서관
기초과학연구원
꽃동네 현도사회복지대...
남서울대학교 중앙도서관
농림수산검역검사본부
농촌진흥청
단국대학교(율곡)
단국대학교(퇴계)
대구가톨릭대학교 중앙...
대구대학교
대구한의대학교
대외경제정책연구원
동국대학교
동덕여자대학교
동서대학교 도서관
동아대학교
목원대학교
백석대학교 중앙도서관
법원도서관
부경대학교
부산대학교
산업연구원
삼성경제연구소
삼성종합기술원 도서실
삼육대학교
상명대학교(서울)
상명대학교(천안)
상지대학교
서강대학교
서울대학교
서울대학교 치의학도서관
서울시립대학교
서울여자대학교
서울예술대학교
선문대학교
성결대학교
성공회대학교
성신여자대학교
숙명여자대학교 도서관
순천향대학교 의학도서관
순천향대학교 중앙도서관
숭실대학교
신라대학교
아주대학교 의과대학
에너지경제연구원
연세대학교 (원주)
연세대학교의학도서관
영남대학교 중앙도서관

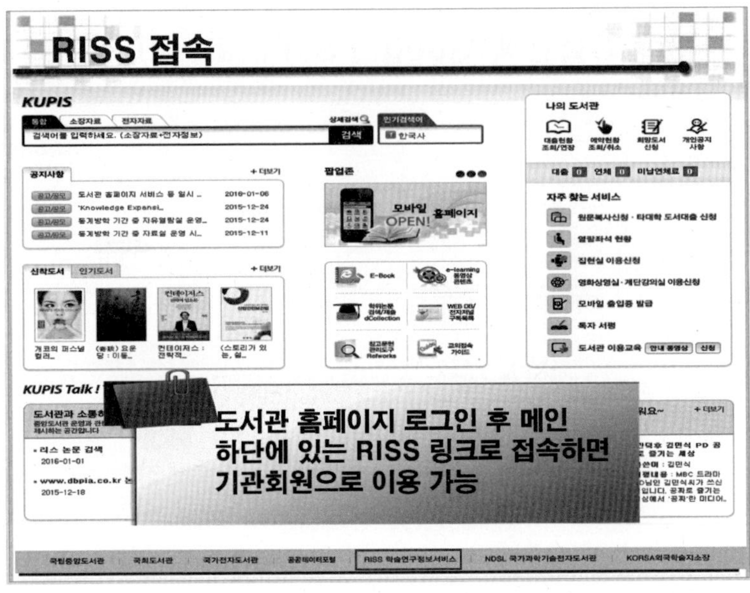
RISS 접속
KUPIS
나의 도서관
자주 찾는 서비스
KUPIS Talk!
도서관 홈페이지 로그인 후 메인
하단에 있는 RISS 링크로 접속하면
기관회원으로 이용 가능

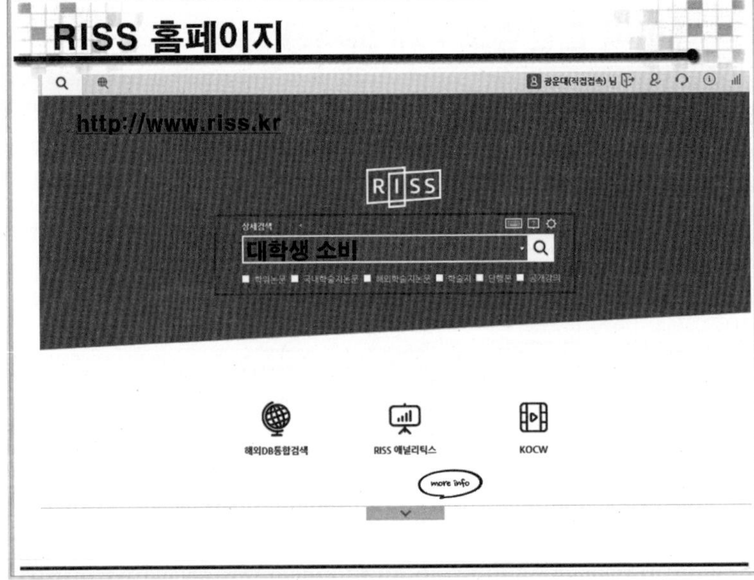
RISS 홈페이지
http://www.riss.kr
RISS
대학생 소비
해외DB통합검색
RISS 애널리틱스
KOCW
more info

외국학술지지원센터(FRIC)

지원센터명(분야명)		주요 학문 분야
강원대학교	생명공학	약학, 생물학 등
경북대학교	전자 · 전기 · 컴퓨터 전자공학	전자 · 전기 · 컴퓨터 · 전자공학 등
고려대학교	인문학	문학, 어학, 역사학, 철학 등
부산대학교	기술과학	건축, 토목공학, 기계공학, 조선 등
서울대학교	자연과학	수학, 물리학, 화학, 지구과학 등
연세대학교	임상의학	의학, 치의학, 간호학 등
전북대학교	농축산학	농축산학, 수산, 해양학 등
이화여자대학교	교육 · 사회 · 예체능	신문, 방송, 교육, 사회, 예체능 등
충남대학교	행정, 경영학	정치, 외교, 법률, 행정, 경영학 등
경상대학교	환경 · 에너지	환경공학, 에너지 · 원자력, 자원공학

광운대학교 중앙도서관
KwangWoon University Central Library

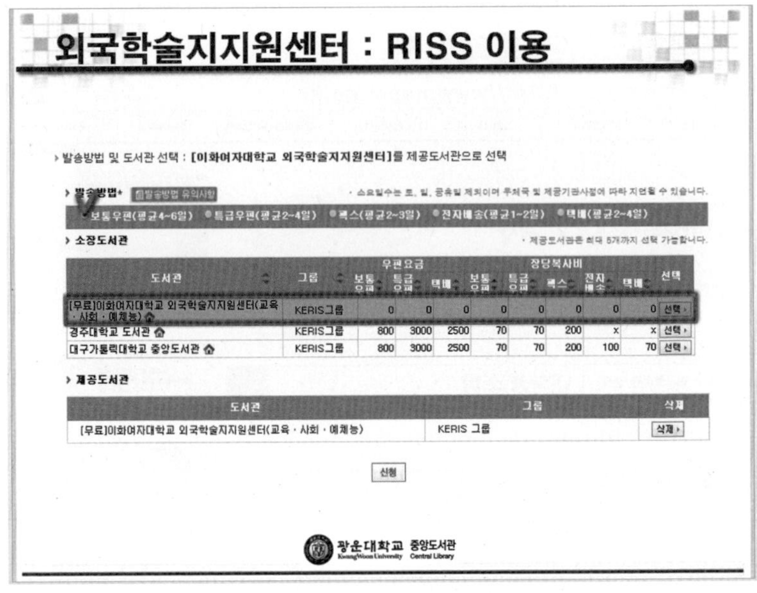
외국학술지지원센터 : RISS 이용
발송방법 및 도서관 선택 : [이화여자대학교 외국학술지지원센터]를 제공도서관으로 선택
발송방법* 발송방법 유의사항
· 소요일수는 토, 일, 공휴일 제외이며 우체국 및 제공기관사정에 따라 지연될 수 있습니다.
보통우편(평균4~6일) 특급우편(평균2~4일) 팩스(평균2~3일) 전자배송(평균1~2일) 택배(평균2~4일)
소장도서관
· 제공도서관은 최대 5개까지 선택 가능합니다.
도서관 | 그룹 | 우편요금: 보통우편 | 특급우편 | 택배 | 장당복사비: 보통우편 | 특급우편 | 팩스 | 전자배송 | 택배 | 선택
[무료]이화여자대학교 외국학술지지원센터(교육·사회·예체능) | KERIS그룹 | 0 | 0 | 0 | 0 | 0 | 0 | 0 | 0 | 선택
경주대학교 도서관 | KERIS그룹 | 800 | 3000 | 2500 | 70 | 70 | 200 | x | x | 선택
대구가톨릭대학교 중앙도서관 | KERIS그룹 | 800 | 3000 | 2500 | 70 | 70 | 200 | 100 | 70 | 선택
제공도서관
도서관 | 그룹 | 삭제
[무료]이화여자대학교 외국학술지지원센터(교육·사회·예체능) | KERIS 그룹 | 삭제
신청
광운대학교 중앙도서관
KwangWoon University Central Library

[8교시] 학문적 글쓰기의 이해(1)

글쓰기 연습의 필요성

Change your words. Change your world!

I'm blind, please help! ⟶ It's a beautiful day and I can't see it!

<http://miralorg.blog.me/220070267002>

글쓰기의 종류

❖ **실용적 글쓰기**

설명문, 감상문, 비평(서평, 칼럼), 서간문, 이력서, 자기소개서
제안서, 기획서, 품의서

❖ **학문적 글쓰기**

보고서, 학술논문(학위논문, 보고논문, 연구논문)

❖ **문예적 글쓰기**

수필, 시, 소설, 희곡

좋은 글을 쓰기 위한 자세

❖ 잘 써야 한다는 압박감을 버리자

❖ 충분히 숙고한 후에 쓰는 습관을 기르자

❖ 남들의 시선을 의식하자

❖ 글쓰기는 노동이라는 점을 기억하다.

좋은 글을 쓰기 위한 기본 요소

❖ 상식에 도전하기

❖ 지식. 구성력, 문장력

❖ 분석적, 비판적 자료 해석

❖ 자기 점검하기

학문적 글쓰기의 요건

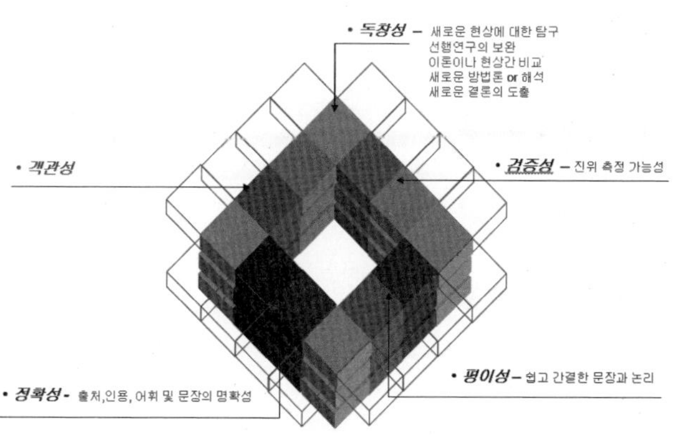

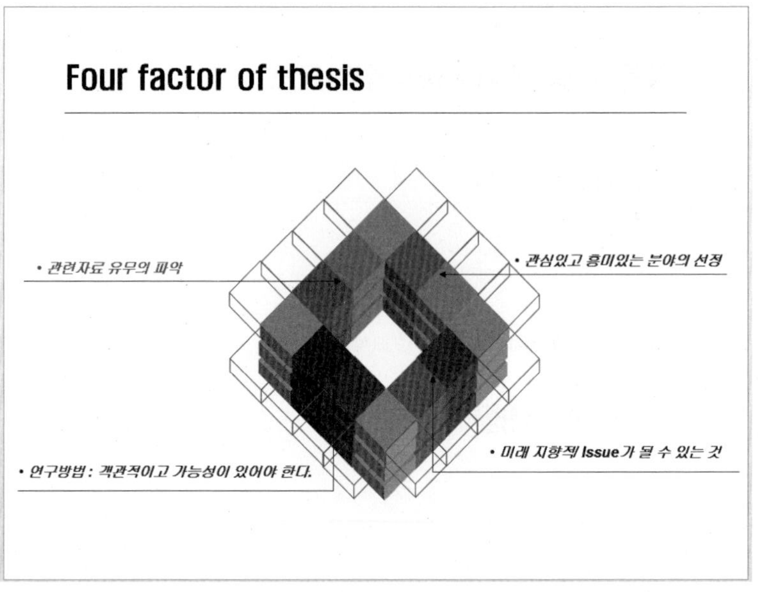
Four factor of thesis
• 관련자료 유무의 파악
• 관심있고 흥미있는 분야의 선정
• 미래 지향적 Issue가 될 수 있는 것
• 연구방법 : 객관적이고 가능성이 있어야 한다.

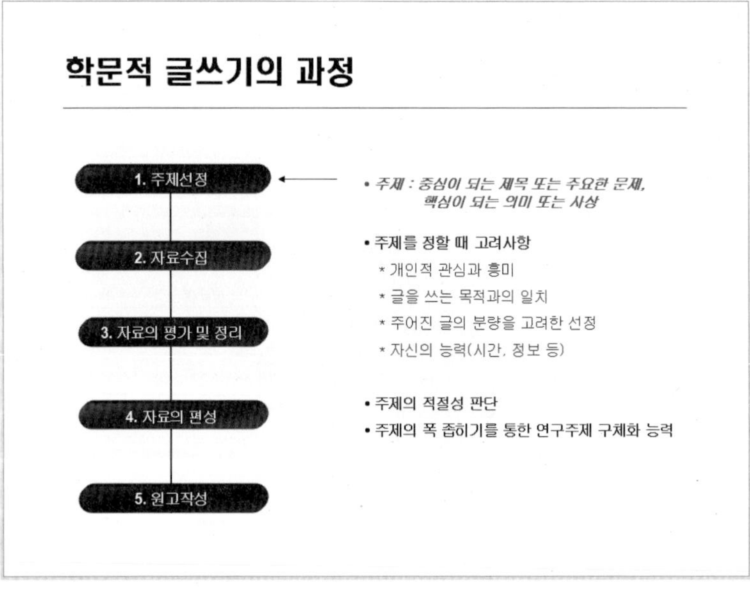
학문적 글쓰기의 과정
1. 주제선정
2. 자료수집
3. 자료의 평가 및 정리
4. 자료의 편성
5. 원고작성
• 주제 : 중심이 되는 제목 또는 주요한 문제,
핵심이 되는 의미 또는 사상
• 주제를 정할 때 고려사항
* 개인적 관심과 흥미
* 글을 쓰는 목적과의 일치
* 주어진 글의 분량을 고려한 선정
* 자신의 능력(시간, 정보 등)
• 주제의 적절성 판단
• 주제의 폭 좁히기를 통한 연구주제 구체화 능력

학문적 글쓰기의 과정

1. 주제선정
2. 자료수집
3. 자료의 평가 및 정리
4. 자료의 편성
5. 원고작성

- *좋은 글을 쓰기 위한 기본 요소*
- 수집방법의 결정 : 문헌자료, 현장조사, 실험.관찰
  - 수집방법에 대한 노하우 필수
  - 연구방법 및 절차에 대한 결정
- 자료 수집을 위한 효과적인 방법
  - 전문가의 자문
  - 학술지 검색 및 학술지 참고문헌 활용
    - 가장 최근의 국내.외 학위논문 확보

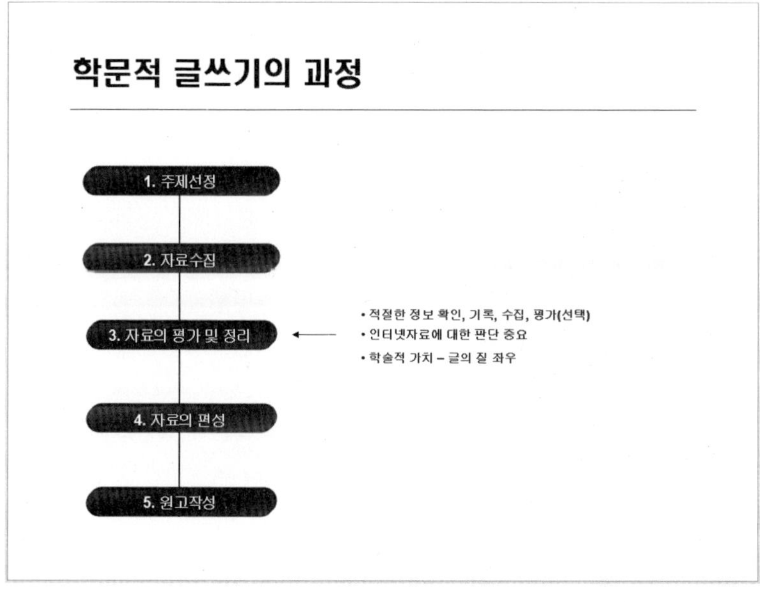

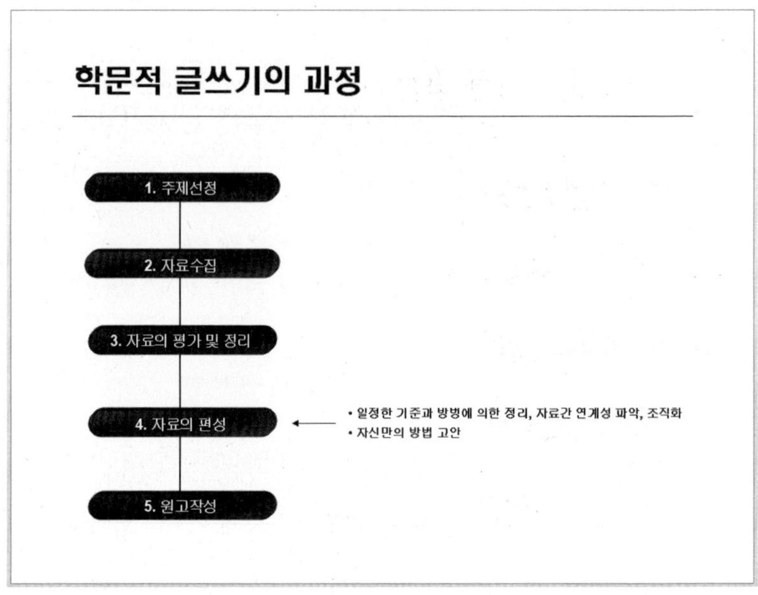
학문적 글쓰기의 과정
1. 주제선정
2. 자료수집
3. 자료의 평가 및 정리
4. 자료의 편성
5. 원고작성
• 일정한 기준과 방병에 의한 정리, 자료간 연계성 파악, 조직화
• 자신만의 방법 고안

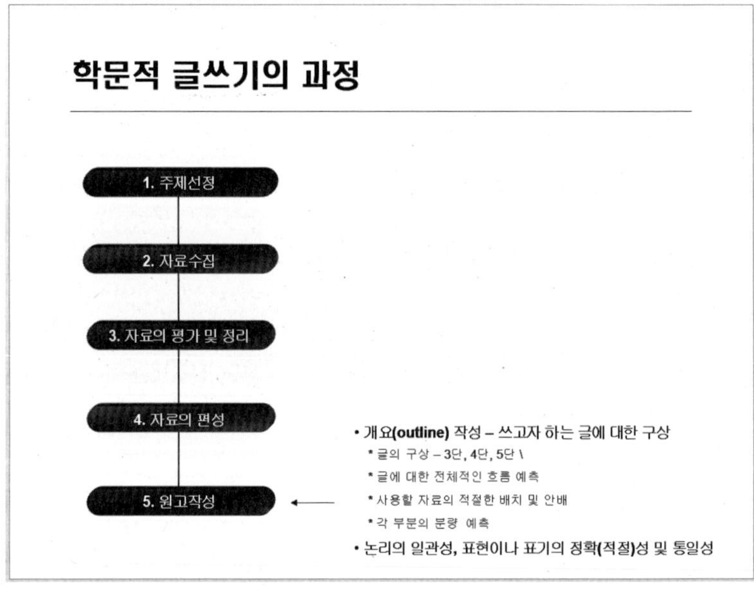
학문적 글쓰기의 과정
1. 주제선정
2. 자료수집
3. 자료의 평가 및 정리
4. 자료의 편성
5. 원고작성
• 개요(outline) 작성 – 쓰고자 하는 글에 대한 구상
* 글의 구상 – 3단, 4단, 5단 \
* 글에 대한 전체적인 흐름 예측
* 사용할 자료의 적절한 배치 및 안배
* 각 부분의 분량 예측
• 논리의 일관성, 표현이나 표기의 정확(적절)성 및 통일성

연구주제 안내

조	주 제
1	도서관 이용자 분석
2	특수이용자(장애인) 서비스
3	도서관의 공간(Information Commons)
4	주제전문서비스 & 주제전문사서
5	정보활용교육(Information Literacy)
6	참고서비스(Reference Service)
7	지역사회 개방
8	학교도서관 or 공공도서관과의 협력
9	대학도서관 마케팅
10	상호대차
11	공동보존서고
12	전자정보(Web DB) 문제
13	인터넷자원 (평가 방법 및 요소)
14	장서개발정책

※ 단계별로 정보검색

- 도서관 OPAC 검색, Web DB
- 국내 : DBPia, KISS,
  관련 단체 및 협회, 연구소, 세미나 및 워크숍자료
  인터넷자원, 회색문헌
- 국외 : google - 협회, 단체, 연구자료, 관련 주제 DB

단행본/ 학위논문/ 저널 아티클/ 회의 및 발표자료/ 인터넷 자원

연구주제 및 목차 정하기

- 연구 주제 정하기
- 기초자료 조사
- 목차 및 연구방법 정하기
- **5월 9일(월), 10시까지,** 학습지원실 -학생자료실에 올릴 것
- 나머지 수강생들의 연구과정 모니터링 - 질의 및 응답

[9교시] 연구윤리와 인용 출처 표기법

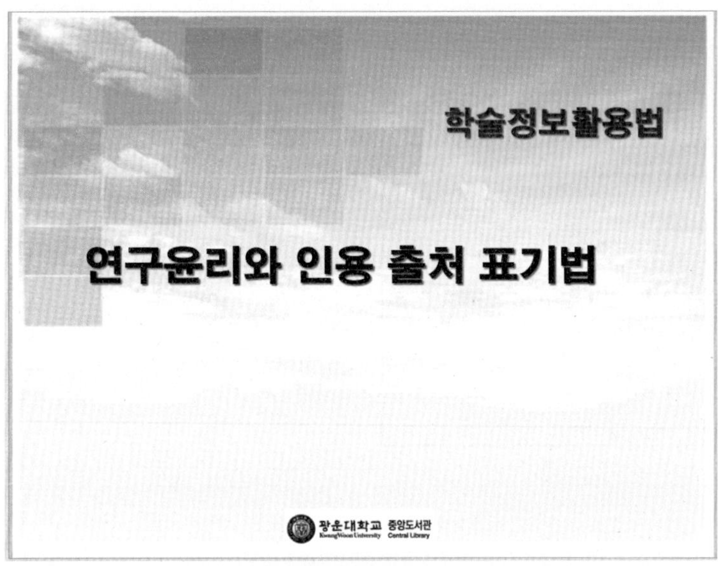

CONTENTS

1. 연구 윤리
2. 리포트(논문) 작성과 인용
3. 올바른 인용 방법
4. 출처를 바르게 표시하는 방법

광운대학교 중앙도서관
KwangWoon University Central Library

CONTENTS

1. 연구 윤리

1.1 연구 윤리와 연구자의 자세

1.2 연구부정 행위

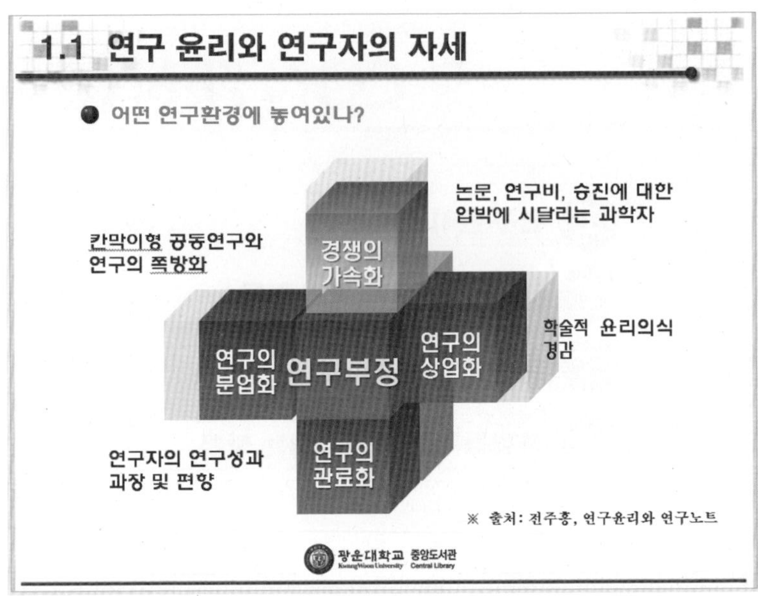

1.1 연구 윤리와 연구자의 자세

● 연구윤리란 무엇인가? (1)

❖ 연구자가 연구를 수행하면서 지켜야 할 원칙이나 행동양식

- 연구윤리는 좁은 의미로 연구자가 연구를 신청하고, 수행하며, 그 결과를 보고하는 과정에서 지켜야 할 행동양식

❖ 한국연구재단 정의

- 연구의 계획, 수행 보고 등과 같은 연구의 전 과정에서 책임 있는 태도로 바람직한 연구를 추진하기 위해 지켜야 할 윤리적 원칙
- 연구를 시작하면서 마칠 때까지 안내해주는 도덕적 기준이나 원칙
- 개인중심보다 집단중심을 고려하는 의식이 필요함.

❖ 연구자들의 정의

- 진리탐구를 추구하는 학문의 기본 속정은 연구의 자유와 연구자의 무한한 창의력을 필요로 하고, 이 과정에서 연구자의 진실성과 연구의 도덕성 및 연구자의 자기규제가 전제됨(박영배)
- 지식전달과정에서의 연구윤리 문제 고려 필요(손순종)

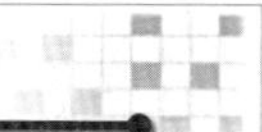

1.1 연구 윤리와 연구자의 자세

- 연구윤리란 무엇인가? (2)
  - ❖ 미국 연구윤리국(ORI: The Office of Research Integrity)의 정의
    - 연구윤리의 출발점은 정직성, 정확성, 효율성 및 객관성으로 요약
    - 정직성 : 정보를 정직하게 전달하고 약속을 지키는 것
    - 정확성 : 연구 결과를 정확하게 보고하고 오차를 피하는데 최선을 다하는 것
    - 효율성 : 자원을 현명하게 사용하고 낭비하지 않는 것
    - 객관성 : 사실을 명확하게 밝히고, 부당한 편견을 피하는 것
- 연구자의 자세 (1)
  - ❖ 연구의 전 과정에서 위조, 변조, 표절과 같은 부정행위가 없이 정직하고 충실한 연구가 이루어져야 한다.
  - ❖ 연구자는 항상 "연구의 전 과정에서 충분한 주의를 기울여 부주의(carelessness), 무능력 (incompetence), 자기기만 (self deception)이 배제되어야 한다.

1.1 연구 윤리와 연구자의 자세

- 연구자의 자세 (2)
  - ❖ 연구계획단계에서부터 논문발표단계에까지 연구의 진실성(research integrity)에 영향을 미치는 항목들에 대해 치밀한 계획과 공정한 처리가 이루어져야 한다.
    - 논문저자의 배정
    - 이해충돌여부의 명시
    - 지적 재산과 데이터 소유권의 배분
    - 연구대상 인간과 동물의 취급
    - 연구비 집행
    - 유해물질의 취급과 안전
    - 실험노트의 작성과 관리
    - 연구지도

광운대학교 중앙도서관

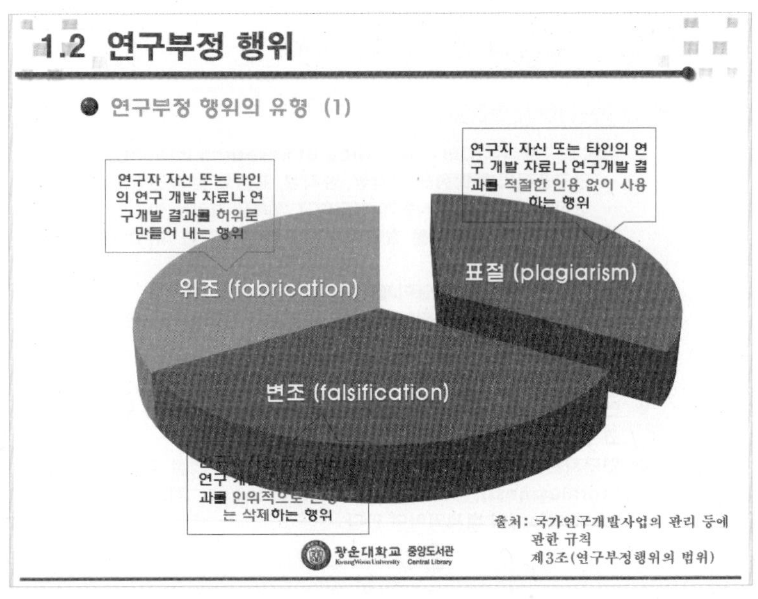
1.2 연구부정 행위
연구부정 행위의 유형 (1)
연구자 자신 또는 타인의 연구 개발 자료나 연구개발 결과를 허위로 만들어 내는 행위
위조 (fabrication)
연구자 자신 또는 타인의 연구 개발 자료나 연구개발 결과를 적절한 인용 없이 사용하는 행위
표절 (plagiarism)
변조 (falsification)
과를 인위적으로
는 삭제하는 행위
출처: 국가연구개발사업의 관리 등에 관한 규칙 제3조(연구부정행위의 범위)
광운대학교 KwangWoon University 중앙도서관 Central Library

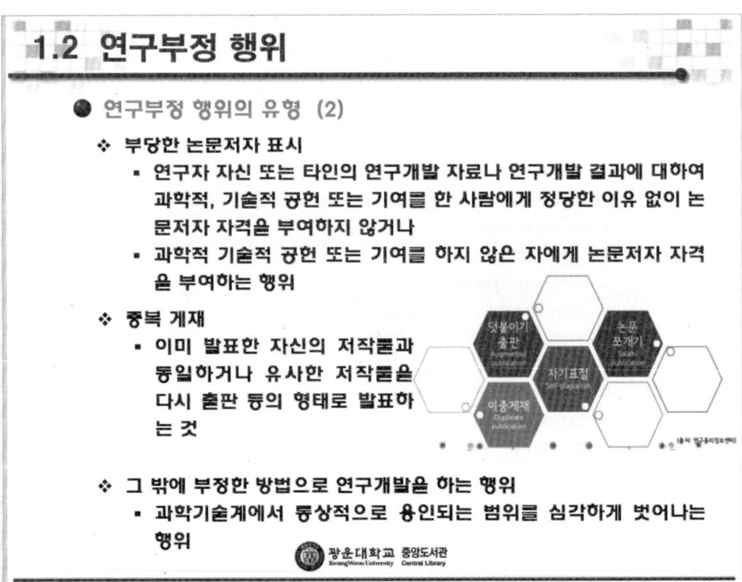
1.2 연구부정 행위
연구부정 행위의 유형 (2)
❖ 부당한 논문저자 표시
▪ 연구자 자신 또는 타인의 연구개발 자료나 연구개발 결과에 대하여 과학적, 기술적 공헌 또는 기여를 한 사람에게 정당한 이유 없이 논문저자 자격을 부여하지 않거나
▪ 과학적 기술적 공헌 또는 기여를 하지 않은 자에게 논문저자 자격을 부여하는 행위
❖ 중복 게재
▪ 이미 발표한 자신의 저작물과 동일하거나 유사한 저작물을 다시 출판 등의 형태로 발표하는 것
덧붙이기 출판
논문 쪼개기
자기표절
이중게재
❖ 그 밖에 부정한 방법으로 연구개발을 하는 행위
▪ 과학기술계에서 통상적으로 용인되는 범위를 심각하게 벗어나는 행위
광운대학교 KwangWoon University 중앙도서관 Central Library

2.1 인용의 정의

2.2 학술적 글쓰기에서 인용의 중요성

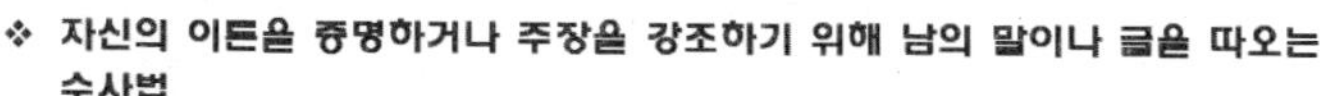

❖ 자신의 이론을 증명하거나 주장을 강조하기 위해 남의 말이나 글을 따오는 수사법

❖ 설명이나 해석을 하는데 자신의 말보다 자료 그 자체를 제시하는 것이 독자의 이해를 돕는데 훨씬 효과적이라고 판단되는 경우에 사용하는 방법

❖ 남의 말이나 글 또는 고사 · 격언 등에서 필요한 부분을 인용함으로써 글의 뜻을 더욱 분명히 하는 표현 방법

❖ 인유법(引諭法)이라고도 하는데, 남의 말이나 글을 인용해 글의 신뢰도를 높이거나 내용을 충실히 하고, 자기 이론의 정확성을 꾀하며, 문장에 변화를 주는 방법

❖ 종합정리 : 인용이란 자신의 학술적 글쓰기를 작성하는 데 자신의 것이 아닌, 다른 사람의 글에서 꼭 필요한 부분을 가져오는 것

- 권위 있는 사람의 글을 제시하여 자신의 주장이나 논지의 정당함을 입증함.
- 자신의 견해와 타인의 견해가 어떻게 다른지를 제시하여 자신의 주장을 강조하는 경우

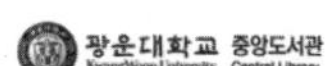

2.2 학술적 글쓰기에서 인용의 중요성

❖ 무한한 지식과 정보세계에서 창조적인 글쓰기에 적절한 자료의 탐색과 활용 능력을 검증

- 인터넷의 발달로 정보나 지식의 양도 방대하며, 이를 검색, 취득이 쉬워짐
- 그러나 과다한 지식과 정보는 오히려 창의적인 사고를 방해하는 경우도 있으며, 꼭 필요한 적합 정보를 찾기가 쉽지 않음.
- 현재 우리들에게 필요한 것은 자신의 생각과 의견을 창의적이고 논리적으로 표현하는 훈련임. 즉, 원하는 자료를 선별하여 이를 참조하되 자신의 사고과정을 통해 적절한 결과로 귀결되는 이른바 글쓰기에서 요구되는 의사소통의 과정이라 할 수 있음.
- 이런 훈련을 통해 필요한 자료의 목록을 확인하고 또 적합한 정보를 수용하여 기본적인 지식 습득의 과정을 거치면서, 자신의 지식과 논리가 한 층 발전되거나 풍부한 단계로 완성될 수 있게 됨.
- 이러한 측면에서 인용은 학술적 글쓰기의 꽃이라고 할 수 있음.
- 제대로 인용한다는 것은 제대로 자료를 찾았다는 의미이고, 이는 곧 정확한 주석을 단다는 것이며, 아울러 참고문헌 작성까지 제대로 할 수 있다는 것을 의미하는 것임.

3. 올바른 인용 방법

3.1 인용의 종류

3.2 직접인용

3.3 간접인용

3.1 인용의 종류

- 직접인용(direct quotation)의 정의와 방법
  - ❖ 어떤 저술 내용은 원문 그대로 옮겨 놓은 필요가 있을 때 하는 인용방식
    - 직접 인용할 때는 글의 내용면에서 뿐만 아니라 문장 기호, 부호 등을 그대로 옮겨야 함.
    - 직접인용은 큰따옴표(“ ”)로 처리
    - 인용 안의 인용은 작은따옴표(‘ ’)로 처리

법학전문대학원 설치·운영에 관한 법률 제2조(교육이념)에는 “법학전문대학원의 교육이념은 국민의 다양한 기대와 요청에 부응하는 양질의 법률서비스를 제공하기 위하여 풍부한 교양, 인간 및 사회에 대한 깊은 이해와 자유·평등·정의를 지향하는 가치관을 바탕으로 건전한 직업윤리관과 복잡다기한 법적 분쟁을 전문적·효율적으로 해결할 수 있는 지식 및 능력을 갖춘 법조인의 양성에 있다”5)고 규정하고 있다. 즉, 법학교육이 사법시험 과목 중심으로 운영됨으로써 법적 사고 능력을

5) 법학전문대학원 설치·운영에 관한 법률, 제2조 교육이념 (시행 2012. 7.22). <http://www.law.go.kr/lsInfoP.do?lsiSeq=114964&efYd=20120722#0000> [인용 2012. 11. 12].

3.2 직접인용

- ❖ 직접 인용하고자 하는 부분이 비교적 길어 인용 부호를 사용하는 것이 글 읽기에 혼란을 주는 경우에는 지문에서 따로 떼어 별도의 단락으로 작성
  - 인용문단으로 처리하는 경우는 인용부호(“ ”)를 붙이지 않음.

별도의 단락으로 작성한 사례

- 인용부분 상하와 지문 사이에 1행을 비움
- 단락은 전체 지문의 좌측기선에서 우측으로 두세 자 들어 씀.

송재룡은 한국인의 “집합적 경향”이 삶의 행태를 주조하는 사회문화적 배경을 “가족주의적 습속”이라고 규정한다.

이 가족주의 가치체계가 한국 사회에 미친 강력한 영향은 ‘출세와 성공’을 통해 사회적 지위를 획득하고 가문의 영광을 드러낸다는 입신양명 주의적 및 숭문 주의적 의지와 정서이다. 얼핏 보면, 현대 한국 사회에서 그 누구도 드러내 놓고 출세와 성공을 통해 가문의 영광을 구하려 들지 않는다는 점에서 이 가족주의적 의지와 정서의 원형은 사라진듯하다. 하지만 이 가족주의적 의지와 정서는 오랜 역사적 전승을 통해 형성되어 온 문화·정서적 현상이라는 점에서 쉽게 사라지지 않고 지속적으로 영향력을 행사하고 있다.12)

이런 분석은 한국인들의 자살 원인이 개인의 정신 병리적 현상만이 아니라 집합적 경향과 밀접하게 연계되어 있는 사회문화적 현상임을 입증해 주고 있다.

12) 송재룡, 『한국 사회의 자살과 뒤르케임의 자살론』, 『뒤르케임을 다시 생각한다』, 한국사회이론학회, 2008, 143~144쪽.
13) W. S. F. Pickering Ed., *Durkheim on Religion*, Atlanta, Georgia: Scholars Press, 1994, pp.245~248.

- 인용 부분은 지문보다 행간을 좁히고 글자 크기를 지문보다 작게 하여 시각적으로 인용부분임을 확연하게 구분

광운대학교 중앙도서관 KwangWoon University Central Library

3.2 직접인용

❖ 직접 인용의 방식을 선택하는 것이 효과적인 경우
- 원문(原文)이 아니고는 다른 적절한 표현을 찾을 수 없을 때
- 원문을 그대로 제시하지 않으면 독자가 그릇된 해석을 할 염려가 있을 때
- 연구자의 입장과는 상충되는 견해를 더욱 분명하게 하고자 할 때

❖ 직접 인용의 경우에는 앞 뒤 문장이나 중간 부분을 생략하는 경우가 있음.
- 이 경우 줄임표(…)를 사용
- 생략 부분이 한 단락 이상일 경우, 한 줄 전체를 줄임표로 메워 줌.
- 인용할 내용이 길다면 줄임표를 적절히 사용하여 중요한 부분만을 언급

> "결혼을 하였지만, 그 처녀는 술거의 얼굴을 보고 기절을 하고 … 깨어나서는 그냥 집으로 도망쳐 버리고 … . 또 한 번 장가를 들어보았지만, 그 색시 역시 … 무서워서 죽어도 같이 못 살겠노라고 …" 도망쳐버리는 바람에, 화공 또한 두 번이나 결혼에 실패한 전력(前歷)을 가지고 있다.

3.3 간접인용

● 간접인용(indirect quotation)의 정의와 장점

❖ 남의 생각을 그 사람이 말한 그대로 인용하지 않고, 연구자의 말로써 바꿔서 인용하는 방식
- 간접 인용은 원문 그대로의 인용이 아니라 원문의 견해를 풀이하여 그 내용적 핵심만을 전달하는 것
- 원문의 문장을 자기의 표현방식으로 바꾸어 그 내용이나 생각을 자기의 논의 과정으로 끌어들이는 것으로 익숙해지기까지 충분한 연습이 필요하다는 점에서 직접 인용보다 어려움.
- 이러한 작업을 명확하면서도 세련되게 하기 위해서는 지식을 자기 것으로 소화해내는 인용자의 학문적 식견이 요구됨.

❖ 간접 인용의 장점
- 원문에서 제시된 형태 그대로를 인용하는 것이 어려울 때
- 문체의 이질감(異質感)이 커 자신의 글쓰기에 어울리지 않을 때
- 원문의 길이 조정이 필요할 때

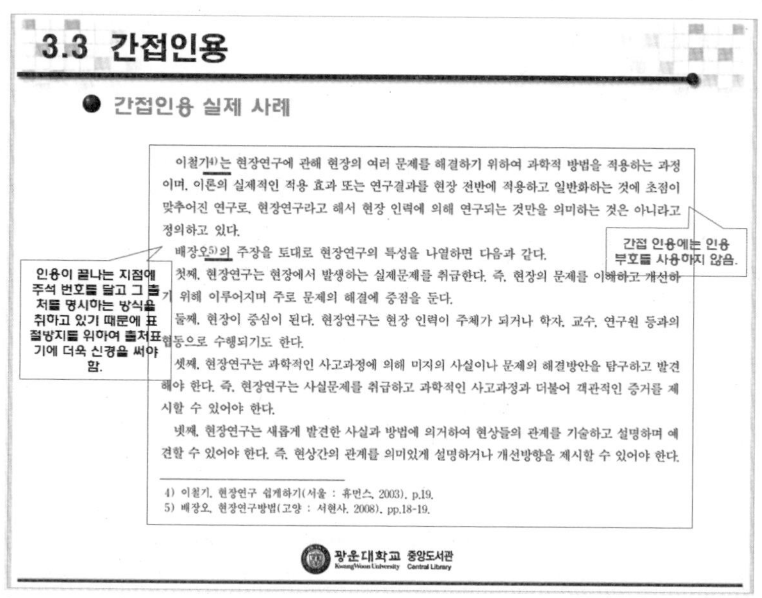
3.3 간접인용
간접인용 실제 사례
이철기4)는 현장연구에 관해 현장의 여러 문제를 해결하기 위하여 과학적 방법을 적용하는 과정이며, 이론의 실제적인 적용 효과 또는 연구결과를 현장 전반에 적용하고 일반화하는 것에 초점이 맞추어진 연구로, 현장연구라고 해서 현장 인력에 의해 연구되는 것만을 의미하는 것은 아니라고 정의하고 있다.
배장오5)의 주장을 토대로 현장연구의 특성을 나열하면 다음과 같다.
첫째, 현장연구는 현장에서 발생하는 실제문제를 취급한다. 즉, 현장의 문제를 이해하고 개선하기 위해 이루어지며 주로 문제의 해결에 중점을 둔다.
둘째, 현장이 중심이 된다. 현장연구는 현장 인력이 주체가 되거나 학자, 교수, 연구원 등과의 협동으로 수행되기도 한다.
셋째, 현장연구는 과학적인 사고과정에 의해 미지의 사실이나 문제의 해결방안을 탐구하고 발견해야 한다. 즉, 현장연구는 사실문제를 취급하고 과학적인 사고과정과 더불어 객관적인 증거를 제시할 수 있어야 한다.
넷째, 현장연구는 새롭게 발견한 사실과 방법에 의거하여 현상들의 관계를 기술하고 설명하며 예견할 수 있어야 한다. 즉, 현상간의 관계를 의미있게 설명하거나 개선방향을 제시할 수 있어야 한다.
4) 이철기, 현장연구 쉽게하기(서울 : 휴먼스, 2003), p.19.
5) 배장오, 현장연구방법(고양 : 서현사, 2008), pp.18-19.
간접 인용에는 인용 부호를 사용하지 않음.
인용이 끝나는 지점에 주석 번호를 달고 그 출처를 명시하는 방식을 취하고 있기 때문에 표절방지를 위하여 출처표기에 더욱 신경을 써야 함.
광운대학교 중앙도서관
KwangWoon University Central Library

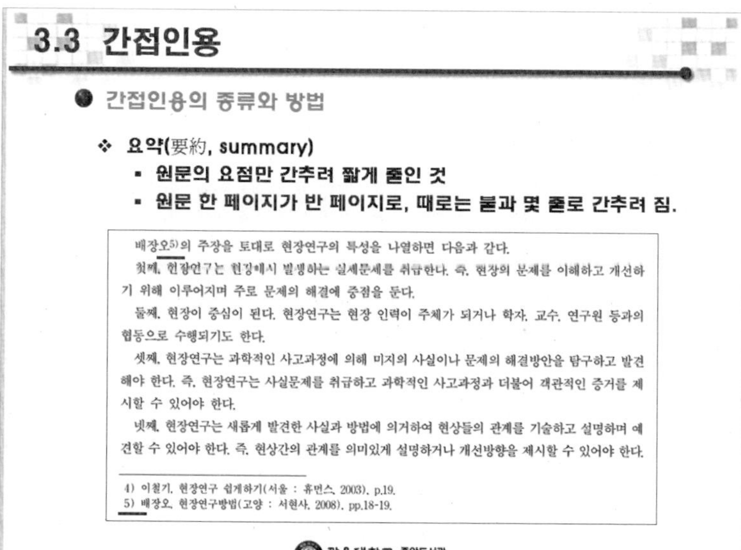
3.3 간접인용
간접인용의 종류와 방법
요약(要約, summary)
원문의 요점만 간추려 짧게 줄인 것
원문 한 페이지가 반 페이지로, 때로는 불과 몇 줄로 간추려 짐.
배장오5)의 주장을 토대로 현장연구의 특성을 나열하면 다음과 같다.
첫째, 현장연구는 현장에서 발생하는 실제문제를 취급한다. 즉, 현장의 문제를 이해하고 개선하기 위해 이루어지며 주로 문제의 해결에 중점을 둔다.
둘째, 현장이 중심이 된다. 현장연구는 현장 인력이 주체가 되거나 학자, 교수, 연구원 등과의 협동으로 수행되기도 한다.
셋째, 현장연구는 과학적인 사고과정에 의해 미지의 사실이나 문제의 해결방안을 탐구하고 발견해야 한다. 즉, 현장연구는 사실문제를 취급하고 과학적인 사고과정과 더불어 객관적인 증거를 제시할 수 있어야 한다.
넷째, 현장연구는 새롭게 발견한 사실과 방법에 의거하여 현상들의 관계를 기술하고 설명하며 예견할 수 있어야 한다. 즉, 현상간의 관계를 의미있게 설명하거나 개선방향을 제시할 수 있어야 한다.
4) 이철기, 현장연구 쉽게하기(서울 : 휴먼스, 2003), p.19.
5) 배장오, 현장연구방법(고양 : 서현사, 2008), pp.18-19.
광운대학교 중앙도서관
KwangWoon University Central Library

3.3 간접인용

- 간접인용의 종류와 방법
  - 의역(意譯, paraphrase)
    - 원문의 어투를 다른 말로 바꾸어서 알기 쉽게 말하는 것
    - 원문을 다른 말로 바꾸어 부연하기 때문에 원문보다 길이가 반드시 줄어드는 것은 아님.

"조직의 운영 실태와 조직목적에 합당한 성과 획득을 위해서는 조직경영자와 구성원 간의 상호관계가 매우 중요하며, 조직운영자의 지도성 유형이 조직 구성원의 태도나 사기 및 생산성에 큰 영향을 미치게 된다."

⬇

하나의 조직이 어떻게 하면 보다 능률적으로 운영되며 조직목적에 합당한 성과를 올릴 수 있는가 하는 문제는 조직경영자와 구성원의 상호관계에 따라 좌우되며, 조직운영자의 지도성 유형이 그 구성원의 태도나 사기 및 생산성에 깊은 관계가 있다.*

특히 학교조직체에 있어 구성원의 특성요인에 따른 효과적인 지도성 행사는 더욱 필요하다고 본다. 왜냐하면 학교조직체는 전문적인 교육을 받은 사람들로 구성되었기 때문에 교장의 지도성에 대해 민감하게 지각하고 반응하며 이에 따라서 조직에 만족, 혹은 불만족을 초래할 수 있기 때문이다.

4. 출처를 바르게 표시하는 방법

4.1 출처 표시 방법

4.2 주석(註釋)

4.3 참고문헌

광운대학교 중앙도서관
KwangWoon University Central Library

4.1 출처 표시 방법

● 인용 시 출처 표시 이유

❖ 나의 주장이 든든한 근거와 확실한 자료에서 출발한다는 것을 보여 줄 수 있음.
❖ 출처 제시는 다른 사람의 지적 재산권을 존중하는 태도임.
❖ 나의 글을 읽는 독자에게 상세한 자료를 제공하는 가치가 있음.

● 출처 표시 방법(종류)

광운대학교 중앙도서관
KwangWoon University Central Library

4.2 주석(註釋)

● 주석의 정의

❖ 자기 글에서 설명이나 주장을 뒷받침하기 위하여 어떤 자료들을 사용하였는지, 또는 얼마나 권이 있는 자료에 근거한 것인지를 제시하는 것
❖ 말 또는 책의 본문 가운데에 있는 어떤 부분에 대해 이해를 빠르게 하려고 그 뜻을 풀어주는 보충적 성격
❖ 주석의 종류
  ▪ 내주 : 본문 내에서 괄호 안에 표시
  ▪ 각주(외주) : 본문 밖에서 표시
    – 내용 주(내용 각주) : 내용 각주를 달아야 하는 경우에는 본문에 표시하기 어려운 보충적인 설명을 필요로 할 때, 저자와 소속 기관의 변경사항이나 직위 혹은 위치를 명기할 필요가 있을 때에 한정됨
    – 참조 주(문헌 각주) 인용된 자료의 출처를 밝혀주는 주석 작업. 즉, 다른 사람의 자료에서 직접 인용 뿐만 아니라 자신이 요약하거나 의역한 부분이 있다면 그 어느 경우라도 해당 자료의 출처를 분명히 제시하는 것. 또한 독자에게 인용한 자료를 확인, 검색하거나 이용할 수 있도록 안내하는 역할을 함.

4.2 주석(註釋)_ 내주

내주의 형태

❖ 본문 안에서 저자명, 출판연도 및 인용면수만을 간단히 표시

2. 정보활용교육의 필요성 및 선행연구 분석

2.1 정보활용교육의 필요성

정보활용교육은 정보를 검색 및 입수하는데 소요되는 시간을 단축시키고 이용자의 정보활용능력 향상에 매우 효과적인 것으로 조사되고 있다(이정연, 최은주, 2006). ❶

국내 대학의 경우 도서관에서 제공하는 1회성 정보활용교육이 많은 부분을 차지하고 있다. 1회성 정보활용교육의 경우 OPAC 이용법 중심으로 진행될 수밖에 없는데 OPAC 이용법 중심의 교육은 한계에 이를 수밖에 없다. 더구나 이용자 인터페이스 디자인의 발달에 따라 별다른 인스트럭션을 요하지 않는 시스템의 확산 속에서 OPAC 사용법을 위주로 한 교육이 여전히 효용을 유지하기는 쉽지 않다(장덕현, 2002, p. 57). ❷

참 고 문 헌

고영만 (2004). 대학생을 위한 정보문해 교수-학습 모형 개발 연구. 정보관리학회지, 21(4), 67-87. http://dx.doi.org/10.3743/KOSIM.2004.21.4.067

김성은, 이명희 (2006). 대학생의 정보활용능력 교수학습모형 개발에 관한 기초연구. 한국비블리아학회

❶ 이정연, 최은주 (2006). 정보활용능력 교육의 효율성에 관한 실험적 연구. 한국문헌정보학회지, 40(1), 315-334.

이지영 (2015). 대학도서관 정보활용교육 프로그램의 개선 방안에 관한 연구. 석사학위논문, 이화여자대학교 대학원, 문헌정보학과.

❷ 장덕현 (2002). 대학도서관 이용교육 연구의 동향과 논점. 한국도서관 · 정보학회지, 33(1), 55-74.

4.2 주석(註釋)_ 내주

내주의 기술요소와 형식

❖ 일반 원칙

- 인용 주는 내주 형태로 표기하는 것을 원칙으로 하고, 설명 주는 각주 형태로 표기
- 주는 (저자명, 발행년, 인용면) 형태로 표기
- 저자명이 없거나 확인되지 않는 자료는 (제목, 발행년, 인용면) 형태로 표기
- 국문 저자명은 성명을 모두 기재하고 서양 인명은 성(family name)만 기재한다.
- 저자명은 3인까지는 모두 기재하고, 4인 이상의 경우 '외' 나 'et al' 을 사용하여 표기

❖ 저자

- 단일 또는 2-3인 공저

(김남석 1989) (박준식, 이래란 2000) (장덕현, 이연옥, 강은영 2014)
(Adler and Adams 2001) (Palmer, Smith and Creswell 2004)

4.2 주석(註釋)_ 내주

- 내주의 기술요소와 형식
  - ❖ 저자
    - ▪ 4인 이상 공저 (오동근 외 2010) (Moore et al. 2011)
    - ▪ 단체명 저자
      (한국도서관협회 2003) (U. S. Office of Education 2005)
  - ❖ 동일한 저자의 복합 인용
    (이제환 2005; 2007) (David 2003; 2010)
  - ❖ 인용 면수 표기
    (이경호 2004, 203) (Carter 2010, 43-46)
    (김종성 2014, 444; Heinich 2009, 89; Bates 2014a, 21-22)
  - ❖ 저자 미상 또는 무 저자명
    (嶺南 烈女傳 1905) (The Mother Goose 1910)
  - ❖ 법률
    (학교도서관진흥법 2013) (Health Care System Act 1999)
  - ❖ 인터뷰 자료
    (양주동 1985) (Gordimer 1991)

광운대학교 중앙도서관 KwangWoon University Central Library

4.2 주석(註釋)_각주(외주)

- 내용 주의 실제 사례

석·박사 논문을 기반으로 한 독서관련 논문은 그다지 많지 않았다. 실제 대학원에서 생산되는 논문 중에서 독서 관련 논문이 적지 않은 데 비해 학회지에 투고되는 비율은 낮다고 할 수 있다. 학회의 방침이나 규정에 따라 석·박사논문이 학술논문으로 발표되는 기회가 원천적으로 제한되는 현실과 관련이 있을 것이다. 학위논문의 경우 현장의 실제적인 사례를 담고 있는 연구가 많고 고유성 있는 현장 데이터를 포함하는 연구가 많다는 점에서 학술논문의 유통 구조 속에서 그 성과를 확산시키도록 하는 것도 좋은 방법이라고 생각한다.12) 이런 맥락에서 학위논문도 학회지를 통해 발표될 수 있도록 학회지 논문 투고 및 심사 규정을 개정하는 것도 고려할 필요가 있을 것이다.

11) 어린이서비스 분야의 연구에서 국립어린이청소년도서관으로부터 연구비를 지원받은 논문은 전체 연구비 수주 논문 44편의 절반인 22편으로 나타났다. 김종성, "문헌정보학 분야 어린이서비스 …," p.60.
12) 최근에 창간된 『한국독서교육학회지』에는 대학원(졸업)생과 현장 사서들에 의해 생산된 독서 관련 논문이 다수 게재되었는데 무척 다양하고 풍부한 연구 성과를 포함하고 있는 것으로 관찰된다.

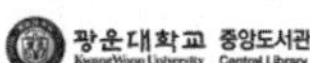

4.2 주석(註釋)_각주(외주)

● 참조 주(參照 註)의 실제 사례

이 연구에서 대상으로 하는 주제 영역인 독서 영역에서 연구경향을 분석한 선행연구도 찾을 수 있다. 최근에 발표된 김판준의 연구와 변회균의 연구를 들 수 있다.[4] 이 연구들은 프로파일링 기법 프로파일링을 이용한 거시적인 접근법을 사용하였기 때문에 독서 연구의 내면적인 실제를 들여다보기에는 한계를 지니는 면이 있다고 할 수 있다. 이 연구는 독서 연구 논문들을 좀 더 미시적으로 들여다보는 접근법을 통해 거시적으로 접근한 연구들이 가지는 한계를 보완하려고 노력하였다. 이런 면에서 연구의 차별성과 의미를 확보할 수 있다.

독서 주제를 모두 포괄한 것은 아니지만 독서치료 분야를 대상으로 하여 연구경향을 조사한 황금숙의 연구도 이 연구와 관련이 있는 선행연구라고 할 수 있다.[5] 황금숙의 연구는 우리나라에서

4) 김판준, 전게논문: 변회균, 전게논문.
5) 황금숙, "국내 독서치료 연구동향 분석 연구," 한국도서관·정보학회지, 제36권, 제1호(2005. 3), pp.117-130.

【참고】 인용문헌에 사용하는 생략기호
주나 참고문헌에는 번잡함을 피하기 위해 다양한 생략기호를 사용한다. 다음 표는 영문에서 자주 나오는 생략기호의 예이다. 이 가운데 이탤릭체는 라틴어이다.

1) *ibid.*, 상게서 또는 위의 책 : 바로 위에 나온 주의 자료와 같다는 것' 을 의미한다.

① Smith, p. 10. ② *Ibid.*, p. 13. ③ Ward, p. 30. ④ *Ibid.*, p. 12.
②는 Smith의 작품을 가리키며, ④는 Ward의 작품을 가리킨다.

2) *Op. cit.*, 전게서 또는 앞의 책 : 앞에 나온 작품에 대해 다시 언급하고자 할 경우, 중간에 다른 주가 끼어 있을 때 사용하는 생략기호이다.

광운대학교 중앙도서관 KwangWoon University Central Library

4.3 참고문헌

● 정의 및 기능

❖ 참고문헌은 논문집필을 위해 참고·인용한 자료들을 일정한 형식에 맞게 제시한 목록

❖ 독자들로 하여금 논문을 쓰는 데 사용된 자료 및 아이디어의 출처를 밝혀줌으로써 논지의 타당성과 정확성을 기하기 위한 자료의 역할

● 참고문헌 기재 순서

❖ 참고문헌의 기재순서는 동양서와 서양서를 구분하여 기재
- 한서, 일서 및 서양서의 순서로 기재
- 한서는 저자의 가나다 순, 양서는 저자의 알파벳 순을 원칙
- 동일한 저자의 책이 여러 건 있는 경우에는 연대순으로 기재

● 영어로 된 이름

❖ 영어로 된 이름은 성(surname)을 먼저 표기하고 이름은 첫 글자(initial)만 표기

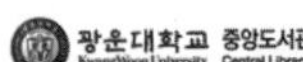

4.3 참고문헌

참고문헌 실례

참 고 문 헌

고영만 (2004). 대학생을 위한 정보문해 교수-학습 모형 개발 연구. 정보관리학회지, 21(4), 67-87. http://dx.doi.org/10.3743/KOSIM.2004.21.4.067

김성은, 이명희 (2006). 대학생의 정보활용능력 교수학습모형 개발에 관한 기초연구. 한국비블리아학회지, 17(2), 177-200.

이지영 (2015). 대학도서관 정보활용교육 프로그램의 개선 방안에 관한 연구. 석사학위논문, 이화여자대학교 대학원, 문헌정보학과.

장덕현 (2002). 대학도서관 이용교육 연구의 동향과 논점. 한국도서관・정보학회지, 33(1), 55-74.

정민화 (2011). 대학도서관의 정보활용교육(Information Literacy Instruction) 실시 사례. 사대도협회지, 12, 21-39.

정은숙 (2002). 대학에서의 정보소양 교육이 정보문제 해결과정에 미치는 영향에 관한 연구. 석사학위논문, 성균관대학교 대학원, 문헌정보학과.

정재영 (2015). 대학도서관 정보활용교육의 전략적 분석: 현재적 진단과 미래적 방향을 중심으로. 사대도협회지, 16, 53-79.

한만성 (2011). 대학생을 위한 정보 활용능력과 글쓰기 교육의 연계・협력에 관한 연구. 한국비블리아학회지, 22(1), 117-133.

ACRL (2010). Futures thinking for academic librarians: higher education in 2025. Retrieved from http://www.ala.org/acrl/sites/ala.org.acrl/files/content/issues/value/futures2025.pdf

ACRL. Information literacy standards for higher education. Retrieved from http://www.ala.org/acrl/standards/informationliteracycompetency

4.3 참고문헌

참고문헌 실례

ALA (2000). Information literacy competency standards for higher education. Retrieved from http://www.ala.org/acrl/sites/ala.org.acrl/files/content/standards/standards.pdf

Bowles-Terry, M., Davis, E., & Holliday, W. (2010). 'Writing information literacy' Revised: From theory to practice in the classroom. Reference & User Services Quarterly, 49(3), 225-230. http://repository.uwyo.edu/cgi/viewcontent.cgi?article=1009&context=libraries_facpub.

Elrod, R. E., Wallace, E. D., & Sirigos, C. B. (2012). Teaching information literacy: a review of 100 syllabi. The Southeastern Librarian, 60(3), 7-15.

IFLA. Guideline on information literacy for lifelong learning. Retrieved from http://www.ifla.org/files/assets/information-literacy/publications/ifla-guidelines-en.pdf

Jacobs, H. L., & Jacobs, M. D. (2009). Transforming the one-Shot library session into pedagogical collaboration: iInformation literacy and the english composition class. Reference & User Services Quarterly, 49(1), 72-82.

Meulemans, Y. N., & Brown, J. (2001). Educating instruction librarians. Research Strategies, 18(4), 253-264.

Oblinger, D. (2003). Boomers, gen-xers, and millennials: understanding the new students. EDUDAUSE Review, July/August, 37-47. https://net.educause.edu/ir/library/pdf/erm0342.pdf

SCONUL (1999). Briefing paper: information skills in higher education. SCONUL. Retrieved from http://www.sconul.ac.uk/sites/default/files/documents/Seven_pillars2.pdf

Shapiro, J. J., & Hughes, S. K. (1996). Information literacy as a liberal art. Educom Review, 31(2), 31-36.

[10교시] 학문적 글쓰기의 이해(2)

기본형식 (예)

대학도서관의 주제전문사서제 운영방안 연구

; 3개 대학도서관의 서비스 사례 분석을 중심으로

I. 서론
  1. 연구의 필요성 및 목적
  2. 연구의 내용 및 방법

2. 주제전문사서 및 주제전문서비스
  1. 주제전문사서 도입의 필요성
  2. 대학도서관 주제전문서비스의 변화

3. 주제전문사서제 운영 사례
  1. 성균관대학교 도서관
  2. 숭실대학교 도서관
  3. 연세대학교 학술정보원

4. 주제전문사서제 운영을 위한 선별과제 및 방안
  1. 주제전문사서제 운영을 위한 선별과제
  2. 효과적인 주제전문사서제 운영방안

5. 결론

연구계획서의 구성 : Composition of Proposal

1. Statement of problem	• *문제의 제기 : 독창성, 타 학문과의 연계*
2. Assumption	• *가설(가정), 이유(원인) : 왜 문제가 생겼고, 어떻게 해결할 것인가?*
3. Related literature	• *선행연구조사*
4. The Purpose of the study	• *문제에 대한 확실한 정의(제안)*
5. Hypothesis	• *가설의 설정*
6. Research Methodology	• *연구방법론(설문, 통계, 역사적 고찰 등)*
7. Table of content	• *목차*
8. Results	• *결과*
9. Conclusion	• *결론*

연구계획서의 구성 : 축약

1. 연구 주제
2. 목차
3. 선행연구 조사
4. 연구의 필요성 및 목적
5. 연구의 내용 및 방법
6. 예상 결론 or 가설의 설정

학문적 글쓰기의 기본

- **1**문장이 **3**줄을 넘지 않아야 한다 - 서술의 간결성
- 주어, 목적어, 서술어가 일치되어야 한다.
- 화자 및 주장의 주체는 연구자 본인이어야 한다.
- 다른 연구자의 연구와 본인의 주장은 확실히 구분되어야 한다.

잘못된 표현 및 수정

설문내용을 분석한 것을 근거로		설문내용의 분석을 토대(기초)로
그런 까닭에, 그런데, 그러므로,		따라서, 결과적으로, 또한
내용을 알고자		내용을 파악하기 위해
설문지에 의한 조사연구는		설문조사는
기관의 수가 작은 관계로	→	기관의 수가 적어
교육을 받은 집단과 아닌 집단을		받지 않은 집단을
불리우며		불리며, 불리워지며
정의하자면		정의하면
대다수이다.		많다. **(or** 정확한 수치 또는 **%** 명기**)**
정보의 양이 쏟아지므로		정보의 양이 (기하급수적으로) 증가함에 따라
하지만		그러나

잘못된 표현 및 수정

도서관 용어사전에 실린 이용자교육의 의미를 살펴보면		도서관용어사전에는 이용자교육을
부족하다. 이때		부족하다. 따라서
여러 정보원에 링크를 걸어두었다.	→	여러 정보원에 링크되어 있다.
작성한 프로그램 등을 보아 활발히		프로그램 등을 살펴본(조사한) 결과 활발히
OO도서관의 경우 다종의 DB를		구체적인 기관의 예일 경우 반드시 정확한 수치 명기
한눈에 검색할 수 있도록		검색의 편의를 위해

잘못된 표현 및 수정

정보검색방법을 알고자 웹 페이지를 방문하는 정보이용자에게도 도움을 줄 수 있을 것이라 여겨진다.

→ 정보검색방법을 알기 위해 웹페이지를 방문하는 이용자에게도 도움이 될 것이다.

1년 이상의 경력자가 많았다. 이러한 자격의 학교 도서관 담당교사들이 본 연구의 설문에 답하였기에 OOO의 운영효과를 조사하는데 좀더 정확하였다고 본다.

→ 설문조사는 OOO의 보다 정확한 파악을 위해 1년 이상의 경력자만을 대상으로 하였다.

웹기반 이용자교육은 이용자가 다른 시간, 장소에서 접근할 수 있다. 그러므로 정보를 요구하는 이용자인 학습자가 많을수록, 한자리에 모일 확률이 낮을수록, 같은 시간에 모일 확률이 낮을수록 더욱 필요하다.

→ 웹기반 이용자교육은 이용자들이 시간과 장소의 구분없이 접근할 수 있다. 따라서, 이용자의 수가 많고, 물리적·시간적인 접근이 용이하지 않을 경우 보다 효과적으로 사용될 수 있다.

설문조사 관련 잘못된 표현

강의를 하는 기관이 각각 5개 기관이 있다고 운영자가 대답하였다.

→ 강의를 하는 기관이 각각 5개 기관인 것으로 조사되었다.

~에 관한 질문은 <표5>에 나타난 바와 같이 10개 기관이 담당자가 있다고 답하였고 4개 기관이 담당자가 없다고 답하였다.

→ 10개 도서관에 정보이용교육 담당자가 있는 것으로 조사되었다.

셋째, 웹기반 정보이용교육을 필요하다고 생각하는 가에 대해 14개의 기관 중 13개 기관이 그렇다고 응답하여 교육에 대한 그 필요성이 더욱 부각되었다.

→ 웹기반 정보이용교육의 필요성에 관한 질문의 경우 조사대상 14개 기관 중 13개 기관에서 필요하다고 응답하였다. 이와 같이 필요성에 대한 수치가 높에 나타난 것은~

논문 수정 [예]

대학의 도서관은 학문을 연구하며 그 지식을 저장함으로서 발전시키는 유기체이고, 대학의 심장이라고 하였다. 대학도서관은 대학의 상징이었다. 그러나 대학은 더 이상 도서관을 관념적 기관으로 상징화할 여력이 없다.

→ 대학 도서관은 대학의 연구를 지원하고 그 지식을 저장 및 제공함으로써 발전하는 유기체이자 대학의 심장이라고 할 수 있다. 그러나 작금의 사회 여건 상 대학은 더 이상 대학도서관을 상징화할 여력을 갖고 있지 못하다.

따라서, E그룹 대학을 대상으로 도서관의 효율성 분석에 있어서, 이 연구에서는 두 가지 범위, 즉, 첫째, 전국 범위와 둘째, 접근성이 좋은 특별시, 광역시, 경기권의 범위로 제한하여 분석을 실시하였다.

→ 따라서, 본 연구에서는 E그룹 대학을 대상으로 도서관의 효율성을 분석하기 위해 두 가지 범위 즉, 전국 범위와 접근성이 좋은 지역(특별시, 광역시, 경기권)범위로 구분하여 분석을 실시하였다.

논문 수정 (예)

상기 <표 4>의 A대학도서관의 현황은 전국 일반대학 및 전체 대학 도서관과 비교했을 때, A대학도서관이 전체 대학의 재학생 1인당 소장 도서수를 제외하고 모든 항목에서 낮은 수치를 나타냈다. 특히, A대학의 도서관 면적은 재학생 1인당 1m2가 안되며, 재학생 1인당 도서구입비는 일반대학의 50% 수준이고, 전체 대학의 60% 수준에 있다.

→ <표 4>를 통해 알 수 있는 것과 같이 A대학도서관의 현황을 전국 4년제 대학 평균 및 전문대학을 포함한 대학 전체 평균과 비교한 결과 A대학도서관이 ....낮은 수치를 보였다. A대학의 도서관 면적은 재학생 1인당 1m2 이하이며, 재학생 1인당 도서구입비는 4년제 대학 평균의 50%, 전문대학을 포함한 대학 전체 평균의 60% 수준에 불과한 것으로 조사되었다.

잘못된 표현

시간이 소요될때도 있다고 하였다.
자료가 충분하지 않다고 하였으며, ~ 활용할 수 있는 자료가 필요하다고 하였다. 가장 큰 지장을 받는 업무는 대출, 반납업무이며 ~ 작업이 함께 이루어져야 한다고 하였다.

화자 및 주장의 주체는 본인이어야 한다.

- **5.1 참고문헌 기술 중 저자가 반복되는 경우**

김종성. 2004. 현단계~
김종성. 2003. 디지털~
김종성. 2001. 미국 학교도서관~

김종성. 2004. 현단계~
———. 2003. 디지털~
———. 2001. 미국 학교도서관~

이전 논문을 재인용할 경우

James watt, 2004. Digital Lib~
James Watt, ***op. cit.***, p.112.

조현양, 2004. 공공도서관 전략~
조현향, 전게논문, pp.112-113.

전자자료의 인용

한국교육학술정보원 홈페이지 <http://~>[인용 2013. 9. 16].

IFLA, concept~, <http:// ~>[cited 2013. 9. 16].

바로 앞의 논문을 재인용할 경우

James watt, 2004. Digital Lib~
James Watt, ***Ibid.***, p. 112.

조현양, 2004. 공공도서관 전략~
조현향, 상게논문, pp.112-113.

학위논문의 인용(각주, 참고문헌의 차이)

정미숙. 공공도서관 공간~(석사학위논문, 중앙대학교 대학원 문헌정보학과, 2013), p.35.

정미숙. 공공도서관 공간~. 석사학위논문, 중앙대학교 대학원 문헌정보학과, 2013.

설문조사분석

- **5.1 조사목적 및 방법**

  목적/ 설문대상/ 조사방법(운송, 회수)/ 조사기간/ 회수율/ 분석방법

- **5.2 설문지 구성**

  ~을 위해(~을 할 수 있도록) 작성하였다. 설문지는 모두 OO문항으로 구성되어 있으며, 설문지의 구성 내용 및 문항수는 <표 O>과 같다.

<표 4> 설문지 구성내용 및 문항수

대 영역구분	소 영역구분	문항수
기초통계조사	도서관 통계	
적용에 관한 조사	시기	1
	이유	1
	적용요인	1
	준비기간	1

- **5.3 조사결과 및 분석**

  1. 기초통계 조사
     1) 항목별

목차/ 표/그림 표기 방법

1. 목차 표기 방법

I. 서론
1.
(1)

2. 표 / 그림 표기 방법

<표 1> 도서관별 이용자 수

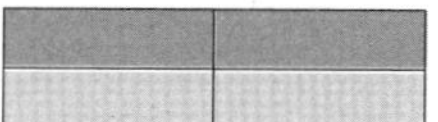

<그림 1> 도서관 전략 모형도

실제 사례 ; 한 문장에서 '능동' 과 '피동' 이 함께 쓰인 경우

- DDC 를 활용하여 자관에 필요한 분류기호가 만들어질 수 있다.

  → DDC 를 활용하여 자관에 필요한 분류기호를 만들 수 있다.

- 동생은 무사히 도착했다는 전화를 걸어 왔고, 그 후에도 적어도 일주일에 한번씩은 전화가 걸려왔다.

  → 동생은 ·························걸어왔고. 그 후에도 적어도 일주일에 한번씩은 전화를 했다.

실제 사례 ; 비교 대상의 불분명에 따른 중의성

- 엄마는 남편보다 자녀들을 더 사랑한다.

→ 엄마들은 남편을 사랑하는 것보다 자녀들을 더 사랑한다.

→ 남편들보다 엄마들이 자녀들을 더 사랑한다.

- 그는 현서와 송이를 만났다.

→ 그는 현서와 송이를 둘 다 만났다.

→ 그는 현서와 함께 송이를 만났다.

실제 사례 ; 군더더기 표현

- 선생님들과 함께 수련 활동을 떠난 이들 학생들은 부모님들의 고마움을 생각하는 소중한 시간들을 보냈다.

→ 선생님과………… 학생은 부모님의 ………… 소중한 시간을 보냈다.

- 모의고사를 통해 나타난 약점을 파악해 보강하는 과정을 통해 부족한 부분을 다시 공부하면 성적을 많이 끌어올릴 수 있다.

→ 모의고사에서 나타난 약점을 파악해 부족한 부분을 보강하면 성적을 끌어올릴 수 있다.

실제 사례 ; 일본어 'の' 를 관형격 조사 '의' 로 해석하는 경우

- 미래 사회에 있어서의 국가 안보는 매우 중요하다.

→ 미래 사회에서 국가안보는 매우 중요하다.

- 같은 뜻의 말을 반복해서 쓰는 것은 옳지 않다.

→ 뜻이 같은 말을 반복해서 쓰는 것은 옳지 않다.

- 색채마다의 차이가 분명히 있다.

→ 색채 마다 차이가 분명히 있다.

실제 사례

그의 생각은 나에게 감동이었다.

→ 그의 생각은 나에게 감동을 주었다.
나에게 감동을 준 것은 그의 생각이었다.

이 노래는 장기하가 부른 노래다.

→ 이 노래는 장기하가 불렀다.
이건 장기하가 부른 노래다.

이 프로그램은 15세 미만의 어린이나 청소년이 시청하기에 부적절하므로 부모의 시청지도가 필요한 프로그램입니다.

→ 이 프로그램은 15세 미만의 어린이나 청소년이 시청하기에 부적절하므로 부모의 시청지도가 필요합니다.
이 프로그램은 15세 미만의 어린이나 청소년에게 부적절하므로 부모의 시청지도가 필요합니다.

실제 사례

속절없는 일이 아닐 수 없다.

→ 속절없는 일이다.

우리 아이는 엄마 젓을 먹고 자라서 건강하다.

→ 엄마 젓 -> 엄마 젖

나는 너의 생각과 틀리다.

→ 나는 너의 생각과 다르다.

그 시절에 민주화운동에 가담한 적이 있는 국회의원이 열명이 넘는다.

→ 그 시절에 민주화운동에 가담한 적이 있는 국회의원이 열 명 이상이다.
그 시절에 민주화운동에 가담한 적이 있는 국회의원의 수가 열명을 넘는다.

단어의 중복

가까운 근방(近方)	따뜻한 온정(溫情)	좋은 호평(好評)	같은 동포(同胞)
겪은 경험(經驗)	미리 예비(豫備)	처갓(妻家) 집	청천(晴天) 하늘
새 신랑(新郎)	서로 상충(相衝)	큰 대문(大門)	스스로 자각(自覺)
남은 여생(餘生)	앞으로 전진(前進)	폭음(爆音) 소리	넓은 광장(廣場)
역전(驛前) 앞	허연 백발(白髮)	다시 복습(復習)	혼자 독학(獨學)
자매 결연(結緣)을 맺고	높은 고온(高溫)	밖으로 표출(表出)	모두 다
고목(古木) 나무	쓰이는 용도(用途)	투고(投稿)한 원고	어린 소녀(少女)
푸른 창공(蒼空)	노래가사(歌辭)	이름난 명산(名山)	가장 최근(最近)
판이(判異)하게 다른	접수(接受)받는	죽은 시체(屍體)	애환(哀歡)과 기쁨이

1. 편지를 (부친다, 붙인다).
2. 옷을 (다린다, 달인다).
3. (가진, 갖은) 고생을 하다.
4. 산 (너머, 넘어) 남촌에는 누가 살기에
5. 친구들 틈에 (끼어, 끼여) 앉다.
6. 철수가 (결혼한대, 결혼한데).
7. 공(功)을 (드리다, 들이다).
8. 금 (목거리, 목걸이)
9. (걷잡아, 겉잡아) 두 말은 되겠다.
10. (하노라고, 하느라고) 한 것이 이 모양이다.
11. 안녕히 (가십시오, 가십시요).
12. 난관에 (부닥치다, 부딪치다, 부딪히다).
13. 앞에서 (열 번째, 열째 번) 사람
14. 이 자리를 (빌어, 빌려) 도와주신 모든 분께 감사 드립니다.
15. 3년 동안 그는 '사이언스'지에 3편의 논문을 (게재, 개제) 했다.

고쳐 쓰기의 단계. 1

❖ 구성 또는 형식 검토

- **제목의 적절성** : 연구의 주제와 문제의 핵심 내용을 간결 명료하게 표현
  - 자세한 설명이 필요한 경우 부제 활용
  - 검색자의 입장에서 판단할 것
- **목차와 글의 전체 구성** : 목차를 통한 글의 전체 구성 검토
  - 글 전체의 논리적 흐름 중요
  - 장이나 절의 위치를 바꾸거나 삭제 및 추가

목차를 통한 검토사항
1. 글의 구성이 주제에 부합하는가?
2. 논리적으로 전개되고 있는가?
3. 목차 중에서 삭제해야 할 사항이 없는가?
4. 추가해야 할 필요 항목은 없는가?

고쳐 쓰기의 단계. 2

❖ 문장과 문장 수준에서의 내용 검토

- **초록의 내용은 간결하면서도 빠진 것은 없는가?**
  - 무엇을 어떻게 했으며 결론은 분명한가?
- **서론의 내용은 간결하고 충분한가?**
  - 연구의 목적과 연구 문제는 무엇이며, 왜 그 문제가 중요한가?
- **본문의 구성요소에서 빠진 부분은 없는가?**
  - 연구방법과 연구자료는 무엇인가?
  - 연구과정은 무엇이며, 그것은 과학적인가?
  - 연구결과는 무엇이며, 논리적 근거는 있는가?
- **결론은 적절한가?**
  - 연구결과는 잘 요약되었는가?
  - 최종결론은 무엇이며, 의의와 한계는 무엇인가?
- **참고문헌은 국제기준, 혹은 투고규정에 따라 표기하였는가?**
- **부록은 빠짐없이 수록하였고, 알아보기 쉽게 번호가 부여되어 있는가?**
- **표 안의 자료와 본문 내용의 자료는 일치하는가?**
- **각 부분의 설명과 논거가 충분한가?**

고쳐 쓰기의 단계. 3

❖ 단어 수준에서의 표현 검토

- **주관적 감정보다는 객관적 정보**
  - 내용의 화려함보다는 정확성, 문학적 표현의 자제, 간결, 정확, 문법적 글쓰기 중요
- **표현에 사용된 어법**
  - 주어와 서술어, 주어와 목적어 등 어법에 맞는 문장, 맞춤법, 띄어쓰기 등
- **문장의 의미 파악 정도와 논리적 연결**
  - 문장은 짧고 간결하게 단문으로 작성, 문장과 문장 간의 논리적 연결에 대한 검토
- **어조 및 시제와 능동태 사용**
  - 글의 전체적 어조 통일, 능동태적 글쓰기, 추정보다는 단정적 어투
  - 그림과 표 언급 시 현재형
  - 일반화되지 않은 사실이나 일반화 될 수 없는 일회적인 결과는 과거형
- **외래어 표기와 숫자, 표, 기호**
  - 국립국어원의 '외래어 표기 용례' 또는 '표준국어대사전' 을 따름
  - 그림이나 표의 설명은 짧게 추가

프레젠테이션 - 프리젠테이션
데이터 - 데이터
콘텐츠 - 컨텐츠

참고 문헌

- 권재술, 학문적 글쓰기의 이해. 교육과학사. 2011
- 김성주, 최윤곤. 학문적 글쓰기의 기초. 한우. 2015

[13교시] 정보윤리와 저작권

차례

1. 저작권의 이해
2. 저작자의 권리
3. 저작권법
4. 공정한 이용
5. 도서관과 저작권법

일본 북해도대학교 도서관

1. 저작권의 이해

If I have seen farther than others,
it is because I was standing on the shoulders of giants

Isaac Newton(1642 – 1727)

저작권

- 지적재산권 – 산업재산권
- 저작자가 창작한 저작물을 보호대상으로 하는 권리

저작물

- 인간의 사상 또는 감정을 표현한 창작물
- 저작권법의 보호 대상이 되는 저작물의 범위 확대
- 어문저작물, 음악저작물, 연극저작물, 미술저작물, 건축저작물, 사진저작물, 영상저작물, 도형저작물, 컴퓨터프로그램저작물

저작자

- 저작물을 창작한 자
- 저작권자

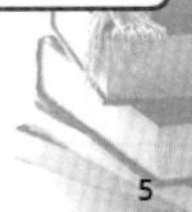

5

일본, 인공지능(AI)이 만든 음악·소설·그림에 저작권 준다

연합뉴스 | 2016.04.15 09:35

조용필 노래 31곡 저작권 다른 사람 소유...인터넷 반환 청원

2. 저작자의 권리

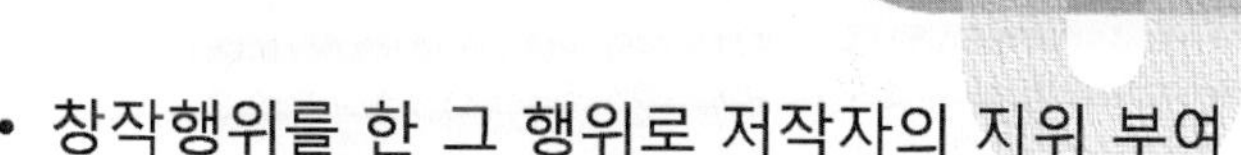

- 창작행위를 한 그 행위로 저작자의 지위 부여

- 저작권 발생

저작인격권

- 저작물에 대한 인격적 이익을 보호하기 위한 권리
- 공표권, 성명표시권, 동일성유지권

저작재산권

- 저작자의 재산적 이익을 보호하기 위한 권리
- 저작물을 제3자가 이용하는 것을 허락하고 그 대가를 받을 수 있는 권리
- 복제권, 공연권, 공중송신권, 전시권, 배포권, 대여권, 2차적저작물작성권

저작인접권

- 저작물을 공중에게 전달하는데 중요한 역할을 한 실연자, 음반제작자, 방송사업자를 보호하기 위한 권리

배우 송혜교(34)씨가 시계·보석류 제조업체 J사를 상대로 초상권 침해 소송을 제기한 가운데, J사가 KBS 드라마 '태양의 후예'와의 협찬 계약서를 공개하며 송씨의 주장에 반박했다.

앞서 송씨는 "J사와 맺은 광고 모델 계약이 끝났는데도 여전히 J사가 SNS(소셜네트워킹서비스)에서 내 이미지를 활용한 광고를 해 초상권을 침해당했다"며 서울중앙지법에 J사 브랜드를 보유한 로만손을 상대로 3억원의 부당이득금 반환 청구소송을 냈다.

UAA 제공

이에 대해 J사는 28일 "근거 없는 일방적인 주장으로 불필요한 억측과 오해가 증폭되고 있다"는 공식입장을 발표하며 드라마 제작협찬 계약서 원문을 공개했다.

3. 저작권법

제1조(목적)

이 법은 저작자의 권리와 이에 인접하는 권리를 보호하고 저작물의 공정한 이용을 도모함으로써 문화 및 관련 산업의 향상발전에 이바지함을 목적으로 한다.

獨島

竹島

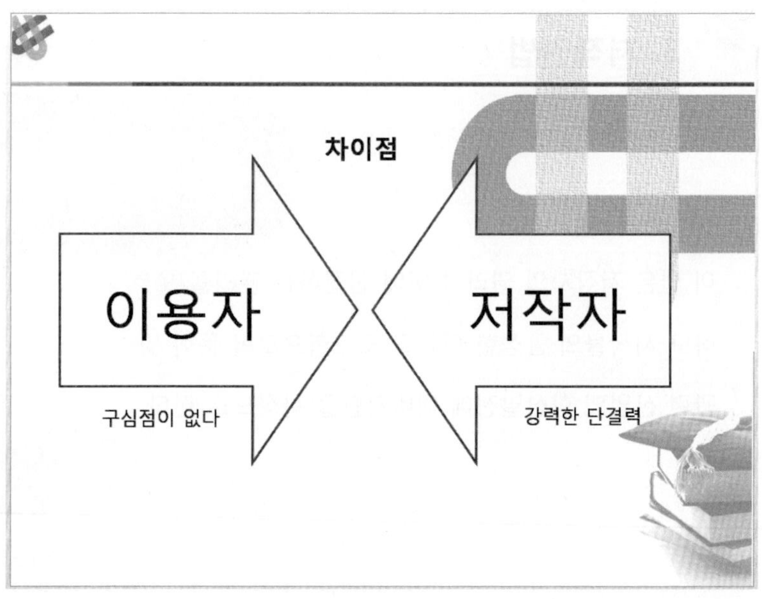

저작자의 이익 보호

저작인접권자의 이익 보호

'공정한 이용' 도모

- 저작물은 저작자 자신만의 독창적인 창작의 결과가 아니기 때문에 저작권 보호의 일정한 한계를 정하고, 어느 정도 범위 내에서 공중의 자유로운 이용이 가능하도록 함
- 저작재산권의 제한, 존속기간의 제한, 법정허락

문화 및 관련 산업의 향상 발전에 이바지

- 창작물에 대하여 일정한 기간 동안 독점권 부여함으로써 창작 의욕을 고취
- 보호가 지나쳐 창작물의 과실을 사회가 충분히 향유할 수 없게 되는 것을 방지

4. 공정한 이용

제35조의3 (저작물의 공정한 이용)

① 제23조 부터 제35조의2까지, 제101조의3 부터 제101조의5까지의 경우 외에 저작물의 통상적인 이용 방법과 충돌하지 아니하고 저작자의 정당한 이익을 부당하게 해치지 아니하는 경우에는 보도·비평·교육·연구 등을 위하여 저작물을 이용할 수 있다.

② 저작물 이용 행위가 제1항에 해당하는지를 판단할 때에는 다음 각 호의 사항 등을 고려하여야 한다.

1. 영리성 또는 비영리성 등 이용의 목적 및 성격
2. 저작물의 종류 및 용도
3. 이용된 부분이 저작물 전체에서 차지하는 비중과 그 중요성
4. 저작물의 이용이 그 저작물의 현재 시장 또는 가치나 잠재적인 시장 또는 가치에 미치는 영향

베른협약의 3 step test

미국저작권법 제107조

- 저작재산권의 제한

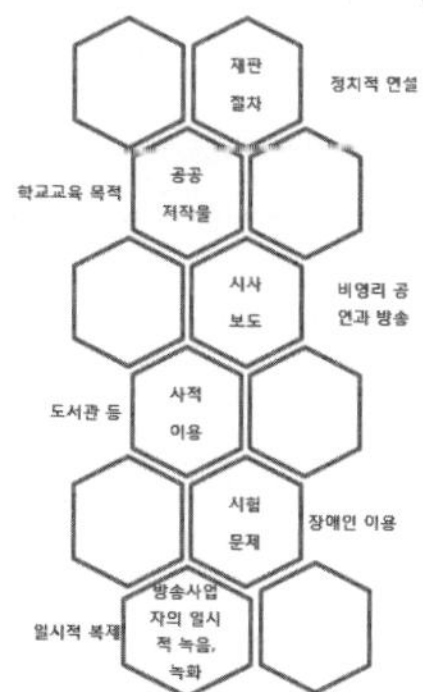

- 저작재산권의 보호기간
  - 저작자 생존 기간 및 사망 후 70년간
  - 업무상 저작물, 영상저작물 : 공표 후 70년간
- 저작물 이용의 법정 허락
  - 저작재산권자의 행방을 찾을 수 없어 저작물 이용 허락을 받지 못한 경우
  - 협의가 성립되지 아니하는 경우
  - 보상금 법원에 공탁

5. 도서관과 저작권법

"도서관의 위치는 다른 권리의 예외의 한 종류인 공정이용보다 더 근본적인 개념에 자리하고 있다. 도서관의 위치는 수 천 년을 거슬러 올라가는 도서관 서비스의 전통적인 특성에 자리하고 있다. 도서관은 항상 이용을 위해 존재하였다."

- ALA -

도서관에서의 저작권 제한 (외국사례)

EU : 정보사회에서의 저작권 및 관련 권리의 조정에 관한 유럽공동체 지침 안 1997(제28조)

- 비영리 도서관 등에서 복제권에 한한 예외를 인정하되, 온라인 송신과 관련한 이용을 금지시키고, 대출권 등에 예외를 제한하고 있다.

미국 : 저작권법 제108조(배타적인 권리에 대한 제한 : 도서관과 문서관리소에 의한 복제)

- 1976년 저작권법

일본 : 저작권법 제31조(도서관 등에서의 복제)

- 1970년 저작권법

1956년 영국에서 처음 규정

- 2008년 세계지적재산권기구 184개 회원국 중 128개국이 규정

여러 나라의 도서관에서의 저작권 제한 규정의 주요한 변화

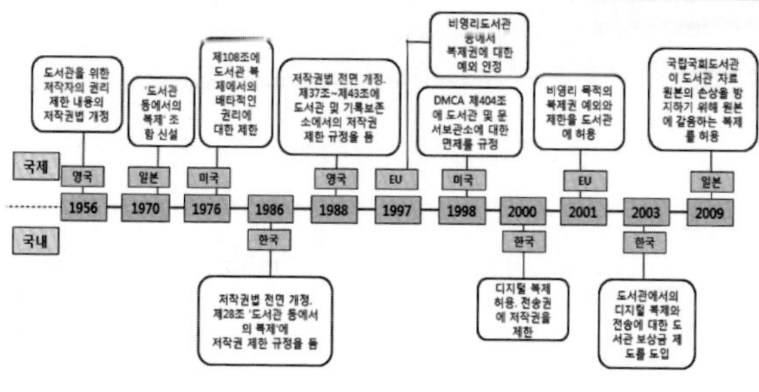

저작권법 제31조 (도서관 등에서의 복제 등)

연도	내 용
1986년	저작권법 전부개정으로 '저작재산권의 제한'의 하나로 처음 제28조에 규정됨. 일본의 1970년 저작권법의 해당 규정을 그대로 번역 하다시피함.
2000년	국가디지털도서관 구축을 위한 저작권 환경 제공을 위하여 법적으로 지정된 도서관에 무제한적인 디지털 복제와 도서관내 또는 도서관간 전송권을 부여함.
2003년	디지털 복제 및 전송에 대한 범위가 축소되고, 도서관간 전송과 복제에 대하여 저작권자에게 보상금을 지급하도록 함.
2006년	저작권법 전부 개정으로 제28조에서 제31조로 변경됨. 보상금 지급 절차 등을 교과서 보상금에 따르도록 함.
2009년	국립중앙도서관에 온라인 자료 보존을 위한 복제를 허용함.

저작권법 제31조 (도서관 등에서의 복제 등)

①「도서관법」에 따른 도서관과 도서·문서·기록 그 밖의 자료(이하 "도서등"이라 한다)를 공중의 이용에 제공하는 시설 중 대통령령이 정하는 시설(당해 시설의 장을 포함한다. 이하 "도서관등"이라 한다)은 다음 각 호의 어느 하나에 해당하는 경우에는 그 도서관등에 보관된 도서등(제1호의 경우에는 제3항의 규정에 따라 당해 도서관등이 복제·전송받은 도서등을 포함한다)을 사용하여 저작물을 복제할 수 있다. 다만, 제1호 및 제3호의 경우에는 디지털 형태로 복제할 수 없다.

1. 조사·연구를 목적으로 하는 이용자의 요구에 따라 공표된 도서등의 일부분의 복제물을 1인 1부에 한하여 제공하는 경우
2. 도서등의 자체보존을 위하여 필요한 경우
3. 다른 도서관등의 요구에 따라 절판 그 밖에 이에 준하는 사유로 구하기 어려운 도서등의 복제물을 보존용으로 제공하는 경우

②도서관등은 컴퓨터를 이용하여 이용자가 그 도서관등의 안에서 열람할 수 있도록 보관된 도서등을 복제하거나 전송할 수 있다. 이 경우 동시에 열람할 수 있는 이용자의 수는 그 도서관등에서 보관하고 있거나 저작권 그 밖에 이 법에 따라 보호되는 권리를 가진 자로부터 이용허락을 받은 그 도서등의 부수를 초과할 수 없다. [개정 2009.4.22] [[시행일 2009.7.23]]

③도서관등은 컴퓨터를 이용하여 이용자가 다른 도서관등의 안에서 열람할 수 있도록 보관된 도서등을 복제하거나 전송할 수 있다. 다만, 그 전부 또는 일부가 판매용으로 발행된 도서등은 그 발행일로부터 5년이 경과하지 아니한 경우에는 그러하지 아니하다. [개정 2009.4.22] [[시행일 2009.7.23]]

④도서관등은 제1항제2호의 규정에 따른 도서등의 복제 및 제2항과 제3항의 규정에 따른 도서등의 복제의 경우에 그 도서등이 디지털 형태로 판매되고 있는 때에는 그 도서등을 디지털 형태로 복제할 수 없다.

⑤도서관등은 제1항제1호의 규정에 따라 디지털 형태의 도서등을 복제하는 경우 및 제3항의 규정에 따라 도서등을 다른 도서관등의 안에서 열람할 수 있도록 복제하거나 전송하는 경우에는 문화체육관광부장관이 정하여 고시하는 기준에 의한 보상금을 당해 저작재산권자에게 지급하여야 한다. 다만, 국가, 지방자치단체 또는「고등교육법」제2조의 규정에 따른 학교를 저작재산권자로 하는 도서등(그 전부 또는 일부가 판매용으로 발행된 도서등을 제외한다)의 경우에는 그러하지 아니하다. [개정 2008.2.29 제8852호(정부조직법)]

⑥제25조제5항 내지 제9항의 규정은 제5항의 보상금의 지급 등에 관하여 준용한다.

⑦제1항 내지 제3항의 규정에 따라 도서등을 디지털 형태로 복제하거나 전송하는 경우에 도서관등은 저작권 그 밖에 이 법에 따라 보호되는 권리의 침해를 방지하기 위하여 복제방지조치 등 대통령령이 정하는 필요한 조치를 하여야 한다.

⑧「도서관법」제20조의2에 따라 국립중앙도서관이 온라인 자료의 보존을 위하여 수집하는 경우에는 해당 자료를 복제할 수 있다.

저작권법 시행령 제12, 13조

제12조(복제할 수 있는 시설의 범위)

법 제31조제1항 각 호 외의 부분 본문에서 "대통령령이 정하는 시설"이란 다음 각 호의 어느 하나에 해당하는 시설을 말한다.

1. 「도서관법」에 따른 국립중앙도서관·공공도서관·대학도서관·학교도서관·전문도서관(영리를 목적으로 하는 법인 또는 단체에서 설립한 전문도서관으로서 그 소속원만을 대상으로 도서관 봉사를 하는 것을 주된 목적으로 하는 도서관은 제외한다)
2. 국가, 지방자치단체, 영리를 목적으로 하지 아니하는 법인 또는 단체가 도서·문서·기록과 그 밖의 자료(이하 "도서 등"이라 한다)를 보존·대출하거나 그 밖에 공중의 이용에 제공하기 위하여 설치한 시설

제13조(도서관등의 복제방지조치 등 필요한 조치)

법 제31조제7항에서 "대통령령이 정하는 필요한 조치"란 다음 각 호의 조치를 말한다.

1. 불법 이용을 방지하기 위하여 필요한 다음 각 목에 해당하는 기술적 조치

가. 제12조에 따른 시설(이하 "도서관등"이라 한다)의 이용자가 도서관등의 안에서 열람하는 것 외의 방법으로는 도서 등을 이용할 수 없도록 하는 복제방지조치

나. 도서관등의 이용자 외에는 도서 등을 이용할 수 없도록 하는 접근제한 조치

다. 도서관등의 이용자가 도서관등의 안에서 열람하는 것 외의 방법으로 도서 등을 이용하거나 그 내용을 변경한 경우 이를 확인할 수 있는 조치

라. 판매용으로 제작된 전자기록매체의 이용을 방지할 수 있는 장치의 설치

2. 저작권 침해를 방지하기 위한 도서관 직원 교육
3. 컴퓨터 등에 저작권 보호 관련 경고표지의 부착
4. 법 제31조제5항에 따른 보상금을 산정하기 위한 장치의 설치

제31조의 내용과 현실

조항	내용	현실
1항 본문	도서관 범위 -영리 제외	구분이 이루어지지 않고 있음
	복제의 주체 - 도서관	복사업자가 복사기 설치, 이용자가 직접 복사
	복제 대상 - 소장자료	도서관 외부자료 무제한 복사
1항 1호	1인 1부 일부분	통제 불가능, 복사업자는 복사매수 많을 수록 많은 이익 발생, 원문복사신청 시 통제 어려움
	조사 연구를 목적으로 하는 이용자의 요구에 따른 복제	이용자가 직접 복사를 하기 때문에 복사가 조사 연구를 목적으로 이루어지는 지를 확인 할 수 없다.
2항, 3항	전송 범위 - 도서관내 및 도서관간	대부분 교내 전송(IP 대역대로 통제)
5항	도서관보상금 지급	-전송에 대한 보상금은 전송한 도서관이 지급토록 되어 있으나 실제는 전송 받은 도서관이 지급 - 국회도서관과 국립중앙도서관 자료 이용에 한정됨
7항	직원 교육	시행되지 않고 있음
	경고문 부착	시행되지 않고 있음

- 도서관자료의 디지털화가 도서관 자료 이용의 위축으로 연결되지 않도록 한다.
- 이용자에 대한 저작권 교육
- 이용자 관점에서 저작권을 도서관 서비스에 적용, 운용

정재영鄭在永

문헌정보학 박사
서강대학교 로욜라도서관 근무

• 주요 경력

第72차 IFLA 한국조직위원회 행사분과 위원 | 국립중앙도서관 사서교육훈련 자문위원 | 한국도서관협회 감사/이사 | 한국도서관협회 '도서관실무편람' 편집위원 | 한국도서관협회 사서자격 및 사서직제 개선 특별위원회 위원 | 대한변호사협회 한국법학전문대학원 평가위원회 조사위원 | 한국대학도서관연합회 이사/교육출판사업단장 | 한국사립대학교도서관협의회 사무국장/이사/감사/자문위원 | 한국산업인력공단 국가직무능력표준(NCS) '문헌정보관리' 분야 검토위원 | 한국문헌정보학회 이사 | 한국도서관·정보학회 이사 | 한국도서관협회 서울·경기·인천지구협의회 이사 (현) | 서울특별시 도서관정보서비스위원회 위원 (현) | 한국대학도서관연합회 이사 (현) | 한국도서관협회 대학도서관위원회 위원장 (현)

• 저서

『기록관리론 ; 증거와 기억의 과학』(공저, 아세아문화사, 2008)
『대학도서관 ; 이슈와 과제』(공감인, 2009)

• 논문

"대학생을 위한 정보활용교육 교과과정 개발에 관한 연구", 한국정보관리학회지 제32권, 3호(2015); 1~20 외 다수

오세훈吳世勳

문헌정보학 박사
광운대학교 도서관 근무

• 주요 경력

한국도서관·정보학회 이사 | 한국사립대학교도서관협의회 출판·연구분과위원회위원장 | 한국도서관협회 '도서관실무편람' 편집위원 | 한국대학도서관연합회 교육출판사업단장 (현) | 한국도서관협회 대학도서관위원회 위원 (현) | 한국도서관협회 서울·경기·인천지구협의회 이사 (현) | 한국사서협회 부회장 (현)

• 저서

『대한민국 도서관 연표 ; 1011~2000』(공저, 한국대학도서관연합회, 2012)

• 논문

"우리나라의 정보학 연구 동향에 관한 연구", 정보관리학회지 제22권 제1호(2005): 167~189 외 다수

한국대학도서관연합회총서 3
대학도서관과 정보활용교육

초판 1쇄 인쇄 | 2018년 05월 31일
초판 1쇄 발행 | 2018년 06월 08일

지 은 이 정재영·오세훈

발 행 인 한정희
발 행 처 경인문화사
총괄이사 김환기
편 집 김지선 한명진 박수진 유지혜 장동주
마 케 팅 김선규 하재일 유인순
출판번호 제406-1973-000003호
주 소 경기도 파주시 회동길 445-1 경인빌딩 B동 4층
전 화 031-955-9300 팩 스 031-955-9310
홈페이지 www.kyunginp.co.kr
이 메 일 kyungin@kyunginp.co.kr

ISBN 978-89-499-4752-5 93020
값 24,000원